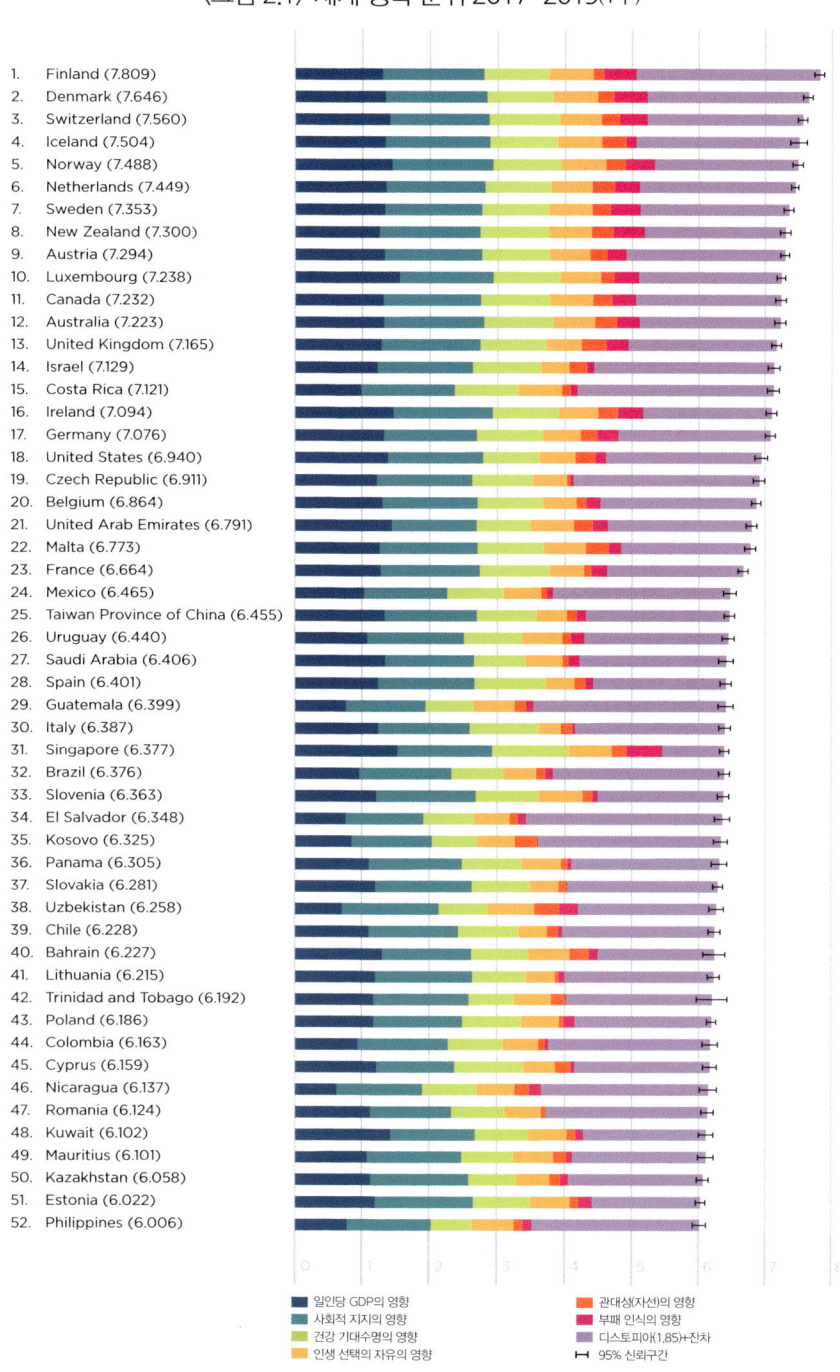

〈그림 2.1〉 세계 행복 순위 2017-2019(1부)

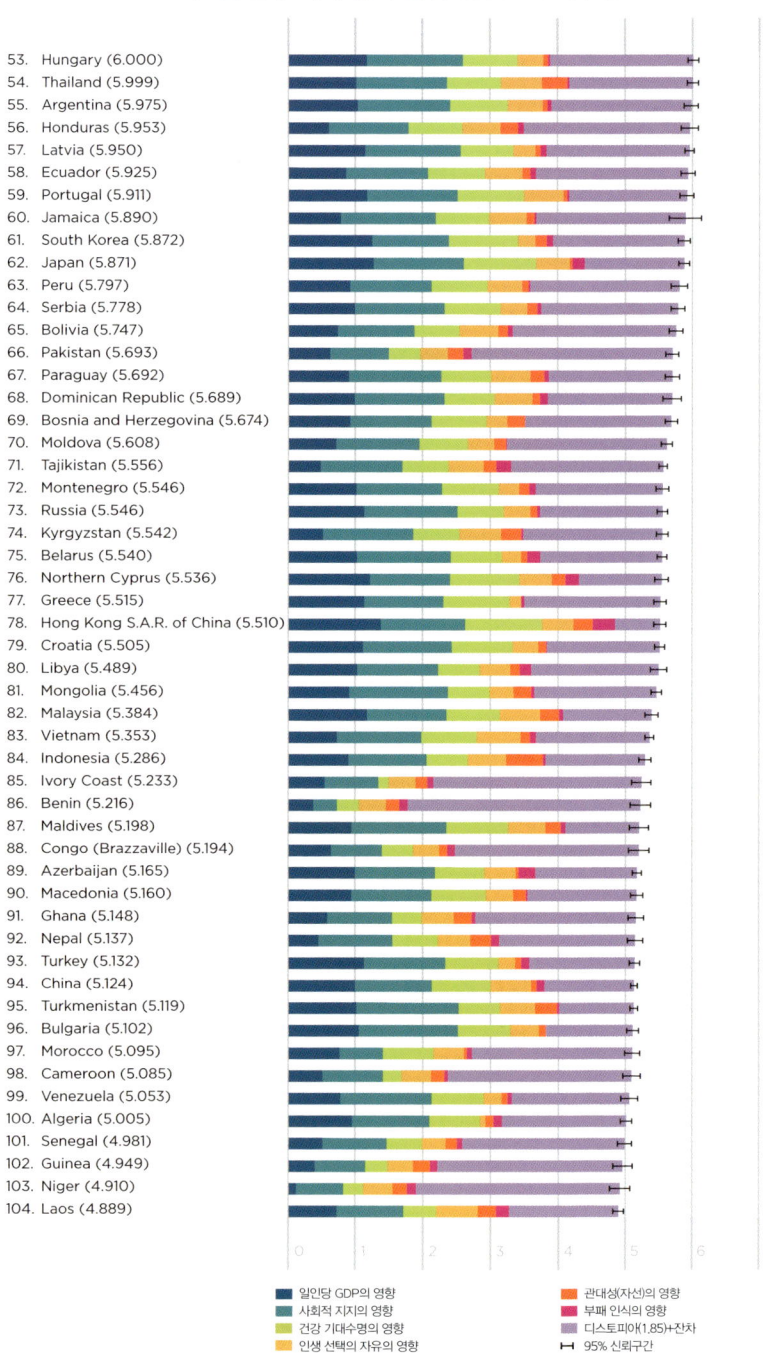

〈그림 2.1〉 세계 행복 순위 2017-2019(2부)

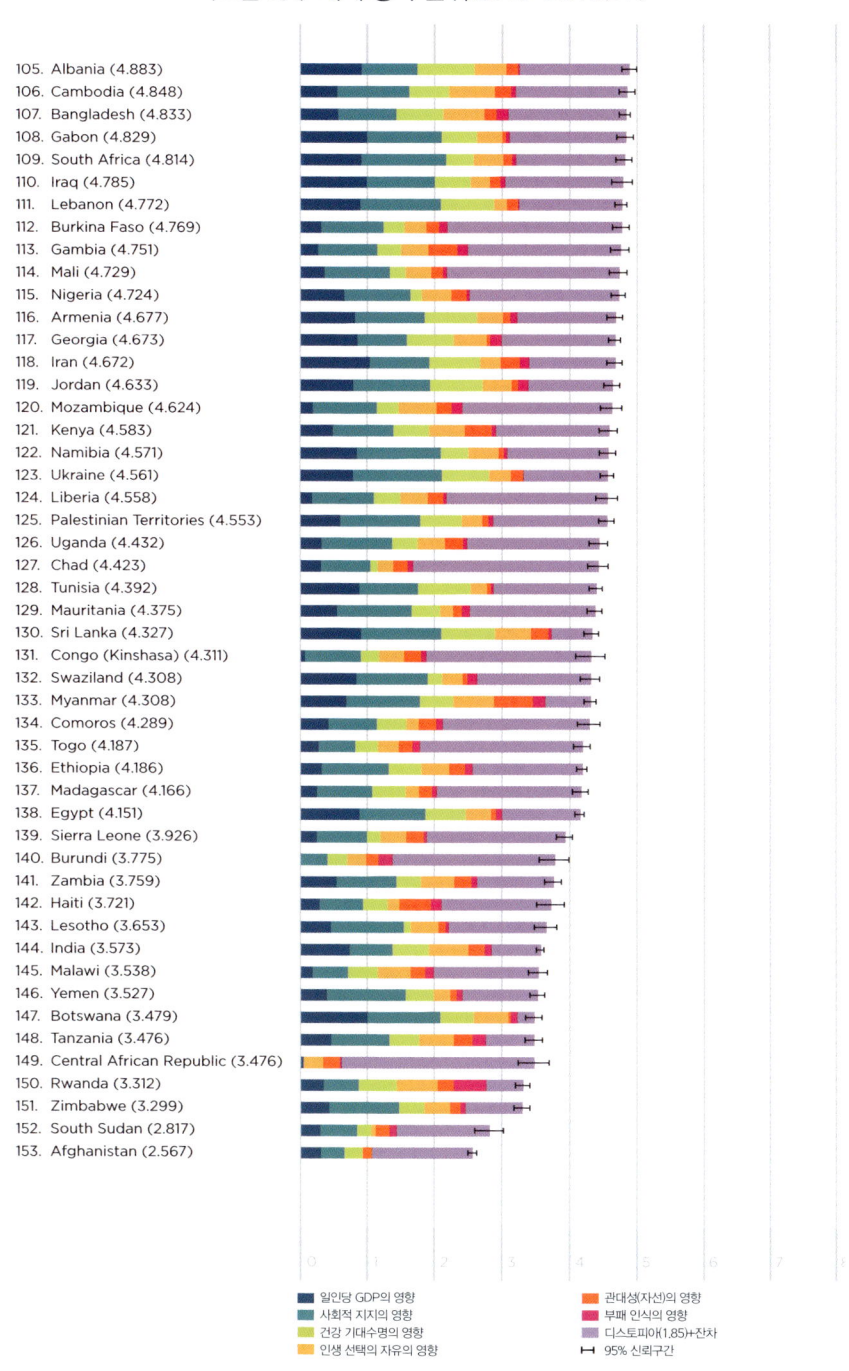

〈그림 2.1〉 세계 행복 순위 2017-2019(3부)

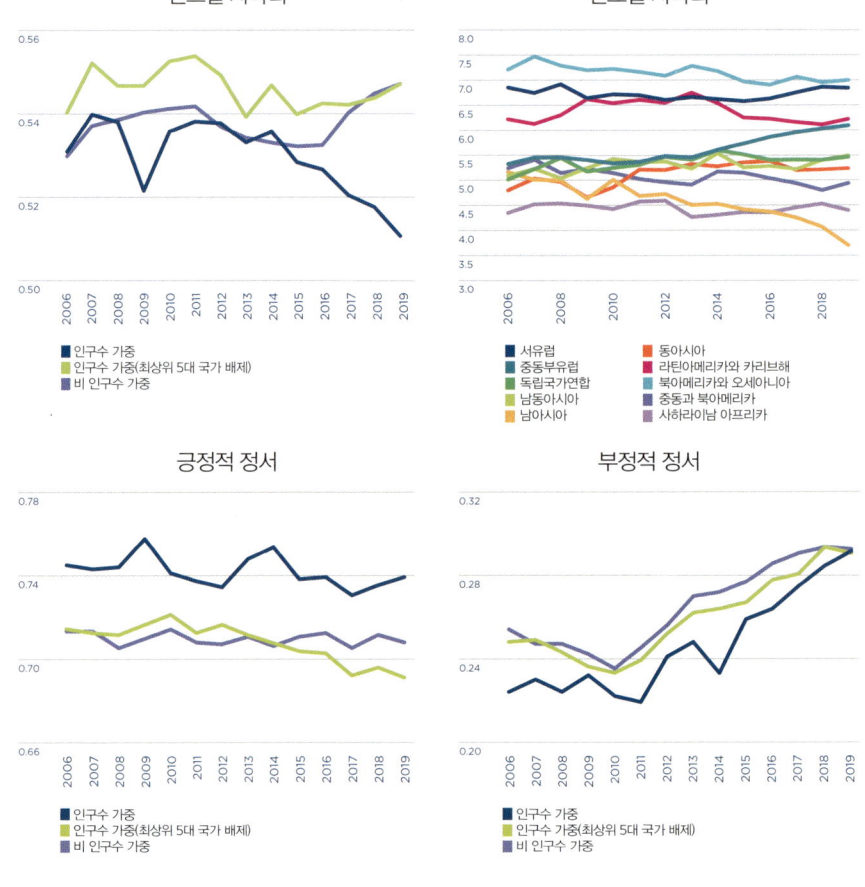

〈그림 2.2〉 세계 행복의 역동성

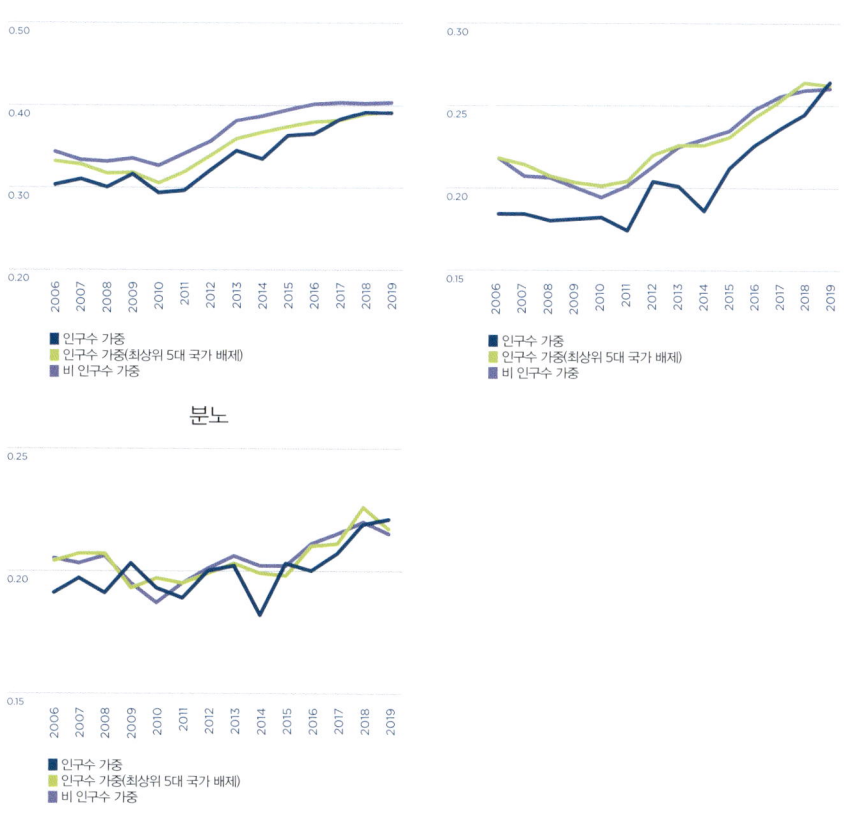

〈그림 2.3〉 세 부정적 정서의 세계적 추세

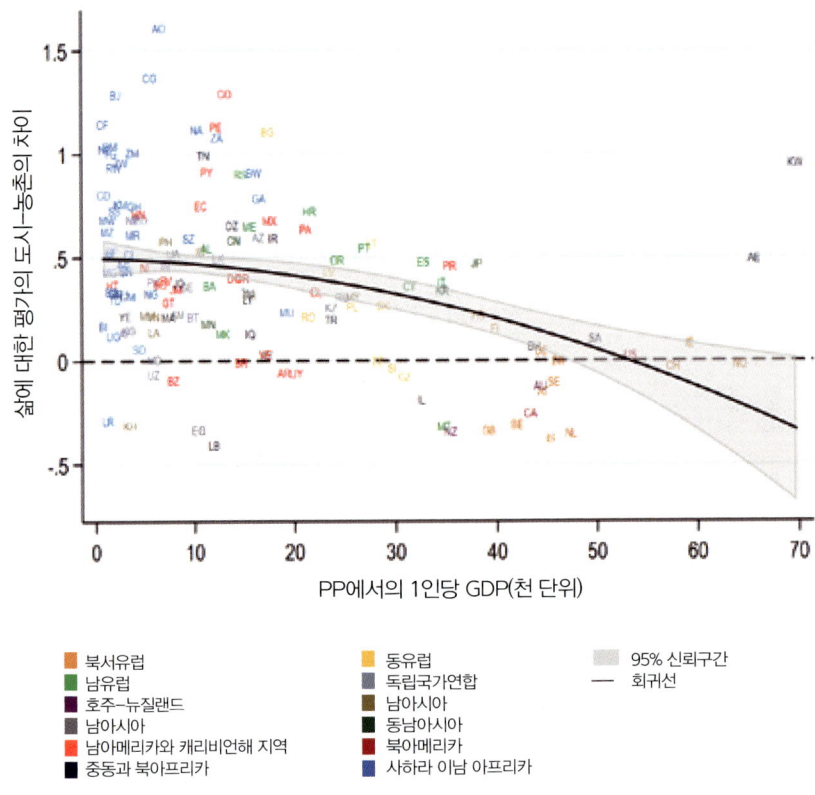

〈그림 4.3〉 국가의 1인당 소득별 삶에 대한 평가의 도시-농촌의 차이

- 북서유럽
- 남유럽
- 호주-뉴질랜드
- 남아시아
- 남아메리카와 캐리비언해 지역
- 중동과 북아프리카
- 동유럽
- 독립국가연합
- 남아시아
- 동남아시아
- 북아메리카
- 사하라 이남 아프리카
- 95% 신뢰구간
- 회귀선

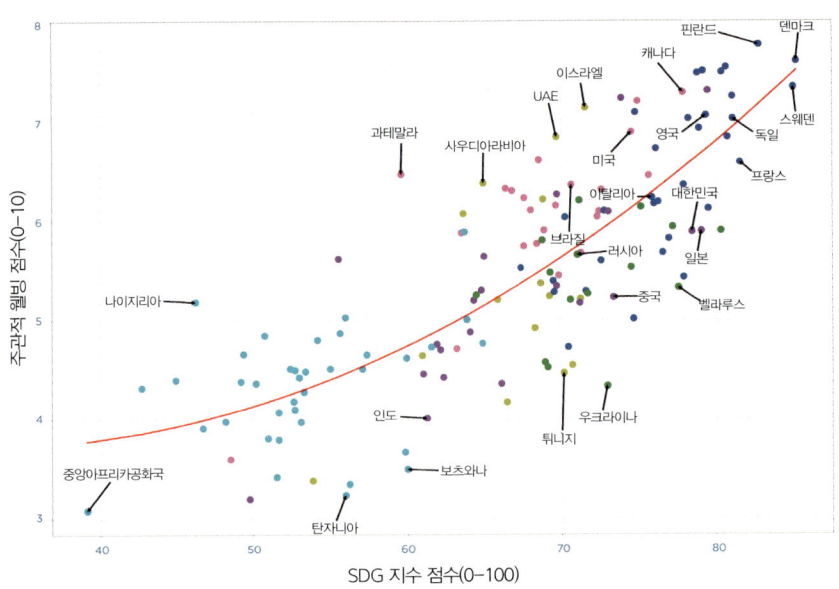

〈그림 6.1〉 지속가능한 발전과 주관적 웰빙

〈그림 6.4〉 지역별 웰빙을 설명함에 있어서의 SDG 집단의 상대적 중요성

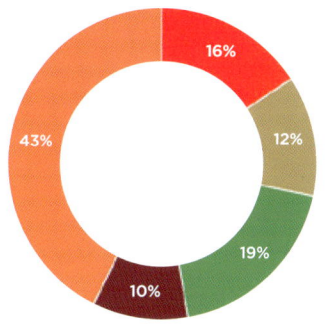

북미·남미 지역별 웰빙분산분해

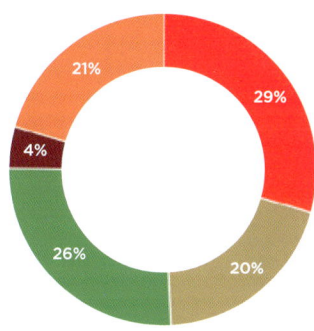

아시아 지역별 웰빙분산분해

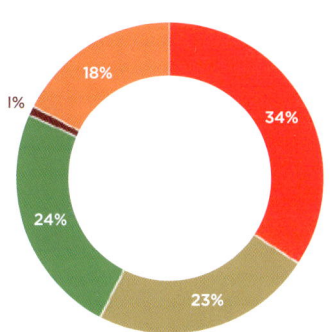

유럽 지역별 웰빙분산분해

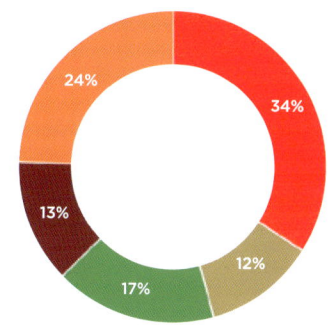

중동·북아프리카 지역별 웰빙분산분해

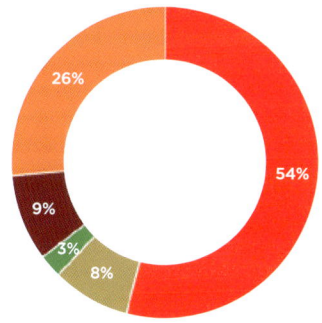

구소련 지역별 웰빙분산분해

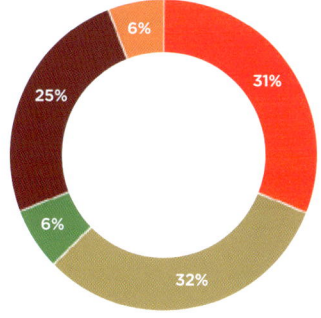

사하라 이남의 아프리카 지역별 웰빙분산분해

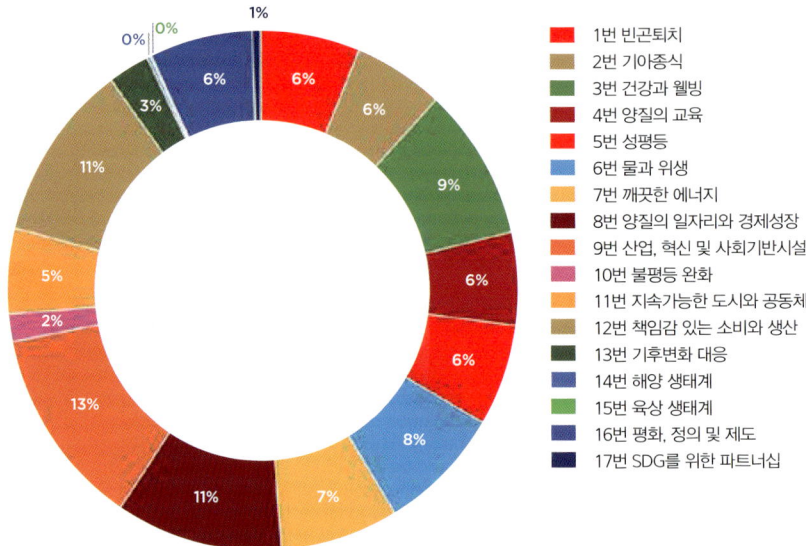

〈그림 6.2〉 국가 간 웰빙의 차이를 설명함에 있어서의 SDG의 상대적 중요성

*12시부터 시계방향으로 1번(빈곤퇴치)–17번(SDG를 위한 파트너십)

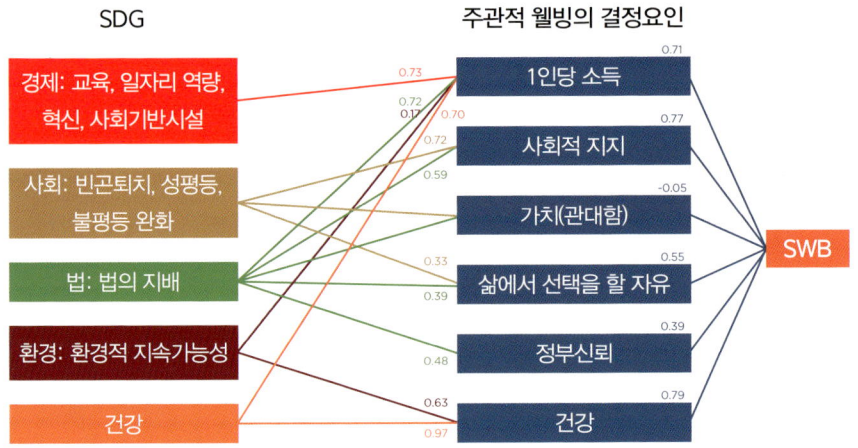

〈그림 6.5〉 SDG가 어떻게 웰빙과 관련되는지에 대한 간단한 경로 모형

UN 세계 행복보고서 2020

이 도서의 국립중앙도서관 출판예정도서목록(CIP)은 서지정보유통지원시스템 홈페이지(http://seoji.nl.go.kr)와 국가자료공동목록시스템(http://www.nl.go.kr/kolisnet)에서 이용하실 수 있습니다.
(CIP제어번호 : CIP 2020053554)

UN 세계 행복보고서 2020

존 헬리웰(John Helliwell), 리처드 레이어드(Richard Layard),
제프리 삭스(Jeffrey D. Sachs) 외 지음
우성대, 김영태, 장시복, 박찬영, 우한얼 옮김

간디서원

지은이

존 헬리웰(John Helliwell) 캐나다 브리티시콜롬비아대 경제학과 교수
리처드 레이어드(Richard Layard) 런던정경대 경제성과센터장
제프리 삭스(Jeffrey D. Sachs) UN SDSN 회장 겸 미국 콜롬비아대 지속가능발전센터장

옮긴이

우성대 목포대학교 정치언론홍보학과 교수
김영태 목포대학교 정치언론홍보학과 교수
장시복 목포대학교 경제학과 교수
박찬영 목포대학교 행정학과 교수
우한얼 서울대학교 법학전문대학원 박사과정 수료

UN 세계 행복보고서 2020
-World Happiness Report 2020

초판 인쇄일 | 2020년 12월 30일
초판 발행일 | 2020년 12월 30일

지은이 | 존 헬리웰(John Helliwell) 외
옮긴이 | 우성대, 김영태, 장시복, 박찬영, 우한얼
펴낸이 | 김강욱
펴낸곳 | 간디서원
주 소 | (06996) 서울시 동작구 동작대로길 33길 56(사당동)
전 화 | 02) 3477-7008
팩 스 | 02) 3477-7066
등 록 | 제382-2010-000006호
E-mail | gandhib@naver.com
ISBN | 978-89-97533-37-4 (03300)

* 잘못된 책은 바꾸어 드립니다.

차례

옮긴이의 글 7
지은이의 글 10

제1장 환경과 행복: 개관   우성대 옮김 / 13
존 헬리웰(John Helliwell)·리처드 레이어드(Richard Layard)·제프리 삭스(Jeffrey D. Sachs)·얀 엠마뉴엘 드 네브(Jan-Emmanuel De Neve)

제2장 세계 행복 현황과 사회적 환경   우성대 옮김 / 27
존 헬리웰(John Helliwell)·하이팡 후앙(Haifang Huang)·슌 왕(Shun Wang)·맥스 노튼(Max Norton)

제3장 도시와 행복: 세계 순위와 분석   김영태 옮김 / 85
얀 엠마뉴엘 드 네브(Jan-Emmanuel De Neve)·크리스티안 크레켈(Christian Krekel)

제4장 전 세계 도시-농촌의 행복 차이   장시복 옮김 / 123
마르티인 버거(Martijn J. Burger)·필립 모리슨(Philip S. Morrison)·마르티인 헨드릭스(Martijn Hendriks)·마로스 후거브뤼그(Marloes M. Hoogerbrugge)

제5장 환경의 질과 행복   박찬영 옮김 / 171
크리스티안 크레켈(Christian Krekel)·조지 맥케런(George MacKerron)

제6장 지속가능한 발전과 인간의 웰빙   박찬영 옮김 / 205
얀-임마뉴엘 드 니브(Jan-Emmanuel De Neve)·제프리 삭스(Jeffrey D. Sachs)

제7장 노르딕 예외주의: 노르딕 국가들이 세계에서 가장 행복한 국가집단에 속하는 이유는 무엇인가?   우한얼 옮김 / 231
프랑크 마르텔라(Frank Martela)·벤트 그레베(Bent Greve)·보 로스스타인(Bo Rothstein)·유노 사-리(Juho Saari)

옮긴이의 글

　UN《세계 행복보고서(*World Happiness Report*)》는 2012년부터 2020년까지 여덟 차례(2014년은 미발간) 출간된 바 있는데, 그 중에서 가장 최근인 2020년의 보고서를 완역한 것이 바로 이 책이다. 이전 일곱 보고서의 내용 대부분은 우리 목포대 행복연구팀이《세계 행복 지도》(2016),《행복의 인문학》(2017),《행복의 정치경제학》(2017),《행복 국가론》(2018),《세계 행복보고서 2019》(2019)로 다섯 차례 편역해 출간한 바 있다.

　UN의 행복보고서는 크게 두 부분으로 구성되어 있다. 하나는 행복데이터를 토대로 세계의 행복 수준 및 추세를 분석한 것이며, 다른 하나는 행복과 연관된 구체적인 이슈들에 대해 보다 심층적으로 분석한 것이다. 본 역서의 1장과 2장은 전자의 내용에 해당하며, 나머지 내용은 모두 후자에 해당한다. 따라서 최근 한국의 행복 현황, 즉 경제 수준에도 크게 못 미치는 한국의 행복 수준(5.87점) 및 세계 순위(61위) 등 한국인의 관심분야에 대해서는 전자의 내용에 해당하는 2장에서 구체적으로 확인할 수 있을 것이다. 본서 2장의 내용 중 기존의 것과 차별되는 점은 행복과 관련하여 특별히 사회적 환경의 중요성, 특히 신뢰의 중요성을 고찰했다는 것이다. 즉, 높은 신뢰가 모두의 행복을 증진시킨다는 것을, 그리고 차별과 실직, 질병, 저임금 등이 행복에 가하는 손실을 줄여줌으로써 특히나 위기에 처한 사람들에게 혜택을 준다는 것을 보여주고 있다.

올해의 행복보고서는 특별히 환경에 초점을 맞춘다. 즉, 사회 환경, 도시 환경, 자연 환경이 행복에 미치는 영향에 대해 살펴본다. 사회적 환경은 2장의 마지막 부분들에서 상세하게 다루지만, 또한 7장의 주제도 이것이다. 7장은 노르딕 국가들의 행복을 살펴보는데, 고도의 사적·제도적 신뢰가 이 국가들의 행복도가 그렇게도 높은 이유를 설명해주는 핵심 요인임을 밝혀주고 있다. 그리고 도시적 환경이 3장과 4장의 주제이다. 3장은 도시들의 행복 순위를 검토하며, 4장은 세계의 도시지역과 시골지역의 행복을 비교한다. 그리고 자연 환경은 5장의 주제인데, 여기서는 지역의 환경이 어떻게 행복에 영향을 미치는지에 대해 살핀다. 6장은 UN의 지속가능발전목표(SDGs)라는 보다 원대한 목표를 다룬다. 지속가능발전목표의 광범위한 영역은 다른 장들에서 고찰하는 3가지 주제 모두를 서로 연결시켜주고 있다.

총 여덟 차례 발간된 행복보고서를 통해서 볼 때 한국의 행복 현황 및 그 추세는 어떠한가? 한마디로 정체 및 하락 추세를 면치 못하고 있다. 2010년에서 2013년까지를 조사한 2013년과 2014년의 보고서에 따르면 한국은 평균 6.13점으로 대략 세계 44위에 해당했다. 하지만 2013년부터 2018년까지를 조사한 2016년, 2017년, 2018년, 2019년의 보고서를 종합하면 대략 세계 160여 국가 중 57위에 해당한다. 행복도는 6점에서 5점대로 하락했으며, 또한 국가순위도 40위대 중반에서 50위대 후반으로 밀려나 정체되어 있으며 좀처럼 회복될 기미를 보이지 못하고 있다. 그러던 것이 2017~2019 기간을 대상으로 한 2020년의 본 행복보고서에 따르면 한국의 행복도는 5.87점으로 여전히 5점대에 머물고 있으며, 그 순위가 드디어는 60위대(61위)로 밀려나고 말았다. 한국의 행복 수준 및 순위가 이처럼 침체 및 하락의 국면에 놓여 있는 것은 우려스러운 일이 아닐 수 없다. 그러면 한국의 행복 순위가 이처럼 일인당 GDP 수준에 크게 못 미칠 뿐만 아니라 하락추세를 이어가는 이유는 무엇인가? 이에 대한 부분적인 설명은 우성대 교수가 《행복의 인문학》(2017) 제7장 "한국의 웰빙 수준에 관한 연구"에서 시도한 바 있으니 관심있는 독자는 참조하기 바란다. 그 후속 연구도 곧 이어질 예정이다.

《세계 행복보고서 2020》에서 특히 주목할 부분 중 하나는 저자 서문에서 그간의 행복보고서 발간의 경위를 밝히면서, 이와 함께 앞으로 발간될 행복보고서를 전담할 연구소들을 소개하고 있다는 점이다. 즉, 미국 콜롬비아대학교의 지속가능발전센터, 영국 런던정경대(LSE)의 경제성과센터, 캐나다 브리티시콜롬비아대학교(UBC)의 밴쿠버 경제대학원, 그리고 영국 옥스퍼드대학교의 웰빙리서치센터 등 세계 굴지의 연구소가 후속 보고서를 책임질 것임을 밝히고 있다. 이처럼 계속 확장되고 보완되는 전문가 그룹을 기반으로 앞으로 UN의 행복보고서가 보다 알차고 신뢰할만한 보고서가 되기를 기대한다.

옮긴이 일동

지은이의 글

이 보고서는 UN이 발간한 여덟 번째 《세계 행복보고서(World Happiness Report)》이다. 우리는 이 서문을 지난 8년에 걸쳐 보고서를 가능하게 해준 모든 분들께 감사를 표명하는 데 할애코자 하며, 또한 2021년과 2022년의 아홉 번째, 열 번째 보고서를 준비하는 데 참여할 편집자들 및 협조자들의 확장팀을 소개하는 데 할애코자 한다. 이전의 일곱 보고서들은 2011년 6월 UN 총회에서 통과된 '부탄 결의안'에 따라 2011년 7월에 팀푸(Thimphu)에서 처음으로 결성된 3명의 공동편집자들에 의해 발간된 것이다. '부탄 결의안'은 "사회적, 경제적 발전을 성취하고 측정하는 방식을 결정함에 있어 행복과 웰빙에 보다 중요성을 부여해야 한다"고 각국 정부에게 촉구한 바 있다. 틴리(Thinley) 총리와 제프리 삭스(Jefferey D. Sachs)가 의장을 역임한 팀푸 회의는 2012년 4월 2일 UN에서 열린 '웰빙과 행복: 새로운 경제 패러다임 정의하기'에 대한 고위급 UN 회의를 기획하기 위해 소집된 것이다.

제1차 행복보고서의 준비는 콜롬비아대학의 지구연구소에서 이루어졌다. 하지만 2013년 이후 보고서들은 UN 산하 자문기구인 지속가능발전해법네트워크(SDSN)와 제프리 삭스가 주도하는 콜롬비아대학의 지속가능발전센터(CSD)에 토대를 두었다. 애초부터 편집자들과 저자들은 자원봉사에 기초했다. 하지만, 행정 및 연구 비용의 대부분은 최근까지 에르네스토 일리 재단의 기부에 의해 충당되었다.

UN의 《세계 행복보고서》는 폭넓고도 다양한 데이터에 기반하고 있다. 하지만 이 보고서의 가장 중요한 전거는 갤럽월드폴(Gallup World Poll)이다. 갤럽월드폴은 매년 전 세계를 대상으로 조사를 이어가는데, 그 규모 및 비교가능성에서 타의 주종을 불허한다. 갤럽월드폴이 산출한 삶의 평가들은 연도별 국가 행복 순위의 기반을 제공해 주는데, 이 행복 순위는 항상 초미의 관심사가 되고 있다. 독자들은 자신들의 국가가 어느 정도의 지위에 있는지 알고 싶어 관심을 기울이게 마련이지만, 곧 가장 행복한 국가들의 삶의 비밀들에 호기심을 갖게 된다. 갤럽 팀은 언제나 큰 도움을 주었으며, 매년 '세계행복의 날'인 3월 20일에 맞춰 출범하는 우리를 위해 연도별 데이터를 제공하는 데 유능함을 발휘하였다. 애초부터 우리는 갤럽사와 매우 우호적인 계약을 맺었으며, 항상 최선의 대접을 받았다. 갤럽의 연구자들 또한 여러 《세계 행복보고서》의 내용에 기여하였다. 이러한 파트너십의 가치는 '국제 삶의 질 연구협회'(ISQLS)로부터 수여한 두 개의 '인간 조건 혁신상'(Betterment of the Human Condition Awards)에서 공인받은 바 있다. 첫째 상은 2014년 《세계 행복보고서》에 부여되었으며, 둘째는 2017년에 갤럽월드폴의 소속사인 갤럽사에 부여되었다.

2020년부터는 갤럽이 완전한 데이터 협력사가 될 것인데, 이는 갤럽월드폴이 《세계 행복보고서》의 내용이나 범위에 있어 중요성을 널리 인정받았다는 것을 의미한다. 우리는 《세계 행복보고서》와 갤럽월드폴의 협력의 역사가 좀 더 공식적인 길로 구현된다는 사실을 매우 자랑스럽게 생각한다.

우리는 수년에 걸쳐 저자들에 도움을 주는 탁월하고도 광범위한 전문가 그룹을 가지고 있으며, 그들이 우리의 독자들과 지식을 기꺼이 공유하고 있는데 깊이 감사드린다. 그들의 전문성은 보고서의 질을 보장해주고 있으며, 그들의 관대성이 보고서를 가능하게 만들어 주고 있다. 이 자리를 빌어 이들에게 감사드린다.

우리 보고서의 편집팀은 수년에 걸쳐 확대되어 왔다. 2017년에 우리는 얀 엠마뉴엘 드 네브(Jan-Emmanuel De Neve), 하이팡 후앙(Haifang Huang), 슌 왕(Shun Wang)을 보조 편집자로 영입했으며, 여기에 2019년 라라 아킨(Lara Akin)이 합류했다.

2020년부터 얀 엠마뉴엘 드 네브가 공동편집자가 되었으며, 그럼으로써 옥스퍼드대학의 웰빙리서치센터가 보고서의 네 번째 핵심 연구소가 되었다.

우리의 데이터 파트너는 갤럽이며, 공식적 후원사는 UN의 지속가능발전네트워크(USDN), 콜롬비아대학의 지속가능발전센터, 런던정경대(LSE)의 경제성과센터, 브리티시콜롬비아대학교(UBC)의 밴쿠버 경제대학원, 그리고 옥스퍼드대학의 웰빙리서치센터이다.

《세계 행복보고서》에 기여한 이상의 모든 것들에—그것이 연구이든, 데이터든, 기부금이든— 대해 우리는 심심한 감사를 표명하는 바이다.

공동 편집자: 존 헬리웰, 리처드 레이어드, 제프리 삭스, 얀 엠마뉴엘 드 네브
보조 편집자: 라라 아킨, 하이팡 후앙, 슌 왕

제1장

환경과 행복: 개관*

존 헬리웰(John Helliwell)** · 리처드 레이어드(Richard Layard)*** ·
제프리 삭스(Jeffrey D. Sachs)**** · 얀 엠마뉴엘 드 네브(Jan-Emmanuel De Neve)*****

올해 《세계 행복보고서》는 특별히 환경에 초점을 맞춘다.
– 사회 환경, 도시 환경, 자연 환경

제2장에서 우리는 삶의 평가에 대한 국가별 순위와 이에 대한 설명을 제공한 연후에, 환경의 이러한 세 범주로 관심을 전환할 것이며, 이것들이 행복에 어떻게 영향을 미치는지 살펴볼 것이다.

(1) 사회적 환경은 2장의 마지막 부분들에서 상세하게 다룰 것이다. 또한 7장의 주제도 이것이라 할 수 있다. 7장은 노르딕 국가들의 행복을 살펴보는데, 고도의 사

---

* 이 장은 《세계 행복보고서 2020》의 제1장(Chapter 1. Environments for Happiness: An Overview)을 우성대 교수(목포대 정치언론홍보학과, libertywoo@hanmail.net)가 번역한 것이다.
** 캐나다 브리티시콜롬비아대 경제학과 교수
*** 런던정경대 경제성과센터장
**** UN SDSN 회장 겸 콜롬비아대 지속가능발전센터장
***** 옥스퍼드대 웰빙리서치센터장

적·제도적 신뢰가 이들 국가들의 행복도가 그렇게도 높은 이유를 설명해주는 핵심 요인임을 밝혀주고 있다.

⑵ 도시적 환경이 3장과 4장의 주제이다. 3장은 도시들의 행복 순위를 검토한다. 그리고 4장은 세계의 도시 지역과 시골 지역의 행복을 비교한다.

⑶ 자연 환경은 5장의 주제인데, 여기서는 지역의 환경이 어떻게 행복에 영향을 미치는지에 대해 살핀다. 6장은 UN의 지속가능발전목표(SDGs)라는 좀 더 원대한 목표를 다룬다. 지속가능발전목표의 광범위한 영역은 다른 장들에서 고찰하는 세 가지 주제 모두를 서로 연결시켜줄 것이다.

이 장의 나머지 부분에서 우리는 세 가지 환경적 주제에 관해 발견된 바 있는 주요 사실들을 종합적으로 다룰 것이다. 이어서 우리는 각 장들의 내용을 간략히 요약함으로써 1장을 끝맺고자 한다.

1. 사회적 환경과 행복

2장의 전반부에서는 6가지 요인이 행복을 설명하기 위해 사용되었는데, 이중 네 요인은 사회적 환경의 서로 다른 영역들을 가리킨다. 즉, 의지할 만한 사람들을 가지고 있는지, 생애의 주요결정을 내릴 자유의식을 지니는지, 그리고 관대성과 신뢰의 영역이다. 2장의 후반부는 더욱 깊게 탐색해 들어간다. 우선 불평등이 평균 행복도에 어떻게 영향을 미치는지, 그리고 좋은 사회 환경이 어떻게 불평등을 축소하는 데 기여하는지에 대해 특별한 관심을 기울인다. 삶의 평가가 소득보다 웰빙의 좀 더 폭넓은 척도를 제공해주는 것으로 이미 판명된 바 있으며, 또한 행복의 평균수준을 설명함에 있어 웰빙의 불평등이 소득의 불평등보다 더 중요하다고 판명되었다. 웰빙의 불평등은 삶의 평가 수준을 크게 떨어뜨리는데, 이는 삶의 질의 격차가 덜한 사회에 사는 사람들이 더 행복하다는 것을 암시해준다.

그 다음 단계는 무엇이 웰빙의 불평등을 결정하는지를 탐색하고, 행복에 미치는 재난의 영향력이 어떻게 사회구조의 강점과 온기에 의해 완화될 수 있는지를 살펴보는 일이다. 우선 삶의 평가들은 소득, 건강 그리고 사회적 환경에 대한 다양한 척도들에 의해 개인적 수준에서 설명된다. 몇몇의 특별한 리스크들이 고찰된다. 즉 질병, 차별, 저소득, 실업, 별거 및 이혼, 거리의 불안 등이 그것이다. 이러한 리스크에 따르는 행복의 비용은 매우 큰데, 특히 저-신뢰의 사회적 환경에 살고 있는 사람들의 경우가 그러하다. 예컨대, 메리와 제인이 있다. 메리는 건강하고, 직업이 있으며, 평균적 소득을 지니고, 결혼했으며, 사회적 차별을 받지 않고 있다고 생각하며, 밤거리에서 안전감을 느낀다. 반면에 제인은 건강이 비슷하거나 더 나쁘며, 실직 상태이고, 소득이 하층이고, 이혼 상태이며, 밤거리에서 불안을 느낀다. 이 경우 10점 만점의 삶의 만족도 조사에서 메리는 제인에 비해 3.5점이나 높게 나타난다. 만약 두 사람이 모두 저-신뢰 사회에 산다면 이와 같은 차이가 나게 된다. 그러나 그들이 타인과 정부, 그리고 경찰에 대해 비교적 높은 신뢰를 지닌 사회에 거주할 경우, 그들 사이의 웰빙 차이는 3분의 1이나 줄어들 것이다. 긍정적인 사회적 환경이라면 이처럼 곤경으로 인한 웰빙의 손실이 크게 줄어든다. 곤경들은 웰빙사다리의 하층부에 있는 사람들 사이에서 좀 더 만연하는 것이기 때문에, 신뢰깊은 사회적 환경은 재난에 처한 사람들의 행복을 크게 증대시키고, 그럼으로써 웰빙의 평등을 증대시킨다.

웰빙을 지원하는 것들, 즉 사회적·제도적 신뢰, 고소득, 동료 간의 친밀한 사회적 지원과 빈번한 회합 등의 '직접적 효과들'에 대해서도 같은 이야기가 가능하다. 루이지의 사례를 검토해보자. 그녀는 타인, 정부, 경찰에 대한 신뢰에서 유럽인의 상층 3분의 1에 속하며, 일주일에 한 번 이상 친구들과 사교적으로 만나며, 사적인 문제에 관해 토론할 사람이 한 사람 이상 존재하며, 가구소득에서 상위 5분의 1에 속한다. 그녀는 사회적 연계가 약하며, 저신뢰적 환경에 살고 있는 클라라보다 평균 행복도에서 1.8점이나 높은 수준을 보여준다. 고소득과 친밀한 사회적 지원으로 인한 혜택들이 높은 사회적 신뢰의 환경에서는 덜 중요하다는 사실을 고려할 때, 이들이 높은 사회적 신뢰 사회에 산다면 이러한 격차는 5분의 1이나 줄어든다.

    삶의 질을 증진시키고 불평등을 감소시키는 환경의 힘에 대한 이러한 새로운 증거는 7장의 분석을 그림으로 보여주는 데 사용될 수 있다. 7장은 노르딕 국가들의 높은 행복도를 그들의 지역과 국가의 사회적 환경이 지닌—보통 어렵사리 얻은—높은 질의 관점에서 설명한다. 이러한 증거를 우리는 그림으로 예시할 수 있는데, 이 그림은 35개 유럽 국가의 37만 5천 명의 행복 분포 현황을, 만약 이 국가들 모두가 노르딕 국가들과 같은 사회적 신뢰 수준을 지녔다고 가정할 때 예상되는 행복 분포와 비교해 봄으로써 얻을 수 있다. 새로운 분포도는 어느 누구의 건강, 소득, 취업, 가족 상태, 이웃 간의 안전 등 그 어느 것도 변화시키지 않은 것이다. 사실 이 모든 것들에서 노르딕 국가들은 다른 국가들보다 우호적인 상태에 있지만. 〈그림 1.1〉에서 우리는 각 개인의 신뢰 수준 및 사회적 연결을 노르딕 국가에 사는 평균적인 사람들의 수준으로 단순히 증대시킨 것에 불과한 것인데, 이 그림을 통해 우리는

〈그림 1.1〉 노르딕 수준의 신뢰와 사회적 연결을 갖춘 유럽인들의 행복

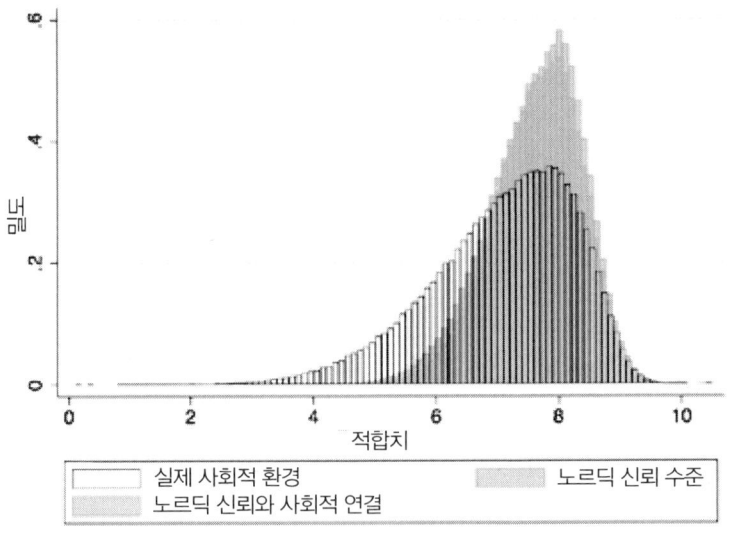

평균적 웰빙 수준을 증대시키고 웰빙의 불평등을 감소시키는 데 있어 좋은 사회적 환경이 강한 힘을 발휘할 수 있다는 것을 쉽사리 깨달을 수 있다.

〈그림 1.1〉이 보여주는 결과들은 놀랄만한 것이다. 만약 노르딕 국가들의 신뢰 및 사회적 연결의 수준이(평균값 7.68의 두 가지 색조의 녹색이 보여주듯이) 모든 유럽 국가에서 나타난다면, 현재 유럽의 행복 분포는(평균값 7.09의 흑백으로 나타나듯이) 보다 높은 평균값과 보다 완화된 불평등으로 상당히 이동한다. 보다 진한 녹색 막대들은 자체적인 신뢰 증대의 효과들을 보여주며, 그 반면에 보다 옅은 녹색 막대들은 노르딕 수준의 사회적 연결을 갖게 됨으로써 부가되는 것을 보여준다. 신뢰 증대 그 자체만으로 삶의 평가 평균값을(7.59점으로) 0.50점이나 높여주며, 그럼으로써 실제 삶의 만족도에서 노르딕 국가들(=8.05점)이 유럽 전체 국가들을 능가하는 양의 절반 이상을 설명해준다. 노르딕의 사회적 연결들은 여기에다 0.09점을 더욱 증대시켜 준다. 신뢰 및 사회적 연결은 서로 결합하여 노르딕 국가들과 유럽 전체 국가들 간의 간격의 60%나 설명해준다. 비록 친밀한 사회적 연결들이 매우 중요하지만 그것들은 다른 국가들보다 노르딕 국가들이 약간 많은 정도에 머무는 것이 사실이다. 행복도를 증대시키고 불평등을 감소시킴에 있어 특별히 중요한 것은 뭐니 뭐니 해도 보다 높은 사회적, 제도적 신뢰의 수준이다.

2. 도시 환경과 행복

이 보고서에서 우리는 최초로 도시적 삶의 행복을 살펴보았다. 즉, 도시와 다른 도시를 비교했으며, 또한 도시 거주민들이 비도시 거주민들과 평균적으로 어떻게 다른지도 살펴보았다. 그 결과는 3장의 도시별 행복 순위에, 그리고 4장의 도시와 시골의 행복 비교에 포함되어 있다. 〈그림 1.2〉가 보여주듯이 이 3, 4장에서는 몇 가지 놀랄만한 사실이 발견된다. 이 그림은 138개 도시 거주민의 삶의 평가 평균값이 그들 국가 전체의 삶의 평가 평균값에 비추어 어떻게 나타나는지를 알아보려고 기획되었다. 두 경우 모두 2014-2018 기간의 갤럽월드폴(GWP) 가용자료를 이용하여 측정되었다.

〈그림 1.2〉를 보면 세 가지 핵심적인 사실이 즉시 분명하게 드러나는데, 이것들은 모두 3, 4장 속의 도시적 삶을 다룬 내용들에서 자세히 진술되고 설명된다. 첫째로, 도시 순위와 국가 순위는 기본적으로 일치한다. 둘째로, 대다수 국가 특히 낮은 수준의 행복도를 보여주는 국가들에서 도시 거주자는 도시 밖의 거주자들에 비해 약 0.2점 정도 높게 나타난다. 셋째, 도시 행복의 이점은 행복도 최상위의 국가들의 경우에는 보다 적게 나타나며 때로는 음(-)이 되기도 한다. 이는 〈그림 1.2〉의 회귀선에 나타난다.

만약 도시 수준의 삶의 평가들이 그들이 소속된 국가의 삶의 평가를 닮는다면, 그

〈그림 1.2〉 주요 도시 및 국가의 삶의 평가

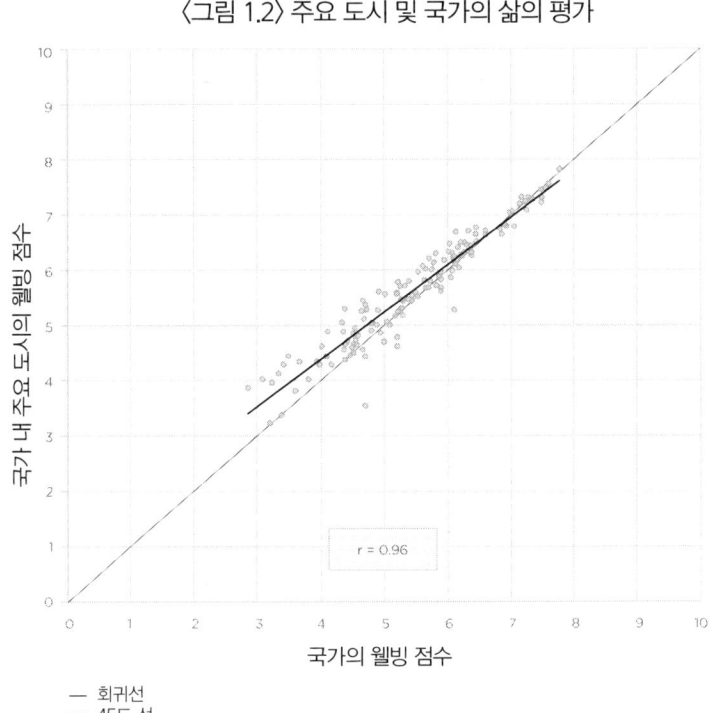

러면 우리는 같은 국가의 도시들은 도시 순위에서 서로 몰려있을 것으로 추정할 수 있다. 실제로 이것이 우리가 발견한 바이다. 예컨대, 미국의 10대 도시들은 186개의 도시목록 중 18위와 31위 사이에 모두 놓여있다. 두 개의 스웨덴 도시인 스톡홀름과 예테보리는 9위와 24위로 15등이나 차이가 나며, 따라서 같은 국가의 두 도시 간에 사뭇 큰 차이가 나는 것처럼 보이기도 한다. 하지만 다음과 같은 이유에서 그들은 같은 통계적 신뢰영역에 놓여있다고 할 수 있다. 즉, 유사한 점수의 미국 도시들이 순위에 있어 스톡홀름과 괴테베르크 사이에 놓여있기 때문에, 그리고 미국 이외에는 그러한 도시들을 거의 찾아볼 수 없기 때문이다.

4장은 발전이 계속되는 과정에서 줄어드는 도시의 이점에 특별히 주목하고 있으며, 이에 기여하는 요인들을 나열하고 있다. 그것들을 잘 나타내주는 〈그림 4.3〉은 일정한 수준의 경제 발전 이후에는 도시의 행복 수준이 시골의 행복 수준 이하로 떨어지는 것을 실제로 보여준다. 세계 대부분의 지역들에서, 도시에서의 보다 높은 수준의 행복은 도시가 제공하는 보다 좋은 경제적 환경과 기회들에 의해 설명될 수 있다. 비록 여러 풍요로운 국가들에서 시골 사람들이 도시 사람들보다 행복한 것은 사실이지만, 고소득과 높은 수준의 신뢰 및 연결을 겸비한 도시들은 국가 평균의 행복도 이하로 떨어지는 경우는 거의 없다. 상대적으로 희귀하지만, 시골 공동체가 주요 중심부 도시들보다 행복한 국가들이 있는데, 삶의 만족도에서 시골이 갖는 이점과 관련된 핵심 요인은 사람들이 자신의 시골 공동체에 얼마만큼의 소속감을 느끼는가 하는 것이다. 다른 요인은 도시 공동체에 보다 만연하는 행복의 불평등이다. 예컨대 캐나다에서 도시 사람들이 시골 사람들에 비해 삶의 만족도가 0.18점 높게 나타난다. 하지만 이러한 격차는 만약 공동체 소속감이 지속된다면 반으로 줄어들고, 또한 웰빙의 불평등이 시골 공동체 수준으로 유지된다면 3분의 1로 줄어들게 된다. 그래서 위에서 논의된 바 있는 사회적 환경은 도시와 시골 공동체들 간의 차이를 설명해주는 데에도 중요한 것처럼 보인다.

3. 자연 환경과 행복

자연 환경은 5장과 6장의 주제이다. 5장은 자연 환경의 보존에 대한 광범위한 관심의 증대에 대해 언급하면서 시작하고 있다. 환경에 대한 공적 관심의 확산을 보여주는 갤럽월드폴(GWP)의 데이터가 이를 뒷받침해 준다. 이어서 5장은 두 종류의 증거를 제시하는데, 하나는 국가적인 것이며, 다른 하나는 지역적이고 직접적인 것이다. 우선 5장은 국가별로 다양한 오염원의 평균 밀도가, 그리고 기후 및 토지피복(land cover)의 여러 측면들이, OECD 국가들의 삶의 평가에 어떻게 영향을 미치는지를 측정한다. 이를 통해 저자는(〈그림 5.2a〉와 〈그림 5.2b〉가 보여주듯이) 미세먼지가 삶의 평가에 미치는 막대한 부정적 영향을 발견하고, 보다 온화한 기온에 대한 비록 작지만 의미 있는 선호를 발견한다.

두 번째 계열의 증거는 국가적 데이터가 아니다. 이는 런던 지역의 13,000명의 지원자 샘플에 근거한 대단히 지역적인 경험들이다. 이들은 질문을 받으면 그들의 위치를 전화로 답하고 자신의 정서적 상태를 보고해야 하는데, 총 50만 번이나 행해진다. 그 답변들은 시간과 장소에 따라 상세한 환경적 데이터로 통합된다. 이들 데이터는 강, 호수, 운하, 녹지에 대한 밀접도와 공기의 질, 소음 수준, 날씨 상태 등을 포함한다. 일, 산보, 스포츠, 정원 가꾸기, 새 돌보기 등 모든 경우가 집에 앉아서 하는 것들과 비교된다. 테임즈 강과 운하에 인접할 때뿐만 아니라 공원이나 도로변 나무 근처에 있으면 긍정적인 기분이 샘솟는다. 기분은 미세먼지의 지역적 집중들에 의해 거의 영향을 받지 않지만 오후 10시에 이르면 문제가 된다. 이산화질소의 집중은 특정한 모델에서만 약간의 부정적 영향을 끼칠 뿐이다. 날씨는 정서적 상태에 영향을 미친다. 따스한 햇볕, 맑은 하늘, 신선한 공기, 따뜻한 온도는 기분을 좋게 만든다. 기분은 집안보다는 집밖에서 더 좋아지며, 일터에서는 악화된다. 다른 행위들의 경우, 많은 것들이 기분의 변화를 초래한다. 삶의 평가보다는 기분이 이러한 초단기적 보고서들에 사용되는데, 삶의 평가는 그러한 일시적 변화들 하에서도 안정적인 경향이 있기 때문이다. 비록, 2장에서 보여주었듯이, 누적된 긍정적 기분들이 삶의 평가를 높이는데 기여하는 것은 사실이지만.

5장의 온라인 부록에 실린 보충자료는 행위들을 사회적 환경에 직접 연결시키는데, 이는 영국의 2백 3십만에 달하는 대규모 응답자들을 표본으로 한 것이다. 친구나 동반자가 있을 때 43개의 행위 모두는 기분을 개선시킨다. 예컨대 하이킹이나 산책을 혼자하면 기분이 2% 개선되는데 그치지만, 친구나 동반자와 함께하면 훨씬 효과가 크게 나타난다. 즉, 친구와 하면 7.5%, 동반자와 함께라면 8.9%나 개선된다. 보통 기분을 악화시키는 행위들도 친구나 동반자와 함께 한다면 행복을 유발할 수 있다. 통근이나 이동처럼 보통 기분 수준을 악화시키는(-1.9%) 행위도 친구와 동반자가 있다면 행복이 가능한데, 친구와 같이하면 기분이 5.3% 개선되며, 동반자와 함께 하면 3.9% 개선된다. 혼자 할 때 특히 부정적인(-3.5%) 기다리기나 줄서기 때도 친구와 함께라면 오히려 긍정적(+3.5%) 결과로 전환된다. 즐겁지 않은 줄서기나 여행의 경우 보통 친구들이 초대되지 않는다는 점에서 이러한 측정 효과는 과장된 것일 수도 있다. 그러나 그것조차도 병원에서 나쁜 소식을 기다리거나 공항에서 길게 줄 서 있을 때 도움을 줄 친구를 기다리는 사람들에게는 과소측정된 것일 수 있다. 비록 한 톨의 소금을 취한 것일지라도 이는 큰 효과를 낳을 수 있다. 영국 거주민들의 일상적인 삶에서 취한 이러한 스냅 사진들은 다른 많은 연구에서 도달한 결론을 재차 확인시켜 준다. 즉, 경험들은 다른 사람들과 공유할 때 사람들을 더 행복하게 만들어준다.

제6장은 지속가능발전목표(Sustainable Development Goals: SDGs)와 사람들의 현재 삶의 평가 사이의 연계를 점검함으로써, 보다 직접적인 자연적 환경으로부터 보다 폭넓은 장기적 환경으로 이동한다. 6장은 삶의 평가를 웰빙의 우산적 척도(umbrella measure)로 옹호하면서, 이 삶의 평가가 SDG 목표들로 향하는 진보를 성취함으로써 개선될 수 있으리라고 주장한다. 목표들 그 자체는 자연 환경적 질과 삶의 질에 대한 측정가능한 기준들을 세우려는 매우 다양한 시도들로부터 나오는

것이다. 그러나 각각의 지속가능목표의 중요성을 평가하는 데 도움을 줄 수 있는 어떤 포괄적 척도가 있어야 한다는 주장은 강한 설득력을 갖는다.

6장의 중요한 경험적 발견물은 다음과 같다. 즉, 지속가능발전목표에 도달하는데 있어 나타나는 국가적 차이들은 삶의 평가에서 국가적 차이점들과 긍정적이고도 강력하게 연관된다는 것이다. 그리고 그 목표가 행복한 국가들일수록 빠르게 달성된다는 것인데, 이는 행복이 지속가능발전에 대해 한계수익 증대효과가 있음을 의미한다. 그러나 각 발전 목표가 어떻게 삶의 목표들과 관계되는지를—그리고 이러한 관계들이 지역별로 어떻게 발생되는지를—살펴봄으로써 지속가능발전목표들을 풀어헤치면 큰 이질성이 들어난다. 예컨대 '목표 12'(책임있는 소비와 생산)와 '목표 13'(기후 행동)은 삶의 평가들과 부정적으로 연관되는데, 경제발전의 일반적 수준을 통제할 때조차 '목표 12'에는 타당하게 나타난다. 이러한 통찰은 다음의 사실을 시사한다. 즉, 환경적으로 지속가능한 성장, 그럼으로써 인간의 높은 웰빙 수준을 제공하는 성장으로 진로를 정하기 위해서는, 보다 복잡하고도 맥락을 고려한 정책적 노력들이 요구된다는 것이다.

일반적으로, 무엇이 지속가능발전목표들의 성취를 전반적인 삶의 평가들과 그토록 밀접하게 조화되도록 만드는가? 물론 그 이유 중의 일부는 구체적인 목표들 대다수가 좋은 건강이나 좋은 통치와 같은 요소들을 포함하기 때문인데, 이러한 요소들은 국가들을 행복하게 만드는 데 기둥 역할을 하는 것들이다. 그러나 구체적으로 어째서 장기간의 지속가능성을 성취하는 행위들이 행복한 국가들에서 보다 번창하는가? 이를 설명하는데 도움을 줄 수 있는 보다 심층적인 일련의 이유들이 존재한다. 노르딕 국가들의 행복을 다룬 7장에서 살펴보겠지만, 사람들은 그들 서로를—그리고 공유하는 제도를—신뢰하고 타인의 복지에 신경을 쓸 때 보다 행복해진다. 그리고 그러한 배려적 태도들은 세계의 여타지역 및 미래세대를 포함하도록 확장되는 것이 일반적이다. 또한 이러한 신뢰는 다른 국가 사람들과 다음 세대의 미래를 확보하는 데 도움을 줄 행위들을 사회적, 정치적으로 지원하는 데 기여한다.

그리하여 장기적으로 지속가능한 발전목표들을 성취하는 데 필요한 행위들은 높은 수준의 사회적, 정치적 신뢰수준을 지닌 국가들과 결합을 이룰 것이다. 그러나 이들은 이미 전반적인 삶의 평가 순위에서 최상위를 이룬 국가들이다. 따라서 지속가능 목표들의 실제 달성, 그리고 그러한 목표들을 위한 정치적 지원이(6장에서 나타나듯이) 최고로 행복한 국가들에서 특별이 높게 나타난다고 해서 놀랄 일은 아니다. 현재의 행복에 우호적인 사회적 결속력은 동시에 미래 세대를 위한 환경을 보존하고 개선하는 데 필요한 행위들도 마찬가지로 지원할 것이다.

2장은 삶의 평가로 측정한 행복도의 국가별 순위를 제공한다. 그리고 그 순위가 2008-2012 기간을 토대로 2017-2019 기간에 어떻게 변화해 왔는지 살펴본다. 이러한 변화의 원인들이 6가지 핵심 변수들 위주로 탐색되었으며, 또한 어떻게 행복의 불평등이 평균 행복 수준을 낮추는 것과 연계되는지도 부가하여 탐색하였다. 이어서 2장은 행복과 관련하여 사회적 환경의 중요성을 고찰한다. 그리고 높은 신뢰가 모두의 행복을 증진시킨다는 것을, 그리고 차별과 실직, 질병, 저임금 등이 행복에 가하는 손실을 줄여줌으로써 특히나 위기에 처한 사람들에게 혜택을 준다는 것을 보여준다.

3장에서 우리는 도시의 행복에 대한 세계 순위와 분석을 최초로 제공했다. 우리는 도시의 삶의 질을 기존 순위와 근본적으로 다르게 순위화 했다. 우리의 순위는 주관적인 웰빙의 측면에서 측정한 것이다. 즉, 도시 거주자가 자기 보고한 삶의 질에 전적으로 의존했다. 우리의 도시 행복 순위는 국가의 기존 행복 순위와 근본적으로 다른 결과를 낳지 않았다. 스칸디나비아 도시와 호주와 뉴질랜드의 도시는 거주자들의 주관적 웰빙에 있어서 점수가 높다. 정치적 불안정, 내분과 전쟁 등을 겪고 있는 국가의 도시는 점수가 낮다. 현재와 미래의 삶의 평가와 같은 평가적 측정값과 긍정적/부정적 정서와 같은 경험적 측정값을 포함한 다양한 주관적 웰빙 지표를 이용하면서, 우리 순위는 내적으로 일관된 이미지를 그린다.

4장의 목적은 갤럽월드폴(GWP)을 활용해 전 세계 도시-농촌의 행복 차이를 조사하는 것이다. 우리는 도시-농촌의 차이에 대한 일반 묘사로 시작해, 이 차이에서 명확히 드러나는 복잡함을 보이기 위해, 점차 더 자세한 내용을 소개한다. 특히, 북서 유럽과 서구세계의 도시와 농촌의 차이와 서부 사하라 이남 아프리카의 도시와 농촌의 차이를 비교하고, 이 차이가 사람 기반 요인과 공간 기반 요인에 어느 정도 기인하는지를 조사한다. 이 두 사례를 통해 우리는 도시에서 웰빙이 가장 많이 증가하는 사람들을 식별한다. 이 장은 여러 가지 방식으로 기존 문헌을 보충한다. 첫째, 우리는 150개국의 정보로 도시-농촌의 행복 차이를 밝힌 이스털린, 안젤레스쿠와 츠바이크의 연구를 실증적으로 확장한다. 둘째, 우리는 행복의 도시-농촌 차이가 사람 기반 요인과 공간 기반 요인에 어느 정도 기인하는지를 추정한다. 셋째, 우리는 특정 집단이 도시에서 더 높은 행복 수준을 보상받을 가능성이 어느 정도인지를 확인한다.

5장은 자연 환경의 각기 다른 측면들이 어떻게 주관적 웰빙에 영향을 미치는지를 검토한다. 전반부에서는 갤럽월드폴의 행복 측정치와 함께 OECD 국가들의 자연 환경 데이터를 활용하여 분석을 하고, 후반부에서는 런던 사람들에서 추출한 표본이 실시간으로 보고하는 자료를 활용하여 그들의 활동 및 그들을 둘러싸고 있는 지역 환경의 특징에 따라 그들의 감정이 어떻게 변하는지를 본다.

제6장은 지속가능발전목표(Sustainable Development Goals, SDGs)와 갤럽월드폴(Gallup World Poll)이 조사한 행복 측정치 간의 실증적 관계를 검토하는데, 행복의 척도는 주로 이전 장에서 중심적으로 다룬 바 있는 삶에 대한 평가이다.

7장은 노르딕 국가들의 삶이 지닌 몇몇 특징들을 묘사하고 있는데, 이것들은 이 나라들에서의 삶의 평가가 매우 높게 유지되는 이유를 잘 설명해주고 있다. 그런데 이 장은 증거에 의해서 입증되지 않은 채 제안되는 몇몇 다른 설명들에 대해서는 비판적 입장을 견지하고 있다.

참고문헌

Helliwell, J. F., Shiplett, H., & Barrington-Leigh, C. P. (2019). How happy are your neighbours? Variation in life satisfaction among 1200 Canadian neighbourhoods and communities. *PloS one*, 14(1).

제2장

세계 행복 현황과 사회적 환경*

존 헬리웰(John Helliwell)**·하이팡 후앙(Haifang Huang)***·
슌 왕(Shun Wang)****·맥스 노튼(Max Norton)*****

2장은 삶의 평가로 측정한 행복도의 국가별 순위를 제공한다. 그리고 그 순위가 2008-2012 기간을 토대로 2017-2019 기간에 어떻게 변화해 왔는지 살펴본다. 이러한 변화의 원인들이 6가지 핵심 변수들 위주로 탐색되었으며, 또한 어떻게 행복의 불평등이 평균 행복 수준을 낮추는 것과 연계되는지도 부가하여 탐색하였다.

이어서 2장은 행복과 관련하여 사회적 환경의 중요성을 고찰한다. 그리고 높은 신뢰가 모두의 행복을 증진시킨다는 것을, 그리고 차별과 실직, 질병, 저임금 등이 행복에 가하는 손실을 줄여줌으로써 특히나 위기에 처한 사람들에게 혜택을 준다는 것을 보여준다.

---

* 이 장은 《세계 행복보고서 2020》의 제2장(Chapter 2. Social Environment for World Happiness)을 우성대 교수(목포대 정치언론홍보학과, libertywoo@hanmail.net)가 번역한 것이다.
** 캐나다 브리티시콜롬비아대 경제학과 교수
*** 캐나다 앨버타대 경제학과 교수
**** 한국 KDI 국제정책대학원 교수
***** 캐나다 브리티시콜롬비아대 경제학과 교수

1. 입문

이 보고서는 UN이 발간한 여덟 번째 《세계 행복보고서》인데, 그 핵심적 목표는 첫 번째 보고서와 같다. 즉, 주관적 웰빙에 대해 학문적으로 측정하고 이해하는 것을 검토하고, 삶의 만족과 연관된 척도들을 사용하여 150여 국가들에 거주하는 국민들의 삶의 질을 추적하는 것이다. UN의 행복보고서는 크게 두 부분으로 구성되어 있다. 하나는 전 세계 국가들의 최근 행복 순위를 제공하고 분석하는 것이다. 다른 하나는 행복과 연관된 이슈들에 대해 보다 심층적으로 분석하는 것인데, 보통 각 보고서를 전체적으로 관통하는 하나의 주제가 존재한다. 이번 《세계 행복보고서 2020》의 핵심 주제는 환경과 행복이다. 2장은 행복과 사회적 환경의 관계에 대해 보다 구체적으로 주목할 것인데, 행복은 개인적인 사회적 연결의 질 및 사회적 제도의 질에 의해 영향을 받는다.

사회적 환경이 삶에 대한 사람들의 평가와 어떻게 연관되는지에 대한 새로운 증거를 제시하기 전에, 먼저 우리는 2017-2019 기간의 데이터를 토대로 산출한 삶의 평가 평균의 국가별 순위를 제공하고 이에 대한 분석을 시도할 것이다.

국가별 삶의 평가 순위들이 제공되면서, 동시에 2005-2019 기간의 연도별 평균의 전체 표본을 설명하는데 6개의 핵심변수들이 어떻게 기여하는지를 보여주는 최근의 시도들이 동반될 것이다. 하지만 이 6개의 변수를 사용해서 우리가 각 국가의 행복 지수를 구성한 것이 아니라는데 주목할 필요가 있다. 우리의 행복 점수들은 어디까지나 개인 각자의 주관적 웰빙에 대한 평가들에 기반한 것이다. 그리고 그 평가들은 갤럽월드폴(GWP) 설문 조사의 응답에 나타나있다. 대신에, 우리는 6개의 변수들을 국가 간 행복 차이가 발생하는 근거들을 이해하는 데 사용한다. 또한 우리는 행복의 경험, 특히 긍정적 정서경험이 삶의 평가를 높이는 데 어떻게 보충적으로 기여하는지도 보여줄 것이다. 이어서 우리는 삶의 평가들과 정서들이 어떻게 변화해 왔는지를 보여주는 폭넓은 데이터들을 갤럽월드폴을 통해 살펴볼 것이다.[1]

이어서 우리는 행복을 위한 사회적 환경에 대해 두 단계로 고찰해볼 것이다. 우선 우리는 국가의 평균적인 삶의 평가가 어떻게 불평등, 특히 웰빙의 불평등에 의해 영향을 받는지를 보여주는 이전의 작업을 업데이트하고 확장할 것이다. 둘째로, 우리는 웰빙의 사회적 맥락에 대한 확장된 분석으로 시선을 돌릴 것인데, 이를 통해 보다 강화된 사회적 환경이 사회적 평가를 '직접적'으로 증대시키는 것은 물론이고, '간접적'으로도 증대시킨다는 것을 최초로 보여줄 것이다. 즉, 우호적인 사회적 환경은 가장 불행한 처지에 있는 사람들에게 최대의 이득을 제공해준다. 그리하여 우리는 사회적 환경의 두 주요 측면들을 함께 고찰할 것이다. 첫째는 개인 간 신뢰의 종합적 상황 및 개인적 접촉의 양과 질에 의해 나타나는 것이다. 둘째는 얼마나 많은 사람들이 공적 제도들의 질을 신뢰하는지에 대한 다양한 척도들에 관한 것인데, 공적 제도들은 개인적, 공동체적 수준의 상호작용들이 펼쳐질 무대를 제공해주는 것이다.

보다 높은 수준의 개인적, 제도적 신뢰를 지닌 사람들은 몇 가지 부정적 상황에 놓인 사람들, 즉 질병, 실직, 저소득, 차별, 가정파괴, 거리안전에 관한 공포 등에 놓인 사람들에 비해 훨씬 잘 지내고 있다는 것을 우리는 발견했다. 신뢰적인 사회적 환경에서 사는 것은 모든 개인적 삶을 직접 도울 뿐만 아니라 역경으로 인해 치룰 행복 비용도 감소시켜 준다. 이는 가장 어려운 환경에 놓인 사람들에게 최대의 이득을 제공하며, 그럼으로써 웰빙의 불평등을 감소시켜준다. 우리의 새로운 증거들이 보여주듯이, 웰빙의 불평등을 줄이는 것은 동시에 삶의 평가 평균값을 증대시켜준다. 우리는 2장의 후반부에서 이러한 효과의 규모가 어느 정도인지 측정할 예정이다.

---

1 삶의 평가를 핵심 역할로 선택하고, 정서 척도를 지원적 역할로 선택한 것을 지지해 주는 증거 및 이유는 기존의 여러 《세계 행복보고서》의 2장에서 계속 설명된 바 있으며, Helliwell(2019)에서는 한층 업데이트되어 좀 더 완전한 내용으로 제공된 바 있다.

2. 삶의 평가에서의 국가 간 차이에 대한 측정 및 설명

여기서 우리는 국가별 삶의 평가에 대한 순위를 제공할 것인데, 올해의 순위들은 2017-2019 기간을 대상으로 한 것이다. 그리고 우리는 6개의 핵심 변수들이 2005년에서 2019년에 이르는 전 기간에 걸친 국가의 연도별 평균점수를 설명하는데 어떻게 기여하는지도 보여주려 시도할 것이다. 6개 변수들이란 일인당 GDP, 사회적 지원, 건강수명, 자유, 자선, 그리고 부패의 부재를 말한다. 이미 지적했듯이 우리의 행복도 순위는 이 6개 요인들의 지수에 기반한 것이 아니다. 그 대신에 우리의 행복도 점수는 각자의 삶에 대한 자기 자신의 평가에 기반한 것인데, 이는 캔트릴 사다리(Cantril ladder) 설문에 대한 응답을 통해 나타난다. 캔트릴 사다리 설문은 조사 참여자에게 0점부터 10점까지 매겨진 사다리에서 현재 어떤 위치에 있는가를 상상하도록 유도하는데, 여기서 10점은 가능한 최선의 삶을, 그리고 0점은 최악의 삶을 나타낸다.

다음 〈표 2.1〉에서 우리는 각 국가의 연도별 삶의 평가 평균값과 긍정적/부정적 정서 측정치에 대한 최신의 분석모델을 제시한다.[2] 비교의 편의를 위해, 이 표는 이전에 발간된 바 있는《세계 행복보고서》들의 〈표 2.1〉과 동일한 기본구조를 지니도록 하였다. 다만 새 표는 2019년도의 자료를 포함하였다. 하지만 이로 인해 추정 방정식에 미치는 변화는 매우 미미한 정도였다.[3] 〈표 2.1〉에는 4개의 회귀방정식이 존재한다. 그중 첫 째 방정식은 〈그림 2.2〉에서 보여주는 막대 그림들을 구성하기 위한 토대를 제공해주는 것이다.

---

2 통계부록에서는 연도별 효과에 대한 자료가 포함되지 않은 대안적 형태의 표가 수록되어 있으며(〈부록 1〉의 〈표 12〉), 〈표 2.1〉의 방정식에 따른 결과에 연도별 효과의 예측값을 반영한 표 역시 수록되어 있다(〈부록 1〉의 〈표 11〉). 위 결과들을 통해 연도별 효과를 포함하는 것이 각 계수에 아무런 영향을 미치지 않음을 확인할 수 있는데, 이는 우리가 연구과정에서 바라던 바와 일치하는 것이다.

3 〈통계부록 1〉의 〈표 10〉에서 비교 분석한 바와 같다.

⟨표 2.1⟩ 국가별 평균 행복도를 설명하기 위한 회귀식
(결합자료를 통한 최소제곱추정)

독립변수	종속변수			
	캔트릴 사다리 (0-10)	긍정 정서 (0-1)	부정 정서 (0-1)	캔트릴 사다리 (0-10)
일인당 GDP(로그값)	0.31	-.009	0.008	0.324
	(0.066)***	(0.01)	(0.008)	(0.065)***
사회적 지원	2.362	0.247	-.336	2.011
	(0.363)***	(0.048)***	(0.052)***	(0.389)***
건강수명	0.036	0.001	0.002	0.033
	(0.01)***	(0.001)	(0.001)	(0.009)***
생애 선택의 자유	1.199	0.367	-.084	0.522
	(0.298)***	(0.041)***	(0.04)**	(0.287)*
관대성	0.661	0.135	0.024	0.39
	(0.275)**	(0.03)***	(0.028)	(0.273)
부패 인식	-.646	0.02	0.097	-.720
	(0.297)**	(0.027)	(0.024)***	(0.294)**
긍정 정서				1.944
				(0.355)***
부정 정서				0.379
				(0.425)
연도 고정 효과	포함	포함	포함	포함
국가 수	156	156	156	156
관찰 횟수	1627	1624	1626	1623
조정된 결정계수	0.751	0.475	0.3	0.768

주해: 이것은 2005년에서 2019년까지 캔트릴 사다리 점수에 대한 모든 가용한 설문자료를 결합하여 구축한 패널자료를 통해서 최소제곱추정(OLS) 방법으로 추정한 결과이다. 각 예측변수들에 대한 보다 자세한 정보를 위해서는 ⟨테크니컬 박스 2⟩를 보라. 상관계수들은 국가별로 응집되어 괄호 안에 강한 표준 오차들(robust standard errors)로 보고되고 있다. ***, **, 그리고 *는 각각 1, 5와 10% 수준의 통계적 유의도를 가리킨다.

위의 ⟨표 2.1⟩ 첫 열의 회귀방정식은 6개의 핵심 변수를 토대로 국가별 삶의 평가 평균값을 설명해준다. 여기서 6개의 핵심 변수란 1인당 GDP, 사회적 지원, 건강수

명, 생애 선택의 자유, 그리고 부패이다.[4] 이 6개 변수를 함께 고려할 경우, 이들은 연간 국가 평균 사다리 점수에서 발생하는 변량의 거의 3/4을 설명해준다. 여기에 사용된 데이터는 2005년에서 2019년에 이르는 자료를 망라한 것이다. 만약 모델의 연도 고정 효과들이 제거된다 해도, 이 모델의 예측력은 거의 변하지 않는다. 즉, 조정된 결정계수가 0.751에서 0.745로 떨어지는 정도다.

앞의 〈표 2.1〉의 2열과 3열은 긍정적, 부정적 정서의 국가별 평균값을 추정하기 위한 회귀방정식에서 1열에서 사용했던 6개의(독립) 변수들을 그대로 사용한다. 여기서 긍정적, 부정적 정서 양자는 모두 '어제'의 정서적 경험을 묻는 설문에 대한 응답의 평균치에 기반하고 있다. 일반적으로, 정서 수준은 삶의 평가 측정치에 비해 위의 6개 변수들에 의해 훨씬 덜 설명되는데, 특히 부정적 정서가 그러하다. 그러나 변수들의 영향력은 상황에 따라 큰 차이가 난다. 가계 소득과 건강수명은 삶의 평가에 큰 영향을 미치지만 긍정적 정서, 부정적 정서 어느 것에도 큰 영향을 미치지 못한다. 하지만 '사회적 변수'(social variables)라 할 수 있는 나머지 4개의 변수들은 이들과 경우가 다르다. 긍정적/부정적 정서가 0~1점의 척도를 토대로 측정되는 반면에, 삶의 평가는 0~10점의 척도를 토대로 한다는 것을 염두에 둘 때, 대표적인 사회적 변수인 '사회적 지원'은 긍정적 정서에 미치는 영향력이 삶의 평가에 미치는 것과 같은 비율의 영향력을 지니는 것으로 볼 수 있으며, 부정적 정서에의 영향력은 약간 더 작기는 하지만 그래도 상당한 편이다. 한편 '선택의 자유'와 '관대성'은 삶의 평가보다 긍정적 정서에 훨씬 큰 영향을 미친다. 그리고 '사회적 지원'과 '자유'가 확대되고 '부패'가 줄어들면 부정적 정서는 현저히 축소된다.

4열에서 우리는 긍정적 정서와 부정적 정서를(독립) 변수로 추가해 1열의 삶의 평가 회귀방정식을 재구성했으며, 이를 통해 긍정적 정서들을 계속 지니는 것이야말로 훌륭한 삶에 이르는 첩경이라는 아리스토텔레스적 추정을 부분적으로 검증해

---

[4] 변수들에 대한 개념 정의는 〈테크니컬 박스 1〉의 주해에 실려 있다. 좀 더 구체적인 내용은 온라인 데이터의 부록 참조.

보았다.[5] 가장 두드러진 특징은 그 검증의 결과들이 심리학이 발견한 핵심적인 사실, 즉, 긍정적인 정서경험을 하는 것이 부정적인 정서경험을 하지 않는 것에 비해 수명[6]이나 감기에의 저항력[7] 등을 예측함에 있어 훨씬 더 중요하다는 사실을 상당 부분 확인해 준다는 것이다. 긍정적 정서는 〈표 2.1〉의 마지막 방정식에서 매우 크고 유의미한 영향을 미치지만 부정적 정서는 그렇지 못했다.

4열의 마지막 회귀방정식에서 변수들의 상관계수를 살펴보면, 긍정적 정서에 큰 영향을 미치는 변수들—특히 '자유'와 '자선'—에서만 상관계수의 변화가 크게 나타난다. 그래서 우리는 긍정적인 정서들이(캔트릴 사다리로 측정되는) 삶의 평가를 높이는 데 큰 역할을 한다고 우선 추론할 수 있으며, 이어서 삶의 평가에 미치는 자유와 자선의 영향력 중 대부분이 긍정적 정서들에 미치는 그들의 영향력에 의해 매개된다고 추론할 수 있다. 즉, 자유와 자선은 긍정적 정서에 큰 영향을 미치고, 이어서 그 긍정적 정서가 삶의 평가에 영향을 미치게 된다는 것이다.

한편 갤럽월드폴(GWP)의 조사는 '삶의 목적'(life purpose)이 과연 삶의 평가를 높이는 데 중대한 역할을 하는지 여부를 확인케 해주는 자료들을 포함하고 있지는 못하다. 그러나 새롭게 접근 가능해진 영국 데이터의 광범위한 샘플들을 통해서 우리는 다음의 사실을 확인할 수 있었다. 즉, 삶의 조건들이나 긍정적 정서들이 행하는 역할과는 별개로, '삶의 목적'을 갖는 것이 삶에 대한 평가를 높이는 데 강한 긍정적 역할을 수행한다는 것이다.

〈그림 2.1〉은 2017~2019 기간의 국가별 사다리 점수를 보여준다. 이 사다리 점

---

5 이러한 영향력은 직접적일 수도 있는데, 이에 대해서는, De Neve et al.(2013)의 예가 보여주듯이, 이미 많은 사람들에 의해 발견된 바 있다. 그것은 또한 좋은 기분들이 여러 종류의 긍정적 관계들을 유발하는데 기여함으로써 결국에는 보다 나은 삶의 조건들을 위한 토대를 제공해준다는 아이디어로 구현되기도 한다. 그러한 아이디어를 Fredrickson은 '확장 및 구축 이론'(broaden-and-build theory)으로 정리한 바 있다. Fredrickson(2001) 참조.
6 예컨대 Danner, Snowdon, and Frieson(2001)의 유명한 수녀들에 관한 수명 연구 참조.
7 Cohen 등(2003), 그리고 Doyle 등(2006) 참조.

⟨Technical Box 1⟩ ⟨표 2.1⟩의 예측인자들에 대한 상세한 정보

1. 여기서 말하는 '일인당 GDP'는 '구매력 평가'(Purchasing Power Parity)를 기준으로 2011년도의 국제달러 시세로 측정된 것을 말하며, 2019년 11월 세계은행에서 발표한 세계발전지표(World Development Indicators)에서 취한 것이다. 우리의 방정식에서는 일인당 GDP에 자연 로그를 취한 값을 사용했는데, 자료형태를 감안할 때 이 값이 일인당 GDP를 그대로 사용하는 것보다 훨씬 적합하기 때문이다.

2. '사회적 지원'(즉 곤경 시에 의지할만한 사람을 가지는 것)은 갤럽월드폴(GWP)의 다음과 같은 질문에 대한 양자택일적 응답(0점 또는 1점)의 국가 평균치이다. 즉, "만약 당신이 곤경에 처했을 때, 당신은 언제든지 당신의 요청에 응해 줄 의지할만한 친척이나 친구가 있습니까, 없습니까?"

3. '건강수명'에 대한 시계열적 자료는 세계보건기구(WHO)의 데이터를 토대로 구축되었는데, 우리는 여기서 2005년, 2010년, 2015년, 그리고 2016년의 데이터를 구할 수 있었다. 이 행복보고서의 샘플 기간과 맞추기 위해서 우리는 내삽법과 외삽법을 활용했다. 보다 자세한 사항들에 대해서는 ⟨통계부록 1⟩을 참조하시오.

4. '생애 선택의 자유'는 갤럽월드폴의 다음 질문에 대한 양자택일적 응답의 국가 평균치이다. 즉, "당신의 생애에서 당신은 하고 싶은 일을 하면서 살고 있습니까, 그렇지 못합니까?"

5. '자선 행위'는, "당신은 지난 달 자선단체에 돈을 기부하신 적이 있습니까?"라는 질문에 대한 응답의 국가 평균치를 일인당 GDP에 회귀시켜 얻은 잔차이다.

6. '부패 인식'은 다음 두 질문에 대한 응답의 평균값이다. 즉 "부패가 정부에 만연해 있습니까, 그렇지 않습니까?", 그리고 "부패가 경제 부문에 만연해있습니까, 그렇지 않습니까?" 정부 부패에 대한 데이터가 빠져있을 경우에는, 경제 부문에 대한 부패 인식만으로 전반적 부패 정도를 측정했다.

7. '긍정적 정서'는 어제의 긍정적 정서경험들, 즉 '행복감'과 '웃음', '즐거움'의 경험에 대한 갤럽월드폴의 3~7회(2008년에서 2012년까지, 그리고 일부는 2013년의) 측정치의 평균값으로 정의된다. 정서 질문의 일반적 형태는 다음과 같다. 즉, "어제 동안 당신은 아래 느낌들을 경험했습니까?"(보다 상세한 내용은 〈통계부록〉 참조).

8. '부정적 정서'는 어제의 부정적 정서경험들, 즉 '근심'과 '슬픔', '분노' 경험에 대한 모든 측정치의 평균값을 말한다.

수는 현재 삶의 질을 0점에서 10점까지 평가해달라는 '캔트릴 사다리'(Cantril ladder) 설문에 대한 응답의 평균값이다. 모든 국가가 해당 연도에 조사대상이 된 것은 아니며, 따라서 통계부록에 보고된 국가들은 전 세계의 실제 국가 수에 비해 적을 수밖에 없었다. 〈그림 2.1〉의 각 막대 그림의 오른쪽 수평선은 각각 95%의 신뢰구간을 보여주는데, 이 신뢰구간은 대상 국가의 표본이 보다 커질수록 좁게 나타나게 된다.

각 막대의 전체 길이는 모두 평균점수를 나타내는데, 이는 국가별로 숫자로도 표기되어 있다. 〈그림 2.1〉에 매겨진 순위들은 오직 응답자들이 직접 보고한 캔트릴 사다리 평균점수에 의존했으며, 이들 이외의 제3자의 생각이나 의지가 개입된 것은 아니다. 또한 앞에서 이미 설명했듯이, 그것은 우리가 국가 간 차이를 설명하는데 도움을 받기 위해 활용하는 6개 변수값들에 의존하는 것도 아니다.

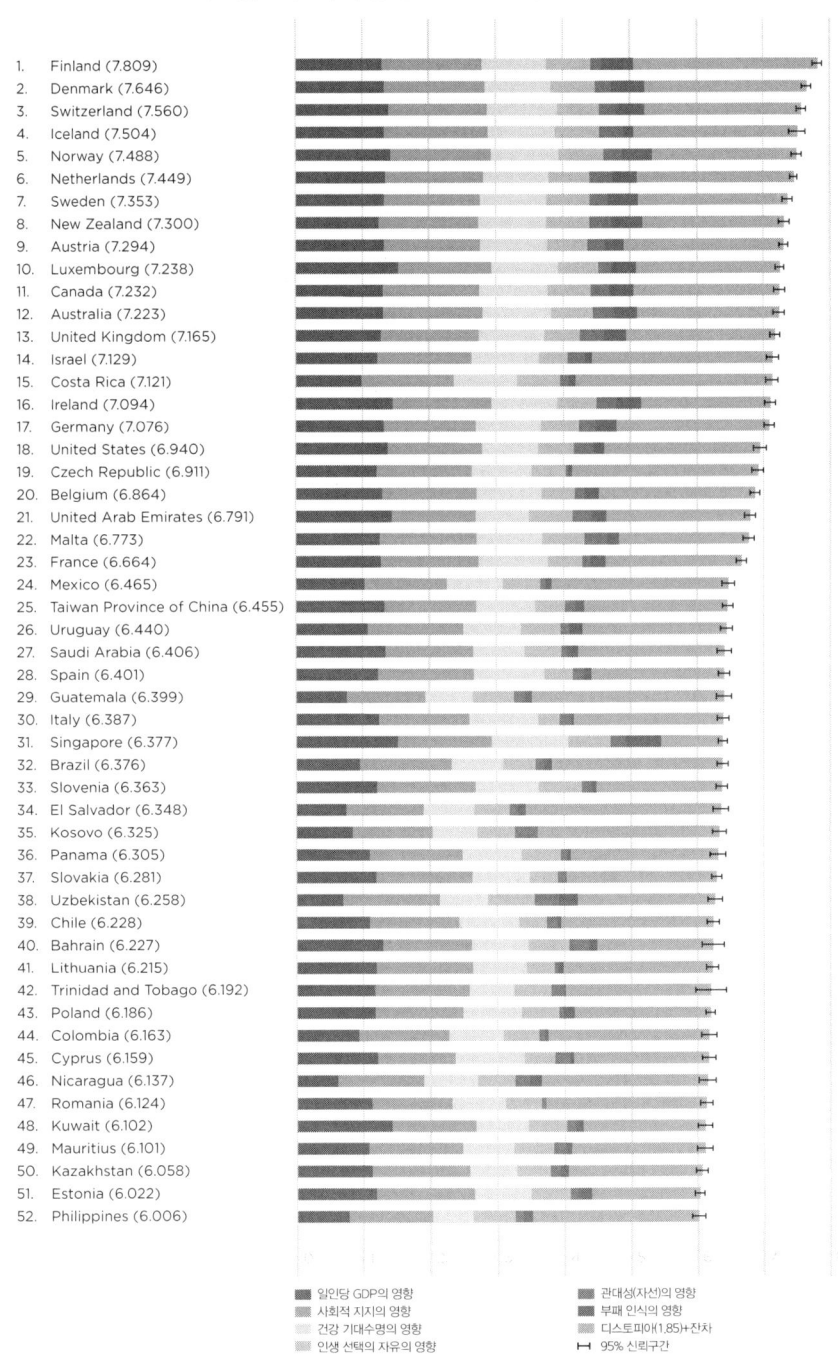

〈그림 2.1〉 세계 행복 순위 2017-2019(1부)

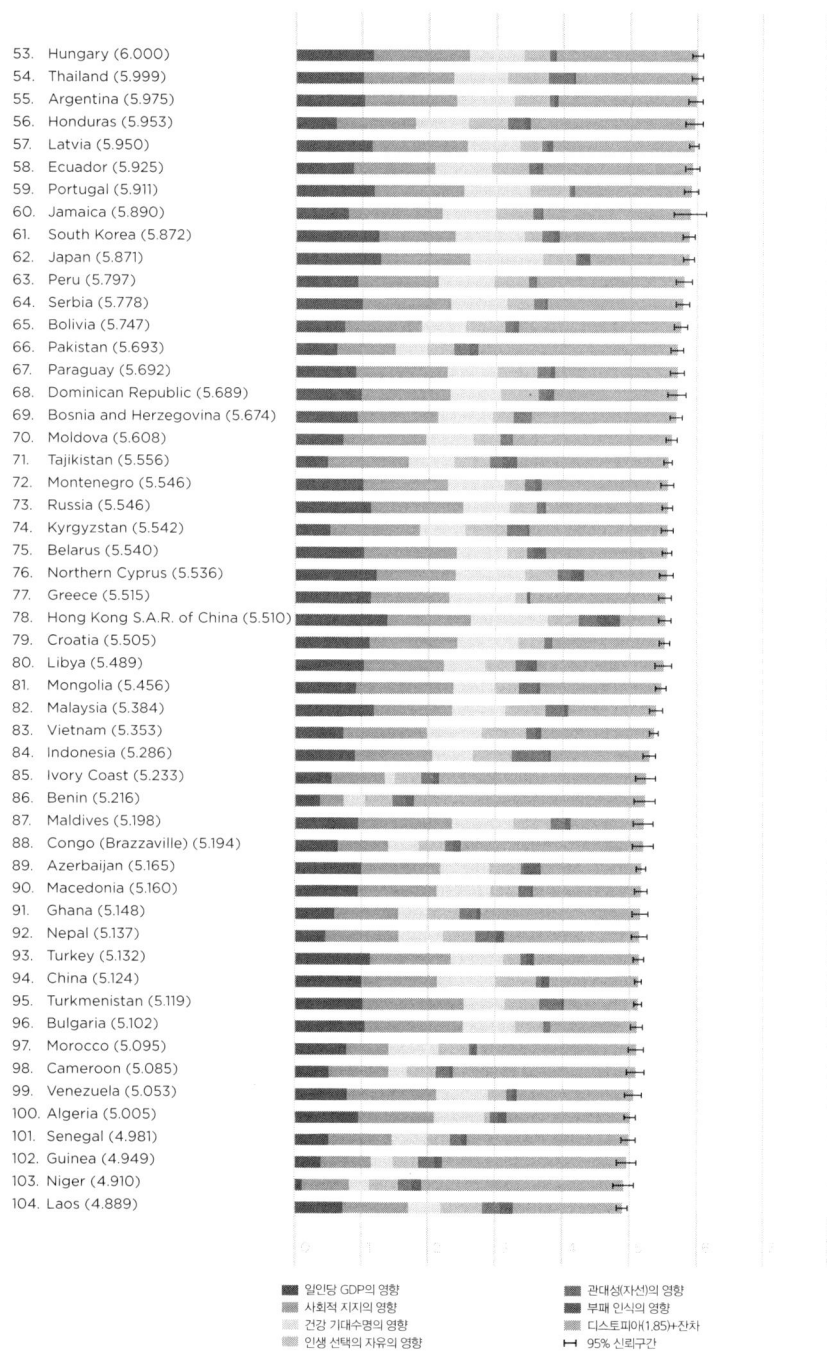

〈그림 2.1〉 세계 행복 순위 2017-2019(2부)

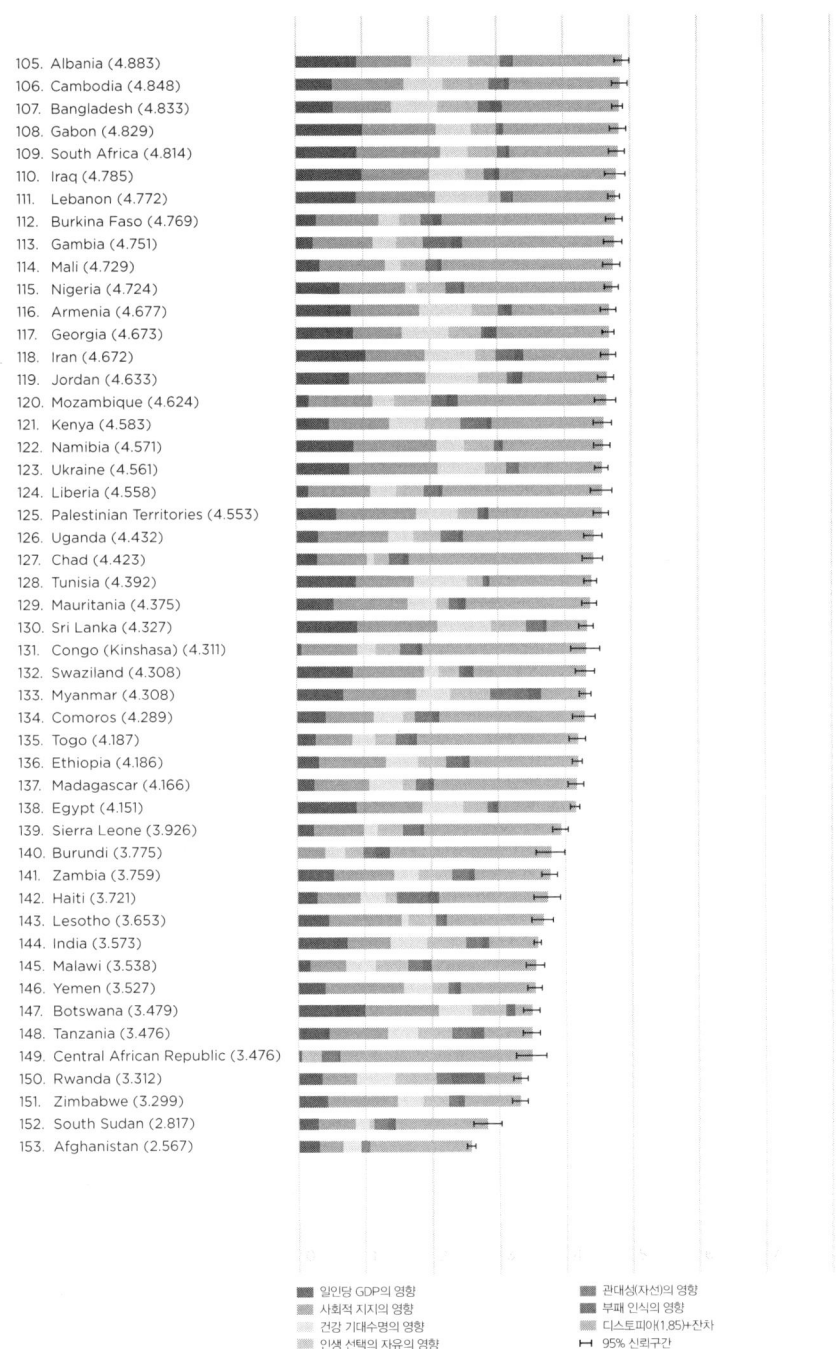

〈그림 2.1〉 세계 행복 순위 2017-2019(3부)

각 막대는 7개 부분으로 세분화됨으로써 사다리 점수의 근거를 찾고자 하는 본 연구진의 노력을 드러내고 있다. 앞의 6개 부분은 6가지의 핵심 변인들이 국가별 사다리 점수에 얼마나 기여하는가를 최악의 가상 국가인 "디스토피아"의 변수값들과 비교하여 계산된 정도를 나타낸다. "디스토피아"(Dystopia)라고 이름을 붙인 이유는, 〈표 2.1〉에서 사용된 6개 핵심 변수들 각자가 2017~2019 기간에 이곳에서 세계 최저의 평균값에 상응하는 변수값을 지녔기 때문이다. 우리는 디스토피아를 6개 요인(변수) 각각의 관점에서 국가가 이룬 성과와 상호비교하기 위한 '기준점'(benchmark)으로 활용코자 한다. 이러한 기준점의 선택은 모든 실제 국가에서 6개 요인 각자로부터 이룬 기여도가 모두 '음'(−)이 아닌 '양'(+)의 값을 갖도록 하기 위한 선택이다. 우리는 〈표 2.1〉의 추산을 토대로 해서 2017~2019 기간의 디스토피아 사다리 점수를 계산했는데, 디스토피아는 0~10점 척도에서 1.97점에 해당하는 점수를 보여준다. 각 막대 마지막의 7번째 부분은 두 가지 요소의 합을 나타낸다. 하나는 2017~2019 기간의 디스토피아의 삶의 평가 평균값(=1.97)이다. 두 번째는 각 국가 자체의 예측오류(잔차)인데, 이는 삶의 평가가 〈표 2.1〉 1열의 회귀방정식에 의한 예측치에 비해 높거나 낮게 나타나는 정도에 의해 측정된다. 잔차는 양(+)의 값도 음(−)의 값도 지닐 수 있다.[8]

각 막대의 6개 부분은 6개 요인(변수) 각자가 국가의 삶의 평가 평균점수에 기여하는 정도를 보여주는데, 이것이 어떻게 이루어지는가를 보다 상세히 설명하는 것이 도움이 될 것이다. 건강수명의 예를 들어보자. 탄자니아(Tanzania)의 경우 이 요인을

---

8 우리는 6개 요인들이 기여하는 것들을 전체 국가별 막대 그림의 왼편에 설정했는데, 이런 배열 방식이 전체 막대의 길이가 삶의 평가 질문에 대한 평균 응답에만 의존한다는 것을 좀 더 쉽게 보여주기 때문이다. 《세계 행복보고서 2013》에서 우리는 이와는 다른 배열 방식을 채택했다. 즉, 국가들의 잔차 규모를 좀 더 쉽게 비교하기 위해 각 막대의 왼편에 디스토피아와 잔차 요소들의 결합을 설정했다. 이후의 행복보고서들에서도 그러한 비교가 똑같이 가능하도록 하기 위해, 우리는 온라인의 〈통계부록 1〉(〈그림 7~9〉)에서 그 그림의 대안적 형태도 포함시켰다.

나타내는 부분은 두 개의 수치를 곱한 것이다. 하나는 탄자니아의 건강수명에서(디스토피아의) 세계 최하값을 뺀 수치이고, 다른 하나는 〈표 2.1〉에서 탄자니아의 건강수명이 삶의 평가에 미치는 영향력을 나타내는 계수값이다. 이런 식으로 각 부분들의 폭이 다양하게 나타나는데, 이는 6개 변수들 각자가 국가별로 다양한 기여를 하고 있다는 것을 보여준다. 이러한 계산은 확정적이라기보다 예시적인 것인데, 몇 가지 이유로 인해 그러하다. 우선, 변수들의 선택이 모든 국가들에게 가용한 것인지에 의해 제한을 받는다. 일인당 GDP나 건강수명과 같은 전통적인 변수들은 가용력이 넓다. 하지만 사회적 맥락과 관련된 변수들은, 실험적 연구나 국가적 조사에서 삶의 평가와 강한 연관을 보여주는 것들임에도 불구하고, 갤럽이나 여타의 세계적 규모의 기관에서 충분히 조사되지 못하고 있다. 이와 같은 제한된 선택의 문제가 있음에도 불구하고 우리는 다음의 사실을 발견한 바 있다. 즉 사회적, 제도적 맥락과 연관된 네 가지 변수들—사회적 지원, 관대성, 생애 선택의 자유, 부패 인식—은 모두 합쳐 각 국가에서 예측된 사다리 점수와 디스토피아의 점수 간 차이의 50% 이상이나 책임이 있다. 2017-2019 기간의 사다리 점수의 국가 평균인 5.47점은 디스토피아의 사다리 점수인 1.97점보다 3.50점 높다. 이 3.50점 중에서 가장 큰 부분은 사회적 지원(33%)으로부터 발생하며, 그 뒤를 일인당 GDP(25%), 건강수명(20%), 자유(13%), 관대성(5%), 부패(4%) 순으로 뒤따르고 있다.[9]

   변수 선택이 제한적이라는 것은, 우리가 사용하는 변수들이 보다 나은 다른 변수들에게, 그리고 측정불가능한 다른 요인들에게, 빚지고 있을 수 있다는 것을 의미한다. 이러한 제한된 변수 선택의 문제 이외에도 다른 문제가 있을 수 있다. 즉, 변수들 상호 간에 선순환 또는 악순환이 있을 수 있다. 예컨대, 보다 행복한 삶을 사는 사람들은 더 오래 살고, 더 신뢰적이고, 더 협조적이며, 일반적으로 삶이 요구하는 것들에 보다 잘 대처하는 경향이 있으며,[10] 이것들이 환류하여 다시 건강, GDP, 관대성,

---

9 이러한 계산들은 통계부록의 〈표 9〉에 상세하게 나타나 있다.
10 이러한 환류가 빈번하게 일어난다는 것이 《세계 행복보고서 2013》의 4장에 기록되어 있다.

부패, 자유에 영향을 미칠 것이다. 마지막으로, 변수들 중 일부는 삶의 평가에 참여하는 같은 부류의 응답자들에게서 파생되는 것이며, 따라서 응답자들이 지닌 '공통요인'(common factors)에 의해 결정될 가능성이 있다. 하지만 이러한 위험은 국가 평균들을 활용할 경우 대폭 줄어든다. '인성'(personality) 및 다양한 삶의 조건들에 있어서의 개인적 차이점들이 국가 수준에서는 결국 평균으로 수렴되는 경향이 있기 때문이다.

본 보고서에서 제공하는 결과들이 같은 설문자들로부터 삶의 평가, 사회적 지원, 자유, 자선 및 부패에 대한 응답을 받았다는 이유로 심각하게 편향되어 있는 것이 아니라는 점을 보장하기 위해서 올해의 보고서에서 우리는 결과에 이르는 절차들의 건실성에 대해 시험해 보았다(보다 자세한 사항은 〈통계부록〉 참조). 이는 각 국가의 설문자들을 무작위로 두 집단으로 나누어 한 집단의 사회적 지지, 자유, 자선, 부패에 대한 평균값을 다른 집단의 삶의 평가 평균을 설명하기 위한 방정식에 활용하는 방식으로 이루어졌다. 그 결과 네 가지 변인에 대한 계수들은 예측한 바와 같이 하락하였다. 그러나 그 하락분은 안심할 수 있을 정도로 작은 수준이며(1%에서 5% 사이에 분포함), 통계적으로도 무의미한 수준이었다.[11]

막대 마지막의 7번째 부분은 두 요소가 합쳐진 것이다. 첫째는 고정된 기본수인

De Nerve et al.(2013).

11 1인당 GDP와 건강수명에 대한 계수들은 감소하기보다는 증가하기는 했지만, 역시 예측된 바와 같이 훨씬 덜 영향을 받았다. 변동량이 미세한 이유는 자료의 출처가 다르며 본 연구의 실험에 따른 영향을 받지 않기 때문이다. 다만 소득 계수가 살짝 증가하기는 하지만, 이는 실험대상인 나머지 네 가지 변인들과 양의 상관관계를 보이기 때문에 소득을 통해 나머지 네 가지 변인들의 드롭인(dropin) 영향력의 일부를 반영할 수 있기 때문이다. 여기에 추가로 작년의 설문에 근거한 네 가지 변인들의 값을 활용하여 대안적 건실성 실험 또한 실행하였다. 《세계 행복보고서 2018》 〈통계부록 1〉의 〈표 13〉에 나타난 바와 같이 이 역시 같은 설문자의 응답을 양측 방정식에 모두 활용하는 것을 피하면서 비슷한 결과를 도출하였다. 〈표 13〉의 결과는 〈표 11〉과 〈표 12〉에 나타난 분할 표본에 대한 결과와 매우 흡사했으며, 세 가지 표 모두 〈표 2.1〉에 나타난 효과와 매우 흡사한 효과 크기를 나타내고 있다.

데, 이는 우리 계산의 기준점이 되는 디스토피아의 사다리 점수(=1.97)를 가리킨다. 둘째 요소는 2017-2019 기간의 국가별 평균 잔차이다. 이 두 요소의 합이 각 국가 막대 그림의 오른쪽 끝 부분을 구성하는데, 이 부분의 너비는 국가별로 다양하게 나타난다. 어떤 국가는 그들의 삶의 평가 점수가 예측치 보다 높게 나타나고, 다른 국가는 낮게 나타나기 때문이다. 잔차란 국가의 사다리 평균점수 중 우리의 모형에 의해서는 설명되지 않는 부분을 나타낼 뿐이다. 디스토피아 점수에 잔차가 합해지면, 막대를 구성하는 모든 부분이 더해져 실제적인 삶의 평가 평균값이 구해지는데, 이를 토대로 우리는 국가들의 행복 순위를 매기게 된다.

　그러면 2017-2019 기간의 국가 순위와 관련해서 최근의 데이터는 무엇을 말해주고 있는가? 이전의 《세계 행복보고서》들에 이어서 확인되는 두 가지 주요 사실이 있다. 첫째로, 사람들이 자신의 삶에 대해 평가하는 방식에 있어 국가별로 상당한 정도의 일관성이 있다는 것이다. 그래서 최상위 10개 국가와 최하위 10개 국가 간에는 여전히 4점의 차이를 보이고 있다. 상위 10개 국가는 《세계 행복보고서 2019》의 내용과 일치한다. 물론 인접한 점수 집단 내에 약간의 순위 변동이 있기는 하다. 예컨대 핀란드는 2015년부터 2017년까지 완만한 상승을 보였지만, 그 이후에는 보다 높은 수준의 상승을 굳건히 보여주고 있다(국가별 궤적에 대해서는 〈통계부록 1〉의 〈그림 1〉 참조). 그 결과 2016년이 빠지고 2019년이 포함된 올해의 보고서에서는 이미 세계 최고 수준을 보여주던 핀란드 행복도가 더 한층 고양되었다. 그리하여 핀란드는 최근 3년에 걸친 행복보고서에서 계속 수위를 지키고 있으며, 그 행복도 점수는 현재 상위 10개국 중에서도 의미 있는 선두를 고수하고 있다.

　덴마크와 스위스도 지난해에 비해 평균점수가 상승했다. 덴마크는 계속 2위를 고수했으며, 보다 점수가 크게 오른 스위스는 6위에서 3위로 점프했다. 지난 해 3위였던 노르웨이는 약간 평균점수가 하락하여 5위로 밀려났는데, 점수 하락의 대부분은 대략 2017년과 2018년 사이에 일어난 일이다. 아이슬란드는 여전히 4위를 지켰는데, 2019년의 새로운 점수가 이전 3년의 점수에 거의 영향을 미치지 못했다. 네덜란드는 6위로 밀려났는데, 이는 지난해 순위에 비해 1위가 하락한 것이다. 그 다음 순위의 두 국가인 스웨덴과 뉴질랜드는 이전과 같이 7위와 8위를 기록했는데, 두 국가 모두 평균점수에서 거의 변화가 없었다. 9위와 10위는 오스트리아와 룩셈부르크였다. 오스트리아는 지난해에 비해 1위가 오른 것이다. 룩셈부르크의 올해 순위는 상당한 상승을 보여주는 것이다. 지난해에 14위를 차지했었기 때문이다. 룩셈부르크가 획득한 2019년도 행복도 점수는 갤럽의 세계 조사가 시작된 2009년도 이래 자국의 최고 점수이다.

지난 해 9위에서 올해 11위로 밀려난 캐나다는 탑 텐에서 밀려났다. 캐나다의 2019년 점수는 갤럽의 캐나다 조사가 시작된 2005년 이후 최저점을 보이는 것이다.[12] 캐나다에 이어 13위는 호주가, 그리고 13위는 영국이 차지했다. 영국의 13위는 지난해보다 2위 상승한 것이며, 2012년의 최초의 행복보고서 보다는 5위나 상승한 것이다.[13] 14위와 15위를 차지한 국가는 이스라엘과 코스타리카이다. 20위 안에 이름을 올린 기타 국가는 유럽의 4개국과 미국이다. 유럽의 4개국은 아일랜드가 16위, 독일이 17위, 체코가 17위, 벨기에가 20위이다. 미국은 지난해보다 1위 오른 18위인데, 이는 2012년 최초의 행복보고서의 순위보다 무려 11계단이나 하락한 것이다. 이상의 상위 20위 내의 국가들은 다소 순위변동은 있지만 지난해와 똑같은 국가들로 구성되어 있다.

---

12 캐나다의 순위는 2012년 4위에서 2020년 11위로 밀려났다. 캔트릴 사다리 평균점수는 2017년 7.42점, 2018년 7.17점, 그리고 2019년은 7.11을 기록했다. 대규모의 공식적 조사가 매년 삶의 만족도를 측정하며, 그래서 일종의 크로스 체킹이 가능하다. 2019년의 데이터는 아직 볼 수 없지만, 규모가 좀 더 큰 캐나다공동체건강조사(Canada Community Health Survey)에 따르면 2017년에 비해 2018년의 하락은 없었다. 하지만 이보다 작은 일반사회조사(General Social Survey)에서는 2017년에 비해 2018년에 하락을 보였다.
13 영국의 2017-2019 기간의 캔트릴 사다리 점수는 2008-2012 기간에 비해 0.277점 상승했다. 이는 영국국립통계국(the Office for National Statistics)에서 실시한 훨씬 더 큰 조사의 2019년 3월의 삶의 만족도가 2013년 3월에 비해 0.25점 또는 3.4% 상승한 것과 거의 일치하는 것이다.

최상위 국가들과 최하위 국가들 간에는 행복도에서 큰 격차가 존재한다. 양 집단 중에서 상위 집단들이 하위 집단들에 비해 보다 촘촘한 간격을 유지하고 있다. 상위 집단에서 행복도 차이는 1위와 5위가 0.32에 불과하며, 5위와 10위의 차이는 이보다도 작은 0.25에 불과하다. 그래서 1위와 10위의 차이는 약 0.6점 정도이다. 이에 비해 최하 10개국은 보다 큰 차이를 보이고 있다. 이들 간의 행복도 차이는 상당한 정도이다. 탄자니아, 르완다, 보츠와나는 여전히 이례적인 점수를 보이고 있는데, 6개 핵심 변수들의 실적을 통해 이들의 행복도를 예측해 보면 〈그림 2.1〉에서 보여주는 실제 등위보다도 훨씬 높은 등위를 보였을 수 있기 때문이다. 인도도 이제 이러한 특징을 공유하는 그룹에 합류했다. 불행하게도 인도는 최하 10개국 그룹에 가입하게 된 신참국이다. 인도는 2015년 이래 행복도가 큰 수준으로 꾸준히 하락하였으며, 그 결과 2019년에는 2015년에 비해 무려 1.2점이나 낮은 수준에 머물고 있다.

최상위 국가들의 행복도에서 나타난 전반적인 일관성에도 불구하고, 나머지 여타 국가들에서는 여러 의미 있는 변화들이 나타나고 있다. 장기간의 변화를 살펴볼 때, 많은 국가들에서 평균 행복도 및 이로 인한 국가 간 순위에서 실질적인 변화를 보여주고 있는데, 2008-2012 기간과 2017-2019 기간의 국가 별 행복도의 변화는 〈그림 2.4〉가 상세히 보여주고 있다.

한편, 사다리 평균점수들을 살펴볼 때, 각 막대 그림 오른 쪽 끝부분에 보이는 수염 모양의 수평선에도 주목할 필요가 있다. 이 선들은 95% 신뢰구간을 나타내며, 따라서 오차가 중복되는 막대를 지닌 국가들 간에는 서로 유의미한 점수 차이가 나는 것이 아니다. 행복도 평균점수는 각 국가의 정주인구에 기반한 것이지 그들의 시민권이나 출생지를 기반으로 한 것이 아니다. 《세계 행복보고서 2018》에서 우리는 각 국가의 현지출생 인구와 외국출생 인구 사이의 응답을 구분해보았으며 이를 통해 본토인의 행복 순위와 이민자 집단의 행복 순위는 본질적으로 일치한다는 사실을 발견했다. 물론 이민자들이 어떤 '발자국 효과'(foot print)를 갖는 것은 사실이며, 보다 행복한 국가들로 이동하는 경향이 있는 것도 사실이다. 따라서 평균 행복도에서, 가장 행복한 20개 국가들을 보자면, 본토인이 이민자들에 비해 약 0.2점 정도 높게 나타나고 있다.[14]

최상위 10개 국가의 삶의 평가 평균점수는 최하위 10개 국가 평균점수의 두 배를 넘어선다. 이렇게 큰 차이가 나는 원인을 〈표 2.1〉의 첫째 방정식을 사용해 찾아보자면, 4.16점 차이 중 2.96점은 6개 주요변수들의 차이로 귀결된다고 할 수 있다. 즉, 0.94점은 일인당 GDP의 간격에서, 0.79점은 사회적 지원의 차이로, 0.62점은 건강수명의 차이로, 0.27점은 자유의 차이, 0.25점은 부패 인식의 차이, 0.09점은 관대성의 차이로 인한 것이다.[15] 소득의 차이는 행복도의 차이에 기여하는 최대의 단일 요인이라 할 수 있는데, 전체 차이에 대한 설명의 1/3에 해당한다고 할 수 있다. 그러한 이유는 소득이 6개 변수들 중에서도 국가들 간에 가장 불평등하게 배분되어 있기 때문이다. 상위 10개 국가의 1인당 GDP는 하위 10개 국가의 일인당 GDP의 20배에 이른다.[16]

전반적으로 우리의 모델은 삶의 평가 점수에 있어 지역 간의 차이와 함께 지

---

14 이러한 '발자국 효과'는 다수의 이민자 비율을 갖는 국가들에서 더 높게 나타난다. 극단적인 경우는 아랍에미레이트연방(UAE)인데, 이 나라는 외국 출생 비율이 85%를 넘어선다. UAE도 국적과 출생지를 구분하며, 표본 규모를 늘리기 위해 국적 인구를 과대표본화한다. 그래서 국민(6.98), 현지 출생민(6.85), 외국 출생민(6.76)식으로 2017-2019 기간의 평균점수를 구분하여 계산할 수 있다. 외국출생과 현지출생의 점수 차이는 2018년도의 상위 20개국의 점수 차이들과 매우 흡사하다. 다른 국가들의 거주 인구들과 비교하였을 때, UAE 국적민은 7.10점으로 14위에 해당한다.
15 이러한 계산은 〈통계부록 1〉의 〈표 21〉에서 구한 것이다.
16 데이터와 계산들이 통계부록의 〈표 10〉에 상세히 나타나 있다. 최상위 10개 국가들의 연평균 일인당 소득은 4만 3천 불이며 하위 10개 국가들은 1770불인데, 이러한 수치는 '구매력평가'(ppp)를 기준으로 국제달러 시세로 측정된 것이다. 또한 최상위 10개 국가들에서 의존할 사람이 있다고 대답한 응답자들이 94%에 달하는 반면에, 하위 10개 국가들에서는 61%에 그쳤다. 상위 10개 국가들에서 건강수명은 71.5살인 반면에, 하위 10개 국가들에서는 50살에 그쳤다. 상위 10개 국가들의 93%가 삶의 핵심적인 선택에서 충분히 자유롭다고 인식한 반면에, 하위 10개 국가들에서는 64%에 머물렀다. 부패에 대한 평균 인식도는 상위 10개 국가들에서는 38%인 반면에, 하위 10객 국가들에서는 71%에 이르렀다.

역 내의 차이를, 그리고 세계 전역에서 나타나는 차이를 비교적 잘 설명해주고 있다.[17] 하지만 라틴아메리카 국가들의 실제 평균점수는 모형에 의한 예측치보다 더 높게—10점 척도에서 약 0.6점 정도—나온다. 이러한 차이는 이전의 연구에서도 확인된 바 있는데, 그 원인은 다양한 각도에서 설명되고 있다. 즉, 체계적인 '인성'(personality)의 차이를 나타내거나, 라틴아메리카 국가들 고유의 가족적, 사회적 삶의 특징들에, 또는 그들의 문화가 지닌 특이성들에 기인한다는 것이다.[18] 라틴아메리카의 사회적 삶에서 무엇이 특별한가를 설명하기 위해 《세계 행복보고서 2018》의 6장에서 마리노 로하스(Marino Rojas)는 폭넓은 새 데이터와 연구결과들을 제시했다. 여기서 그는 어떻게 세대를 아우르는 사회적 환경이 라틴아메리카의 행복을 지원하는지를 보여주었는데, 이것은 갤럽 조사에서 사용된 변수들로서는 포착할 수 없는 내용이었다. 그 반면에 동아시아 국가들은 모델이 예측한 점수보다 더 낮은 점수를 보이는데, 조사결과에 따르면 최소한 그 원인의 일부는 응답 스타일에 있어서의 문화적 차이를 반영하는 것이라고 한다.[19] 이처럼 지역들은 서로 차이를 보이는데, 이 차이점들은 그들 지역만이 지닌 중요하고도 고유한 삶의 특징들이 존재하기 때문일 가능성도 있다. 그렇지만 이상의 내용에도 불구하도 다음의 사실은 분명하다. 즉, 6개 변수들의 상대적 중요성에 대해 우리가 발견한 내용들은, 우리가

---

17 2012-2014 기간의 국가별, 지역별 실제 및 예측된 삶의 평가 평균값의 줄거리들이 온라인 통계부록의 〈그림 4〉에 나타나 있다. 그 그림에서 45도 선상의 각 부분들은 실제값과 예측값이 일치하는 상황을 나타낸다. 45도 선 이하에 국가들이 모여있는 것은 실제값이 모형에 의한 예측값보다 낮은 지역을 나타내고 있으며, 그 역도 마찬가지다.

18 Mariano Rojas는 다음과 같이 올바르게 지적한 바 있는데, 이는 캔트릴 사다리와 삶의 만족이 구조적으로 서로 상응한다는 우리의 이전 결론에 부분적으로 예외가 되는 것이다. 즉, 만약 우리의 그림이 캔트릴 사다리보다는 삶의 만족을 활용해서 그려진 것이라면, 그것은 라틴아메리카의 프레미엄을 훨씬 크게 보여줄 것이라는 지적이다. 이러한 지적은 2007년의 데이터에 기초한 것인데, 2007년은 갤럽월드폴이 같은 응답자에게 두 질문을 모두 제기했던 유일한 해에 해당한다.

19 대표적인 예로는 Chen et al.(1995) 참조.

그러한 지역적 차별성들을 명확히 고려하고 있는지 여부에 의해서는 일반적으로 영향을 받지 않는 것들이라는 사실이다.[20]

우리가 제시한 국가순위들은 갤럽월드폴의 캔트릴 사다리(Cantril ladder) 삶의 평가 설문에 대한 응답을 토대로 한 것이다. 이외에도 두 개의 다른 행복 척도로서 긍정적, 부정적 정서가 있다. 이들도 전반적인 삶의 평가에 영향을 미치는 것인데 특히 긍정적 정서가 그러하다. 하지만 긍정적, 부정적 정서는 삶의 평가에 대한 기여와 별개로 그 자체가 독자적인 중요성을 지니는 것들이다. 긍정적 정서 척도들은 이 보고서의 다른 장들에서 중요한 역할을 하는데, 이들은 대체로 상대적으로 작은 규모와 기간의 연구실 실험들에서 활용된다. 정서들은 삶의 평가들보다 당시의 기분에 큰 영향을 받을 것으로 기대된다. 하지만, 삶의 평가들은 작거나 단기간의 곤경에 대한 반응에 있어 보다 안정적인 성향이 있다. 트위터(Twitter)의 언어분석처럼 빅 데이터를 활용해 행복을 측정하려는 다양한 시도들은 전반적인 삶의 평가보다는 기분의 변화들을 포착하려는 경향이 있다. 《세계 행복보고서 2019》에서 우리는 주관적 웰빙의 세 가지 척도―1) 캔트릴 사다리, 2) 긍정적 정서, 3) 부정적 정서―모두의 국가별 순위를 제공했으며, 이와 함께 〈표 2.1〉에서 우리의 주관적 웰빙 척도들을 설명하기 위해 활용한 바 있는 6개 변수들의 국가 순위도 제공한 바 있다. 2017-2019 기간과 비교가능한 데이터는 〈통계부록 1〉의 〈그림 19〉에서 〈그림 42〉까지에 보고되고 있다.

---

[20] 하나의 사소한 예외가 있다. 즉 부패의 부정적 효과는, 만약 우리가 지역적 효과를 라틴아메리카의 변수에 포함시킨다면 좀 더 커질 것으로 추산된다는 것이다. 이것은 라틴아메리카 지역의 부패가 세계 평균보다 더 심하기 때문이며, 그래서 특별한 라틴아메리카 변수가 부패 상관계수로 하여금 더욱 높은 값을 취하도록 허용하기 때문이다. Veenhoven(2012)은 이러한 지역적 차이들의 원천 및 결과를 검증하는 작업을 여러 번 수행해서 다음의 결론을 내린 바 있다. 즉, 지역적 차이는 국가들 간에 나타나는 행복의 차이들을 계측하고 설명하는 능력을 과도하게 손상시키지는 않는다.

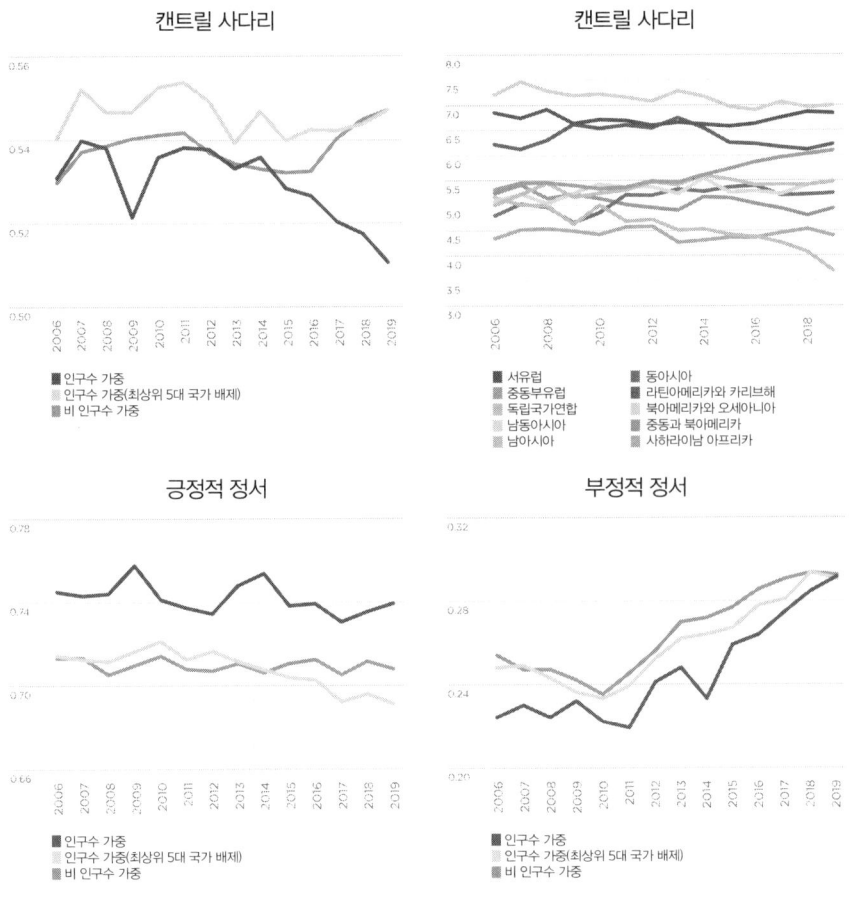

〈그림 2.2〉 세계 행복의 역동성

3. 세계 행복의 변화 추세

《세계 행복보고서 2019》의 2장에서 우리는 갤럽월드폴의 2006년에서 2019년까지의 데이터를 토대로 세 가지의 핵심적인 행복 척도—'삶의 평가', '긍정 정서', '부정 정서'—의 세계적, 지역적 수준의 연도별 데이터의 궤적을 제시하는 것으로 출발한 바 있다. 이는 〈그림 2.2〉의 4개의 패널에서 시행되었다.[21]

---

21 몇몇 국가들은 우리의 연구 기간인 2006-2019 기간의 모든 연도에 관한 데이터를 가지고

〈그림 2.2〉의 네 패널은 삶의 평가와 긍정적, 부정적 정서의 세계적, 지역적 궤적들을 보여준다. 모든 그림의 선상에 나타난 수염형태들(whiskers)은 추산된 평균값의 95% 신뢰구간을 나타낸다.

첫째 패널은 3가지 방식으로 측정된 삶의 평가 궤적을 보여준다. 세 선 중 두 개는 세계의 15세 이상의 모든 인구를 포괄하는데, 하나는 세계 인구에서 그 국가가 차지하는 몫에 따라 평균값에 가중치가 부여된 것이며, 다른 하나는 각 국가의 평균값에 가중치를 두지 않은 것이다. 비가중된 평균값은 흔히 가중된 평균값보다 상위에 위치하는데, 특히 2015년 이후가 그러하다. 2015년부터 가중 평균값은 크게 하락한 반면, 비가중 평균값은 그 반대로 급격히 상승했다. 세 번째 라인에서 확인되듯이, 최근의 추세가 거대 국가들에게 우호적인 것은 아니다. 이 라인은 5대 인구 국가인 중국, 인도, 미국, 인도네시아, 브라질을 제외한 세계 모든 국가의 가중 평균값의 추세를 보여준다.[22] 5개 최대 국가들이 제외되었음에도 불구하고 가중 평균은 비가중 평균만큼 빠르게 상승하지 않고 있는데, 이는 2015년 이후 인구수가 적은 국가들이 큰 국가들에 비해 행복도가 보다 크게 상승했다는 것을 의미한다. 세계 내의 여러 지역마다 다른 추세에 있다는 것을 보여주기 위해 〈그림 2.2〉의 두 번째 패널은 세계 내 10개 지역 각각의 역동적인 삶의 평가 모습을 나타내고 있다. 각 사례의 평균치는 표본과 인구수에 따라 조정된 것이다.

가장 높은 삶의 평가를 지닌 지역은 북아메리카와 오세아니아, 서유럽, 그리고 라틴아메리카와 카리브해 지역이다. 북아메리카와 오세아니아는 그동안 최고 수준의 삶의 평가를 지켜왔지만 2007년 이래 전반적으로 하강추세를 보이고 있다. 즉,

---

있지 않다. 그래서 우리는 구할 수 없는 데이터는 이웃 연도의 데이터로 대체했다. 갤럽월드폴의 1회차 조사는 2005년과 2006년에 모아졌다. 우리는 그것들을 추세분석에서 2006년의 관찰로 간주했다.

22 2017년 이 5개국의 인구수를 합산하면 세계 전체 75억 5천만 명의 거의 절반을 차지한다. 2017년 세계에서 차지하는 인구 비율은 중국 18.4%, 인도 17.7%, 미국 4.3%, 인도네시아 3.5%, 브라질 2.5%이다.

2019년의 수준은 2007년에 비해 0.5점 낮은 것이다. 서유럽은 U자 형을 보이는데, 2008년에서 2015년까지가 평평한 바닥을 형성하고 있다. 라틴아메리카와 카리브해 지역은 2013년을 정점으로 한 뒤집힌 U자 형을 이루고 있다. 2013년 이후 삶의 평가 수준은 약 0.6점 하강했다. 기타 다른 지역들은(사하라 이남의 아프리카를 제외하면) 2010년 이전에는 거의 같은 그룹을 이루었지만 이후 큰 격차가 벌어졌다. 중동부 유럽의 삶의 평가는(0.8점을 넘어서는) 꾸준하고도 놀랄만한 증대를 성취하여 최근 2년 동안 라틴아메리카와 카리브해 지역을 따라잡았다. 이에 반해 남동아시아는 계속 하강추세를 보여 1.3점 이상의 누적적 하락을 보였는데, 이는 세계 내 10개 지역 중에서도 가장 큰 변화라 할 수 있다. 〈통계부록 1〉의 〈그림 1〉의 국가 데이터가 보여주듯이, 남아시아의 추세는 인도가 주도하는데, 인도는 인구수가 가장 많을 뿐만 아니라 삶의 평가 수준도 급격히 하락하고 있다. 중동과 북아프리카 지역 또한, 2014년에 다소 반등을 보이기는 했지만, 오랫동안 하락 추세를 보이고 있다. 2009년과 비교할 때 2019년 이들 지역의 삶의 평가 수준은 0.5점 이상이나 하락한 것이다.

동아시아, 남동아시아, 그리고 독립국가연합(CIS)은 2011년 이래 전반적으로 안정적인 모습을 보이고 있다. 양 지역의 가장 큰 차이는 동아시아와 독립국가연합이 2008년의 재정 위기를 심하게 겪은 반면 남동아시아는 크게 피해를 겪지 않았다는 점이다. 사하라 이남의 삶의 평가 수준은 세계의 다른 지역들에 비해 크게 낮은 수준을 보이는데, 특히 2016년 이전에 그러했다. 이 지역의 행복 수준은 거의 변화가 없다고 할 수 있는데, 2013년에 다소 하락했지만 그 이후 2018년까지 이전 수준을 회복했다. 그 사이 남아시아의 삶의 평가는 극적으로 악화되었다. 그 결과 사하라 이남의 아프리카보다도 더 하락하였으며 지금까지 어떤 회복의 조짐도 보여주지 못하고 있다.

이어서 우리는 〈그림 2.2〉의 셋째와 넷째 패널을 통해 긍정적 정서와 부정적 정서의 세계적 패턴을 검토해볼 수 있다. 각 그림은 첫째 패널에서의 삶의 평가와 같은 구조를 이루고 있다. 〈그림 2.2〉의 셋째 패널은 같은 기간의 긍정적 정서경험들을 보여준다. 긍정적 정서의 전개에서 뚜렷한 추세가 보이지는 않는다. 다만 5개의 거대국가들을 제외한 인구수 가중의 평균이 2010년 이래 조금씩 하락하고 있다. 5대 국가들을 포함하면 가중이든 비가중이든 두드러진 추세를 보여주지 않는다. 다만 가중 평균치에 비해 비가중 평균치가 보다 크게 나타나고 있는데, 이는 보다 큰 국가에서의 긍정적 정서경험이 평균적으로 더 높다는 것을 말해준다. 그리고 그 차이는 비록 경미하지만 의미 있는 정도는 된다.

〈그림 2.2〉의 넷째 패널은 같은 기간의 부정적 정서경험을 보여주는데, 앞의 긍정적 정서경험이 비교적 안정적인 모습을 보이는 것과 달리 급격히 증대하는 추세를 보이고 있다. 세 선 모두가 2010년 또는 2011년 이래 꾸준히 상승하는 추세를 보이는데, 이는 크고 작은 나라 모두에서 시민들의 부정적 정서경험이 증대하고 있다는 것을 나타내는 것이다. 그 증대 규모는 상당하다. 2011년에는 세계 성인인구의 22% 정도가 부정적 정서를 경험한 것으로 보고됐으나 2019년에는 무려 29.3%로 증가했다. 다시 말해, 이 기간 동안 부정적 정서경험을 보고하는 성인들의 비율이 매년 거의 1%씩 증대한 셈이다. 많은 국가들에서 나타나는 정치적 양극화와 시민적, 종교적 갈등 및 불안을 지켜보면서, 《2019년 세계 행복보고서》는 이러한 조사결과들을 처음으로 밝혀냈는데, 이에 대해 사람들은 상당한 관심을 보인 바 있다. 독자들은 특히 어떤 부정적 정서가 이러한 증가에 책임이 있는지를 알고 싶어 했다. 그래서 우리는 부정적 정서에 있어서의 변화들을 세 구성요소로 분해했다. 즉, 걱정(worry)과 슬픔(sadness) 그리고 분노(anger)이다.

〈그림 2.3〉은 걱정, 슬픔, 분노의 세계적 추세를 보여주는데, 각 국가에서의 변화는 〈통계부록 1〉의 〈표 16〉에서 〈표 18〉까지에 나타나 있다. 〈그림 2.2〉와 마찬가지로 〈그림 2.3〉은 각각의 정서를 세 개의 선으로 보여주는데, 각각 인구수 가중된 평균, 5개 최대인구 국가를 배제한 인구수 가중 평균, 그리고 비가중의 평균을 나타낸다. 첫째 패널은 걱정의 추세를 보여주는데, 세 선 모두 같은 방향을 향하고 있으며

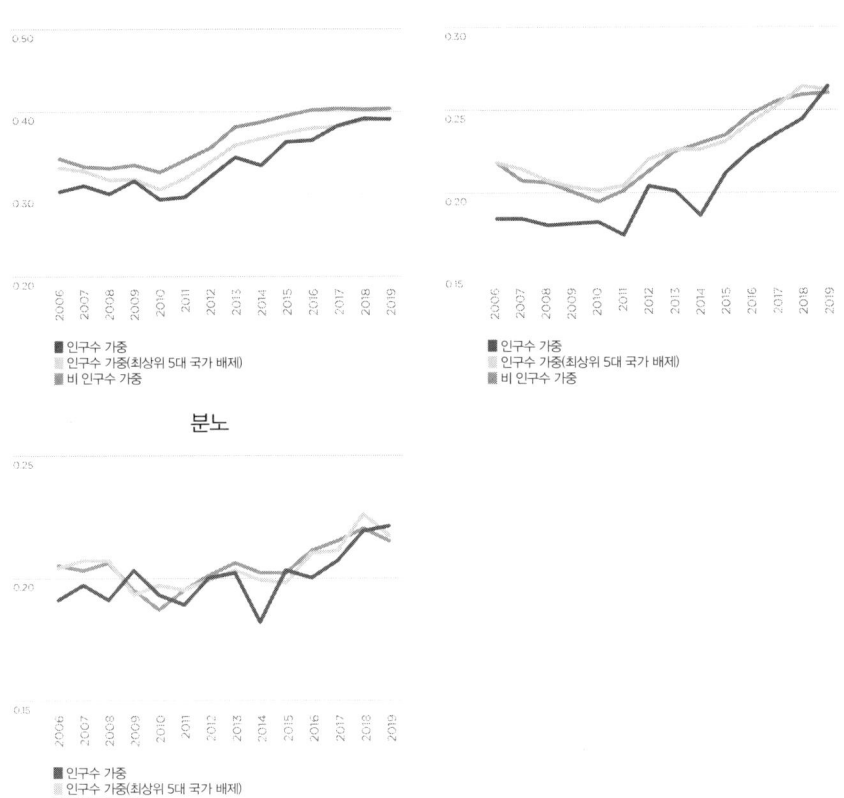

〈그림 2.3〉 세 부정적 정서의 세계적 추세

대략 2010년 무렵부터 확연한 증대 추세를 보이고 있다. "어제 근심을 경험했다"고 보고한 사람들이 9년 동안 약 8~10%나 늘었다. 슬픔의 경우, 비록 경험의 빈도는 상대적으로 훨씬 적었지만, 그 증대 추세는 비슷했다. "어제 슬픔을 경험했다"고 보고한 사람들은 2010년 또는 2011년 이후 약 7~9%나 늘었다. 세 번째 패널의 분노 경험도 최근에 상승 추세를 보이고 있지만, 이것이 부정적 정서 일반의 상승에 미치는 영향은 매우 적은 편이다. 부정적 정서의 상승은 거의 전적으로 슬픔과 근심 탓이며, 그중 근심이 약간이나마 영향이 보다 큰 편이다. 스트레스를 포함하는 다른 정서들에 관한 데이터는 〈통계부록 2〉에서 찾아볼 수 있다.

4. 행복도 변화에 대한 탐색

이 절에서 우리는 삶의 평가 점수가 어떻게 변화해 왔는지 고찰하고자 한다. 각 국가의 연도별 데이터는 늘상 그러하듯이 온라인상의 〈통계부록 1〉의 〈그림 1〉에 나타나있다. 여기서 우리는 매년 축적되는 갤럽의 샘플을 이용해 2008~2012의 5년에서 2017~2019의 최근 3년까지의 국가별 변화 순위를 제시하고자 한다. 〈그림 2.4〉는 양 기간에 나타난 149개 국가의 행복 수준의 변화 양상을 보여주고 있는데, 이들은 모두 양 기간에 걸쳐 충분한 횟수의 관찰이 이루어진 국가들이다.

2008~2012와 2017~2019의 양 기간 모두에 대해 자료가 존재하는 총 149개 국가 중에서 118개의 국가가 큰 수준의 변동을 보였다. 이 중 65개 국가는 0~10점 척도에서 +0.11점 내지 +1.644점 사이에 분포하는 상당한 수준의 상승을 보였지만, 반대편의 53개국은 -0.13점 내지 -1.86점 사이에 분포하는 상당한 수준의 하락을 보였다. 나머지 31개국은 해당 기간에 걸쳐 유의미한 변동추세를 보이지는 않았다. 통계부록의 〈표 36〉에서 드러나듯, 이러한 큰 폭의 상승과 하락은 세계 곳곳에 걸쳐 매우 불균등하게 분포되어 있으며, 때로는 같은 대륙 내에서도 그러했다. 예컨대, 중·동부 유럽에서는 15개국이 큰 상승을 보이고 2개국만이 하락을 보인 반면, 중동과 북아프리카에서는 11개국이 심각한 손상을 입은 반면 2개국만이 선전했다. 독립국가연합은 상당히 선전한 편인데, 소속 국가 중에서 2국가가 하락한 반면에 8국가나 증대했다. 북아메리카와 오세아니아의 4개국은 두 나라가 심각하게 하락한 반면에 어느 국가도 크게 상승하지 못했다. 북아메리카와 오세아니아 지역에서는 2국가가 크게 하락한 반면 의미 있는 상승 국가는 없었다. 30개 국가의 사하라 이남 지역은 실로 다양한 형태를 보이고 있는 바, 17개 국가가 크게 상승했으나 13개 국가는 크게 하락했다. 서유럽도 이와 같았다. 즉, 서유럽에서는 7국가가 상승했지만 6개 국가가 큰 하락을 보였다. 라틴아메리카와 카리브 연안에서는 7국가가 상승한 반면 6국가가 하락했다. 그리고 동아시아, 남아시아, 남동아시아에서는 대다수 국

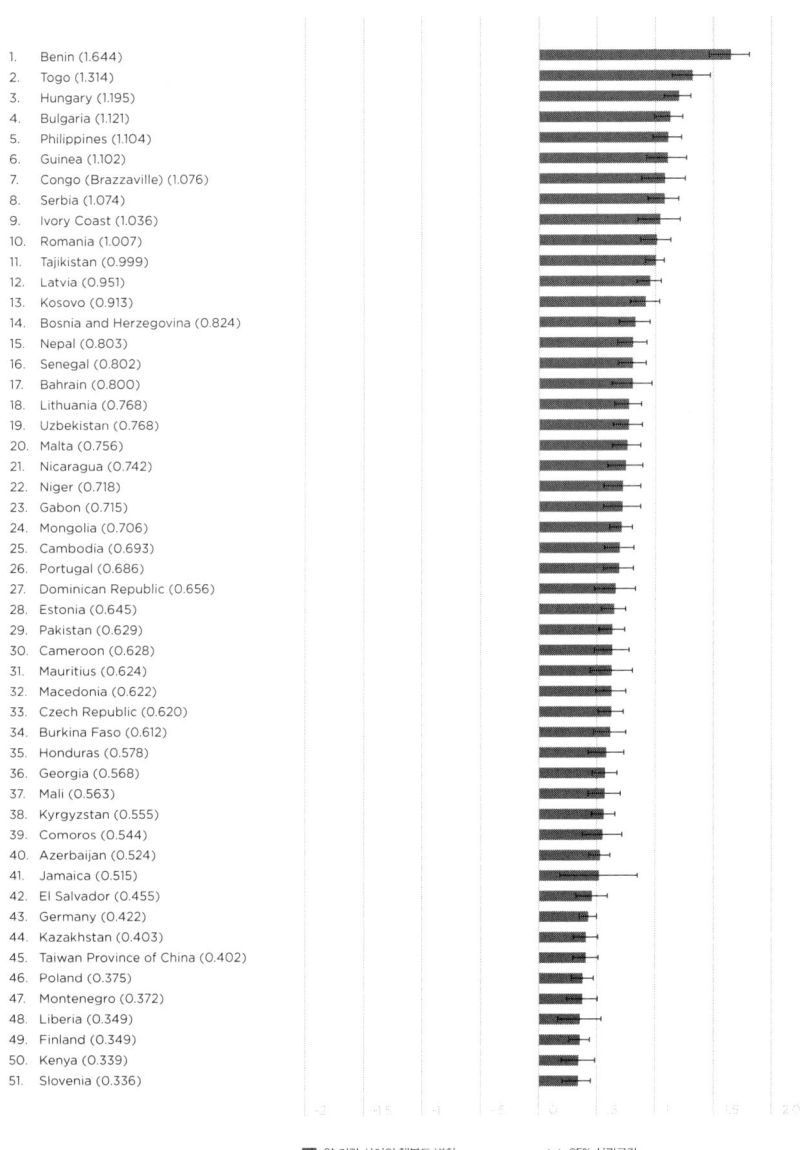

〈그림 2.4〉 2008~2012 기간과 2017~2019 기간 사이의 행복도 변화(1부)

<그림 2.4> 2008~2012 기간과 2017~2019 기간 사이의 행복도 변화(2부)

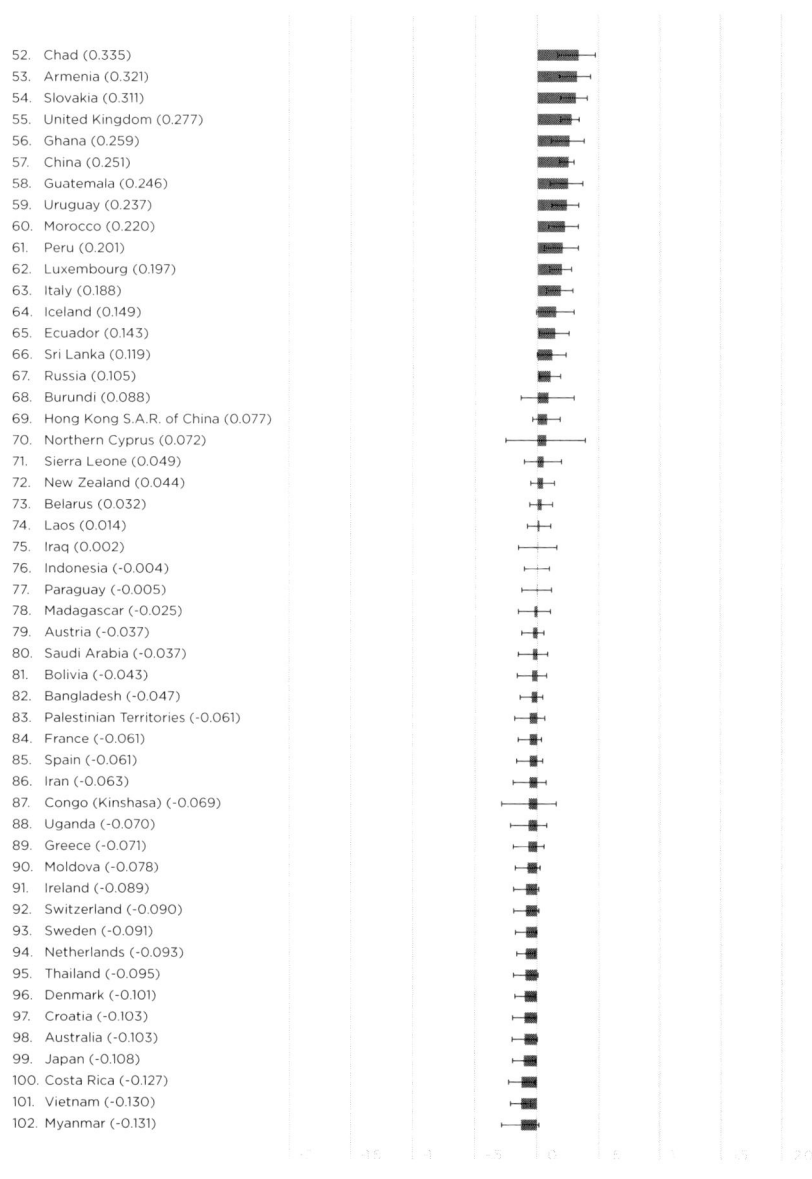

<그림 2.4> 2008~2012 기간과 2017~2019 기간 사이의 행복도 변화(3부)

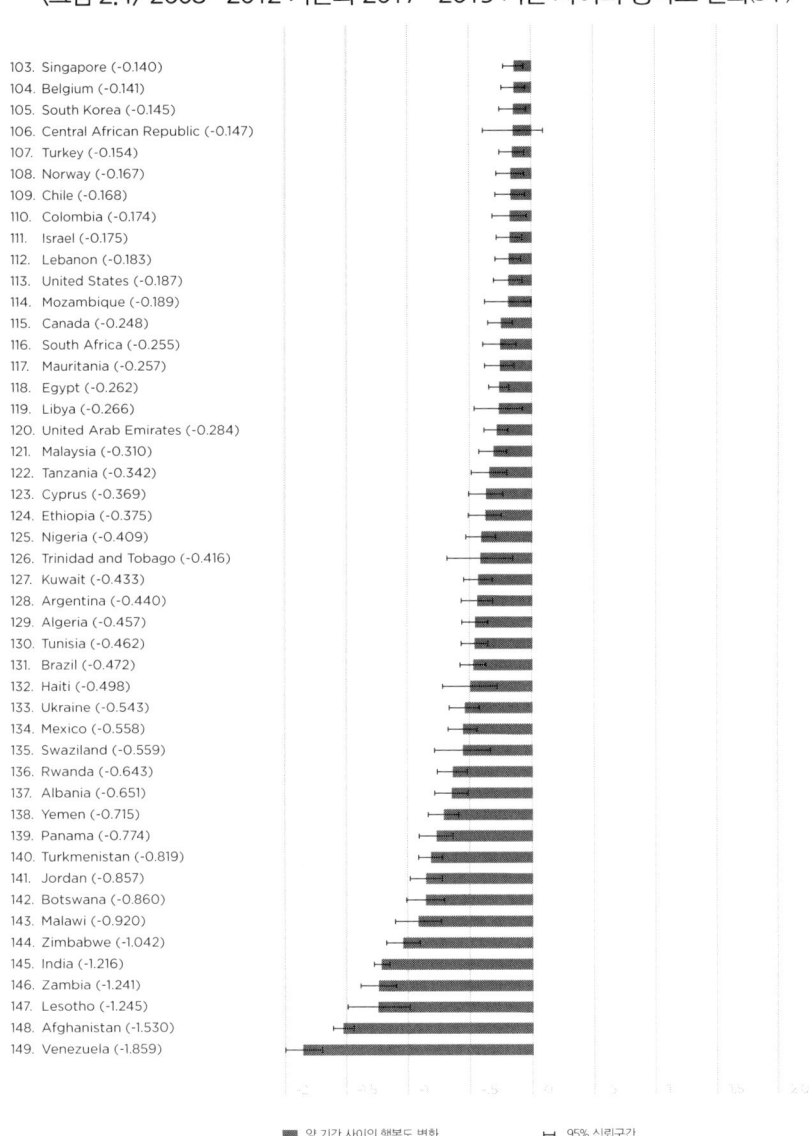

가들이 큰 변화를 보였지만, 상승 국가들과 하락 국가들이 비교적 균형을 이루었다.

가장 큰 상승을 보인 20개국은 모두 사다리 평균점수가 0.75점 이상 상승했는데, 그 중 10개국은 독립국가연합이나 중·동부 유럽에 속해 있고, 6개국은 사하라 이남 아프리카에 있으며, 나머지 4개국은 바레인, 몰타, 네팔, 그리고 필리핀이다. 가장 많은 하락을 겪은 20개국은 0.45점 이상의 하락을 겪었는데, 7개국은 사하라 이남 아프리카에, 5개국은 라틴아메리카와 카리브해 연안인데 이중에서도 베네수엘라가 최악이었다. 그리고 3개국은 예멘을 포함하는 중동과 북아프리카이며, 2개국은 독립국가연합 소속인데 우크라이나가 이에 속한다. 나머지 3국가는 아프가니스탄, 알바니아, 그리고 인도이다.

전반적으로 상승과 하락의 폭은 매우 큰데, 특히 가장 큰 상승과 하락을 경험한 양 쪽의 10개 국가들의 경우가 그러하다. 상승 최상위 10개국의 경우, 각 국의 삶의 평가 평균점수의 상승분이 1인당 소득이 10배로 증가했을 때 기대되는 상승의 정도를 능가했다. 그리고 하락 최상위 10개국의 경우, 그 하락분이 1인당 소득이 반 토막 났을 때 예상되는 손실의 정도를 2배나 능가했다.

점수 상승을 겪은 국가들의 경우, 유럽 동부의 4개 체제전환 국가들이 큰 폭으로 상승을 보여 모두 최상위 10개국에 포함되어 있는데, 이는 체제전환 중인 국가들에서 일반적으로 나타나는 삶의 평가 상승 추세를 반영하는 것이다. 한편 사하라 이남 아프리카 국가들은 최고의 상승 국가 집단과 최대의 하락국가 집단의 양쪽 모두에서 모습을 드러내고 있는데, 이러한 사실은 사하라 이남 국가들의 경험이 지닌 다양성과 불안전성을 반영하는 것이다. 사하라 이남 국가들의 변화는 〈그림 2.8〉에 나타나 있는데, 이미 《세계 행복보고서 2017》의 4장에서 보다 상세하게 분석된 바 있다. 〈그림 2.8〉에서 가장 인상적인 국가는 베닌(Benin)이다. 베닌은 2005~2008 이래 거의 1.6점이나 올라 최대 상승국으로 등극했는데, 2012년의 1차 행복보고서에서는 꼴찌에서 4등이던 국가가 올해는 153개 국가 중 86위를 기록해 중위권에 근접하는 국가로 성장했다.

　삶의 평가에서 가장 큰 하락을 경험한 10개 국가는 모두 어떤 형태로든 경제적, 정치적, 사회적 스트레스의 결합을 겪은 전형적인 경우이다. 2008~2012 이래 가장 크게 하락한 국가는 베네수엘라, 아프가니스탄, 레소토, 잠비아, 인도이다. 이들은 모두 1점 이상이나 하락했으며, 그중 최악인 베네수엘라는 거의 2점이나 하락했다. 2005-2008 기간을 토대로 한 이전의 순위와 비교할 때 유럽의 그리스는 가장 많이 하락한 국가 중 하나인데, 무엇보다도 2008년 세계경제위기로부터의 타격 때문이다. 분석의 토대기간을 위기 후 기간인 2008-2012로 옮길 경우에도 거의 순 증가나 손실은 없었다. 그러나 〈통계부록 1〉의 〈그림 1〉에 나타나는 연도별 데이터를 보면 2013년과 2014년을 저점으로 하는 U자 형의 회복 모습을 보여주기는 한다.

5. 행복 불평등 추세

　이전 보고서들에서 우리는 행복의 평균수준과 함께 행복의 분포에 대해 연구하는 것이 중요하다는 것을 강조한 바 있다. 우리는 캔트릴 사다리 설문에 대한 응답들을 토대로 이러한 연구를 진행했는데, 이를 통해 우리는 세계 각 지역의 행복 수준과 불평등을 비교할 기회를 얻을 수 있었다. 인구수 가중의 평균 행복도는 지역에 따라 크게 차이가 나는데, 북아메리카와 오세아니아가 선두를 이루고, 그 뒤를 서유럽, 라틴아메리카와 카리브해, 중동부유럽, 독립국가연합, 동아시아, 남동아시아, 중동과 북아프리카, 사하라 이남 아프리카, 남아시아의 순으로 뒤따르고 있다. 우리는 행복의 불평등을 개인적 삶의 평가의 표준편차를 통해 측정했는데, 불평등 정도가 가장 낮은 곳은 서유럽, 북아메리카와 오세아니아, 남아시아 지역이었으며, 가장 큰 곳은 라틴아메리카, 사하라 이남 아프리카, 중동과 북아프리카였다.[23] 그러면 행

23　이러한 결과들은 《세계 행복보고서 2018》의 〈그림 2.1〉에서 모두 찾아볼 수 있다.

복의 불평등에 있어서의 변화양상은 어떠한가? 2012년 이래 행복의 불평등 정도는 대다수 지역에서 크게 증대했으며, 서유럽과 중동부 유럽에서만 완화되었다. 이 절에서 우리는 국가 수준에서 행복도 분포의 변화가 행복 수준에 어떻게 영향을 미치는지 측정해 보았다.

대부분의 연구는 소득과 부의 불평등에만 초점을 맞추어 왔다.[24] 하지만 《세계 행복보고서 2016》 2장에서 우리는 소득이 전반적인 삶의 질을 측정하는 지표로써 크게 한계가 있으며, 또한 소득 불평등도 전반적인 웰빙 불평등의 척도로써 상당한 한계가 있다고 주장한 바 있다.[25] 예컨대 건강의 불평등[26]은 소득에 직간접적인 영향을 미침으로써 삶의 만족도에 영향을 미친다. 다른 연구자들과 함께 우리도 행복 불평등의 영향이 소득 불평등보다도 때로는 더 크고 보다 체계적이라는 것을 발견했다.[27] 예컨대, 사회적 신뢰는 행복도의 불평등과 훨씬 더 밀접한 연관성을 갖는다.[28]

웰빙 불평등의 영향력에 대한 이전의 분석을 확장하기 위해, 이제 우리는 웰빙 불평등에 대한 보다 광범위한 척도들을 고찰할 예정이다. 이전의 저술에서 우리는 행복의 불평등을 주로 표준편차의 관점에서 측정했다. 그 이후 우리는 특정의 백분위수 비율, 즉 80번째 백분위수를 20번째 백분위수로 나눈 삶의 평가 평균값이 웰빙 분포의 형태를 더 잘(그리고 보다 신축성 있게) 포착할 수 있다는 증거를 발견했다.[29]

---

24 예를 들면 다음과 같다. Atkinson(2015), Atkinson and Bourguignon(2014), Kennedy et al.(1997), Keeley(2015), OECD(2015), Neckerman and Torche(2007), 그리고 Piketty(2014).
25 Helliwell, Huang, and Wang(2016), Goff, Helliwell, and Mayraz(2018), Gandelman and Porzekanski(2013), 그리고 Kalmijn and Veenhoven(2005) 참조.
26 예컨대 Evans, Barer, and Marmor(1997), Marmot, Ryff, Bumpass, Shipley, and Marks(1994), 그리고 Marmot(2005) 참조.
27 갤럽월드폴(GWP), 유럽사회조사(ESS), 세계가치조사(WVS)를 포함하는 몇몇 조사들의 개인적 응답들을 활용한 예측치들에 대해서는 Goff et al.(2018) 참조.
28 Goff et al.(2018), 〈표 6〉 참조.
29 Nicholas and Reinhart(2019)의 사례를 따랐음.

<표 2.2> 삶의 평가에 대한 웰빙 불평등의 효과 추산

갤럽월드폴의 2005-2018 데이터를 사용한 개인 수준 및 국가 수준의 회귀식

	국가 패널		미시적 데이터	
	P80/P20 사다리	P80/P20 사다리 예측값	P80/P20 사다리	P80/P20 사다리 예측값
소득(자연로그)	0.31	0.31	0.17	0.17
	(0.06)***	(0.06)***	(0.01)***	(0.01)***
상실된 소득			1.43	1.39
			(0.15)***	(0.14)***
사회적 지원	1.97	1.89	0.60	0.61
	(0.39)***	(0.45)***	(0.03)***	(0.03)***
건강	0.03	0.03	−0.57	−0.57
	(0.01)***	(0.01)***	(0.03)***	(0.03)***
자유	1.12	1.11	0.35	0.35
	(0.30)***	(0.33)***	(0.02)***	(0.02)***
관대성	0.61	0.57	0.26	0.26
	(0.28)**	(0.27)**	(0.01)***	(0.01)***
부패 인식	−0.53	−0.56	−0.24	−0.24
	(0.28)*	(0.28)**	(0.02)***	(0.02)***
주관적 웰빙의 불평등	−0.17	−1.49	−0.09	−0.68
	(0.05)***	(0.68)**	(0.04)**	(0.35)*
국가 고정효과			포함	포함
연도 고정효과	포함	포함	포함	포함
관찰 횟수	1,516	1,516	1,968,596	1,968,596
국가 수	157	157	165	165
조정된 결정계수	0.759	0.748	0.253	0.252

미시적 수준의 회귀식에서, 독립변수들은 다음과 같다 : 소득은 가계소득이다. 건강은 응답자가 지난해 건강 문제를 경험했는가 여부이다. 관대성은 응답자가 지난 달 자선단체에 돈을 기부했는지 여부이다. 패널 수준의 회귀식에서, 모든 독립변수들은 《세계 행복보고서 2019》에서 정의된 바와 같다. 예컨대 소득은 일인당 GDP를 가리키는 식이다. 상관계수들은 국가별로 응집되어 괄호 안에 표준 오차들로 보고되고 있다. ***, **, 그리고 *는 각각 1.5와 10% 수준의 통계적 유의도를 가리킨다.

이 방법과 평등의 분포를 측정하는 다른 새로운 방법들을 사용해서 우리는 삶의 평가의 예측인자로서 행복의 불평등이 소득불평등보다 더욱 강력하다는 것을 꾸준히 발견했다. 〈통계부록 3〉은 우리가 추산한 결과들을 완전한 형태로 제공하고 있는데, 여기서 우리는 이 중 일부만을 보고할 것이다. 〈표 2.2〉는 《세계 행복보고서 2019》의 〈표 2.1〉의 대안적 버전을 보여주는데, 여기서 우리는 개인의 삶의 평가 예상값 분포의 80위 대 20위 비율에 일치하는 하나의 변수를 부가했다. 〈통계부록 3〉에서 상세히 설명했듯이, 우리는 80/20 비율을 사용했는데, 이것이 검증 대상이었던 대안들에 대한 최대의 적합성을 제공하기 때문이다. 그리고 우리는 보다 지속적인 국가순위를 제공하기 위해서 그것의 예측값들을 사용한다, 그러한 예측값들의 사용은 또한 우리의 척도가 삶의 평가 데이터로부터 직접 구하는 것에 의해 오염될 위험들을 피하는데 도움을 준다.[30] 계산을 거친 80/20 비율은 〈표 2.1〉의 6개 요인에 의해 제공되는 설명에 부가된다. 〈표 2.2〉의 왼쪽 편 열들은 〈표 2.1〉에 상응하기 위해 국가별 합산 데이터를 사용하며, 오른 편의 열들은 개인적 답변에 기초한다.

불평등은 문제가 아닐 수 없다. 국가 패널 회귀식에서 웰빙 불평등이 2 표준편차 증대하면(국가들의 3분의 2가 해당됨), 삶의 평가 점수가 0.2점 정도 낮아지는 것으로 나온다. 이러한 조사결과는 다음 절의 연구로 나아가도록 고취시킨다. 거기서 우리는 사회 환경의 질이 개선되면 어떻게 평균적인 삶의 질이 직접적으로 고양될 뿐만 아니라 그들의 불평등도 감소되는지를 고찰할 것이다.[31]

---

30 예측값들은 갤럽월드폴의 데이터의 완벽하게 미시적인 표본으로부터 얻은 삶의 평가 방정식을(이러한 적용에 적합한 〈표 2.1〉 방정식을 토대로) 추산하여 얻었으며, 이어서 그 결과를 매년도 및 국가에서 개인의 예측값을 창출하는 데 활용했다. 이어서 이 값들은 매년도 및 국가의 예측된 분포를 형성하는 데 사용되며, 이러한 분포는 매년도 및 국가의 퍼센트 비율을 구성하는 데 사용된다.
31 Goff et al.(2018) 참조.

6. 행복을 지원하는 사회적 환경들

《세계 행복보고서 2017》에서 우리는 행복의 사회적 토대들에 대해 특별히 검토한 바 있다. 거기서 우리는 행복에 미치는 사회적 환경의 여러 측면들을 보다 깊이 고찰해보았다. 행복에 영향을 미치는 사회적 환경들은 다양할 뿐만 아니라 상호 연관되어 있으며, 공동체와 국가, 그리고 문화에 따라 달랐다. 이전 행복보고서들에서 우리는 사회적 환경의 여러 측면들, 즉 4개의 사회적 환경 변수들—사회적 지원, 신뢰(부패의 부재에 의해 측정됨), 자유의식, 관대성—을 살펴보았다. 그리고 이러한 측면들이 결합되어 나타나는 사회적 환경이, 《세계 행복보고서 2019》에서 살펴보았듯이, 세계 최상위 10개 국가들과 최하위 10개 국가들 간의 삶의 평가 간격을 설명하는데 있어 두 개의 비사회적 변수인 소득과 건강수명을 결합한 효과와 마찬가지의 설명력을 지닌다는 것을 확인한 바 있다.[32] 이 절에서 우리는 어떤 방식으로 사회적 환경들—다양한 공적 기구들의 질뿐만 아니라 이웃과 공동체적 삶의 질에서 반영되는—이 사람들의 삶의 개선을 가능하게 하는지를 보다 깊이 살펴보고자 한다. 또한 우리는 강한 사회적 환경이, 역경의 상황이 개인과 공동체의 행복에 미치는 부정적 결과들에 완충작용을 함으로써, 행복의 불평등을 줄여준다는 것을 보여줄 것이다. 앞으로 우리가 살펴보겠지만, 이것이 가능한 이유는 다음과 같다. 즉, 긍정적인 사회적 환경에서 가장 큰 혜택을 받는 사람들은 역경의 상황에서 가장 큰 피해를 받는 사람들이다. 이들은 재난이 닥치면 공동체 또는 국가 내의 삶의 평가 분포에서 보다 낮은 곳으로 전락할 위험이 있는 사람들이다.

우리는 사회적 자본에 관한 개인 수준 및 공동체 수준의 척도를 고찰할 것이며, 또한 행복에 대한 원천으로서 다양한 정부서비스와 정부기구의 질에 대한 사람들의 신뢰를 고찰할 것이다. 이 양 타입의 신뢰는 삶의 평가에 직접 또는 간접으로 영향을 미친다. 즉, 역경에 대한 방어적 완충장치로 기능하며, 또한 더 나은 삶을 성취

---

[32] 《세계 행복보고서 2019》의 온라인 통계부록 1의 〈표 17〉 참조.

하기 위한 수단으로써 소득의 대체물로 기능한다.

정부 기구 및 정책은 사회적 환경의 일부로 대접받아 마땅하다. 그것들은 삶을 영위해 나갈 무대를 꾸며주기 때문이다. 이 무대들은 국가마다, 공동체마다, 그리고 심지어는 매년마다 다르다. 사회적 환경의 국가 간 차이가 얼마나 중요한가 하는 것은 《세계 행복보고서 2018》에서 강력하게 보여준 바 있는데, 이 보고서는 이민자와 본국 출생자 각각의 행복도 순위가 거의 일치한다(충분한 수의 이민자를 샘플로 확보하고 있는 117개 국가들의 경우 그 상관관계가 +0.96임)는 것을 발견한 바 있다. 이러한 사실은 심지어 이민 출발국의 행복도가 이민 목표국의 절반에 못 미치는 경우에도 타당했다. 이민자들과 본토 출생자들에 관한 이러한 증거들은 행복보고서들에 보고되고 있는 국가 간 평균 행복도의 큰 차이들이 무엇보다도 각 국가의 삶의 환경에 달려있다는 것을 강력하게 시사한다.[33]

《세계 행복보고서 2017》의 2장에서 우리는 행복의 사회적 토대들에 대해 상세히 다룬 바 있다. 그리고 《세계 행복보고서 2019》의 2장에서는 정부의 질이 어떻게 삶의 평가에 영향을 미치는지에 관한 많은 증거를 제시했다. 이 장에서 우리는 이러한 두 줄기의 연구를 불평등의 효과에 대한 분석과 결합시키고자 한다. 이러한 새 연구에서 우리는 사회적 연결망과 사회적 기구의 질이 삶의 평가에 직접적인 영향을 미치며, 또한 여러 삶의 도전으로 인한 행복의 손실을 감소시켜줄 완충제를 제공해준다는 것을 보여줄 수 있을 것이다. 이러한 간접적이고도 보호적인 효과들은 무엇보다도 위기에 처한 사람들에게 특별한 가치가 있을 것이며, 따라서 행복도가 가장 낮은 수준에 있는 사람들의 행복을 더욱 증대시킬 것이고, 그럼으로써 공동체의 불평등을 감소시킬 것이다. 그래서 강한 사회적 환경은 삶이 곤경에 직면했을 때 사람들

---

[33] 지역 환경의 중요성은 좀 더 최근 연구에서 강조되었다. 즉, 캐나다와 영국의 서로 다른 지역에 간 이민자들의 행복이 그 지역 다른 거주민들의 행복에 접근하고 있다는 것이다 (Helliwell et al., 2020). 한 국가 내 도시 간 삶의 만족도 차이가 국가 간 삶의 만족도 차이보다 훨씬 적다는 점에 비추어볼 때, 이는 대단한 발견이 아닐 수 없다.

로 하여금 더 큰 회복탄력성을 갖도록 해준다.

강한 사회적 환경은 역경에 대한 완충제를 제공해준다

강한 사회적 환경이 삶의 도전들에 대한 완충제를 제공할 수 있다는 가능성을 검증하기 위해, 우리는 강한 사회적 환경이 가혹한 환경에 의해 촉발되었을 행복의 손실을 어느 정도나 낮출 수 있는지 측정했다. 〈표 2.3〉은 2002-2018 기간의 9차례에 걸친 유럽사회조사(ESS)에 기초한 삶의 만족 방정식으로부터 나온 조사결과를 보여준다. 우리는 이 조사가 다른 조사들에 비해 적은 국가들을 대상으로 했음에도 불구하고 우리의 예시를 위해 이 조사를 이용했는데, 이 조사가 다른 조사에 비해 보다 넓은 범위의 신뢰변수를 가지고 있기 때문이다. 즉, 그것은 0에서 10에 이르는 척도로 측정되어서, 가능한 답변으로 0과 1만을 지닌 변수들이 제공하는 것보다도 더 큰 설명력을 제공해준다. 그 방정식은 35개 국가의 약 37만 5천명의 응답자들에게서 얻은 데이터를 이용해 추산된 것이다.[34] 우리는 조사회수 및 국가들에 대한 고정효과들을 사용했으며, 그럼으로써 우리의 조사결과들이 각각의 국가 내에서 실제로 일어나는 것에 기초하고 있다는 사실을 보장토록 하였다.

〈표 2.3〉의 윗부분은 삶의 평가에 대한 위험요인들(risks)의 부정적 효과를 보여준다. 이 리스크들은 웰빙에 대한 다양한 형태의 도전을 말한다. 이 리스크들은 차별, 질병, 실업, 저소득, (별거, 이혼, 사별로 인한) 가족적 지원의 손실, 야간 안전감의 결여 등을 포함하는데, 타인과 공적 기구들에 대해 상대적으로 낮은 신뢰를 지닌 응답자들에 해당된다. 예컨대, 그들의 국가에서 차별받는 집단에 속해 있다고 묘사하는 응답자들은 0.5점이나 낮은 평균 행복도를 가지고 있다. 허약한 사람들은 건강한 사람에 비해 거의 1점이나 낮게 나타난다.[35] 실업은 0.75점의 부정적 효과를 지닌다.

---

34 조정된 결정계수는 0.350이다. 국가 고정의 효과가 없다면, 결정계수는 0.318이다.
35 이러한 이동은 '좋음'과 '매우 좋음'의 응답과 '보통', '나쁨', '매우 나쁨'의 응답 간 점수상의

⟨표 2.3⟩ 삶의 평가에 대한 사회적 환경과 위험 및 지원의 상호작용(근거: 유럽사회조사)

	주요 효과	사회적 신뢰	체제 신뢰	경찰 신뢰	상호작용 총계	상쇄 백분율
위험들						
차별	−0.50	0.16	0.06		0.22	44%
			p=0.21			
질병	−0.98	0.15	0.18		0.33	34%
실직	−0.75	0.06	0.17		0.22	30%
		p=0.22				
저소득	−0.48	0.04	0.19		0.23	47%
		p=0.18				
별거, 이혼, 사별	−0.51	0.12	0.08		0.20	39%
일몰 후 두려움	−0.25	0.06	0.07	0.05	0.18	72%
		p=0.002				
소계: 위험들	−3.46	0.59	0.74	0.05	1.38	40%
지원들						
사회적 신뢰	0.23					
체제 신뢰	0.24					
경찰 신뢰	0.30					
사회적 회합	0.44	−0.07	−0.15		−0.22	50%
친교	0.54	−0.07	−0.10		−0.17	31%
		p=0.06	p=.04			
고소득	0.33	−0.06	−0.10		−0.15	46%
		p=0.01				
소계: 지원들	2.08	−0.20	−0.34		−0.54	26%
지원에서 위험 빼기	5.54	−0.79	−1.08	−0.05	−1.92	35%

주해: 상호작용의 표현은 해당 신뢰 척도마다 2분법적 방식으로 정의되었는데, 7의 값 이상은 높은 사회적 신뢰와 높은 경찰 신뢰를, 그리고 5.5의 값 이상은 높은 체제 신뢰를 나타낸다. 회귀식은 10분위수의 소득범주, 나이와 나이제곱, 젠더, 국가와 년도의 고정 효과들을 포함한다. 상관계수는 모두 같은 방정식에서 나왔으며, 다르게 표시된 곳을 제외하면 모두 0.001 수준 보다는 더 큰 유의도를 가진다. 오차들은 376,246회의 관찰을 거친 유럽사회조사(ESS)의 35개 국가들에 의해 응집되었다.

차이로 측정되었다. ESS 응답자 중 나쁨으로 응답한 사람들은 35%를 차지했다.

낮은 임금을 받는 것(소득 분배에서 최하 4분의 1에 속하는 것으로 여기서 정의되는 것)은 거의 0.5점의 부정적 효과를 갖는데, 이는 별거, 이혼, 사별과 유사한 정도다. 마지막 위험은 야간의 거리를 두려워하는 사람들이 겪는 것인데, 이들에게 삶의 평가는 0.25점 더 낮게 나온다. 이러한 충격들은 모두 같은 방정식에서 추산되었으며, 따라서 그들의 효과는 이 범주에서 하나 이상을 지닌 그 어떤 사람에게도 합산되어 적용될 수 있다. 이 부분의 총합을 보자면, 이 모든 부정적 상황에 직면하여 낮은 신뢰 환경에 놓인 사람은 이러한 도전을 전혀 겪지 않은 사람에 비해 삶의 평가에서 거의 3.5점이나 낮게 추산된다. 〈통계부록 3〉은 이러한 방정식에서의 모든 결과들을 담고 있다. 그 부록은 또한 남성과 여성 각각을 별개로 측정한 결과도 보여주는데, 그것의 상관계수들은 서로 유사하며 약간의 흥미로운 차이만을 보여줄 뿐이다.[36]

다음 세 열은 높은 신뢰 환경에서 살고 있다고 평가하는 사람들에게 불운에 따르는 웰빙 손실이 어느 정도나 완화되는지를 보여준다. 이것은 개인 간의 신뢰, 국가 기구들에 대한 확신, 경찰에 대한 신뢰로 각각 나뉘어져 있는데, 이중에서 마지막의 경찰에 대한 신뢰는 해진 뒤의 거리에 대해 두려움을 갖는 사람들에게 특히 중요성을 지니는 것이다.[37] 그 추산된 효과는 '교호작용 효과'(interaction effects) 또는 '상호작용 효과'로 알려져 있다. 왜냐하면 그것들은 문제되는 곤경에 처해 당하게 되는 웰빙 손실을 높은 신뢰 환경에서 살아감으로써 상쇄시키는(offsetting) 변화들을 측

---

[36] 행복에 대한 실직의 효과는 여성보다 남성이 약 1/3 정도 크다. 반면에 거리에서 불안감의 효과는 여성이 60% 이상 크다. 매주 또는 그 이상 빈번한 회합의 효과는 남성보다 여성이 25% 크다. 환경의 표본 빈도는 성에 따라 달라질 수 있다. 즉, 남성이 25% 더 실직당할 수 있으며, 거리에서의 불안감을 15% 덜 느낄 것이다. 매주 또는 그 이상 회합의 빈도는 남녀 응답자가 같다. 전체 결과는 〈통계부록 3〉에서 찾아볼 수 있다.

[37] 사회적 신뢰의 경우, 7의 값이 고신뢰 집단의 하한값이다. 그것이 약 30%에 해당하는 고신뢰자들이 제공하는 몫과 같기 때문이다. 사회적 신뢰는 국가 내 사람들에게 양자택일적 질문의 응답으로 제공된다. 우리는 경찰에 대한 신뢰에도 같은 하한값을 사용한다. 평가가 일반적으로 더 낮은 제도적 신뢰는 5.5의 하한값을 채택했는데, 그것이 응답자의 약 30%를 고신뢰 집단에 포함시키기 때문이다.

정하기 때문이다. 그 교호작용 효과는 보통 영(0)으로 추정된다. 즉, 높은 신뢰 환경에서 산다는 것은 실직자에게는 취업자에 해당되는 것과 같은 효과를 갖는다. 일단 우리가 이러한 교호작용들을 탐사하기 시작하면, 우리는 그것들이 통계적, 경제적, 사회적 관점에서 매우 중요하며, 따라서 보다 많은 우리의 관심을 요구한다는 것을 발견하게 될 것이다.[38]

이어서 우리는 두 타입의 신뢰(사회적, 제도적 신뢰)가 지닌 '완충효과'(buffering effect)를 포함시키기 위해 이전의 분석을 확장했다. 즉 6가지 타입의 역경, 즉 차별,[39] 나쁜 건강,[40] 실직, 저소득,[41][42] (별거, 이혼, 사별을 통한) 동반자의 상실, 그리고 일몰 후의 거리에서의 공포 등이 웰빙에 끼치는 손실을 줄여주는 신뢰의 완충효과를 고찰했다. 그래서 우리가 검증한 위험의 상호작용은 모두 13가지로 상승했는데, 우리는 경찰에 대한 신뢰가 불안전한 거리로 인해 웰빙이 치러야하는 대가를 경감시킬 것으로 추정하고 또한 사실임을 발견해 이를 포함시켰기 때문이다. 〈표 2.3〉의 상부에서 검증된 13가지의 상호작용 방식 중에서 9가지는 매우 높은 수준의 통계적 유의성($p<0.001$)을 갖는 것으로 추산된다.(이에 못 미치는 나머지 네 가지 상관계수의 경우는

---

[38] Helliwell et al.(2018) 그리고 Helliwell, Akin et asl.(2018) 참조.

[39] Yangisawa et al.(2011)는 사회적 신뢰가 사회적 배제로 인한 심리적 비용을 줄여준다는 실험적 증거를 제시한다. 그리고 Branscombe et al.(2016)은 공동체에의 소속감이 장애 청년이 느끼는 차별로 인한 삶의 만족에의 부정적 효과를 상쇄한다는 것을 보여준다.

[40] 신뢰와 나쁜 건강(실제 및 인지된) 사이의 연관을 보여주는 많은 연구가 있었지만[최근의 리뷰는 Kawachi(2018) 참조], 신뢰가 건강과 삶의 만족 사이에 영향을 미치는지, 그리고 어떻게 영향을 미치는지에 관한 분석은 존재하지 않는다.

[41] 유럽삶의질조사(EQLS)의 자료를 활용한 Akaeda(2019)도 좀 더 높은 사회적 신뢰(이 경우 사회적 신뢰에 대한 국가 평균을 사용함)가 삶의 평가에 대한 소득의 효과를 크게 줄여준다는 것을 발견했다. Akaeda는 상하층 소득의 대칭효과를 가정했지만, 우리는 두 효과를 별개로 추산해서 그것들이 대충 대등한 규모를 갖는다는 것을 발견했다.

[42] 우리의 발견은 Annick et al.(2016)의 발견과 일맥상통하는데, 그는 2차에 걸친 유럽사회조사(ESS)를 통해 자영업 응답자들의 재정적 어려움으로 인한 주관적 웰빙의 손실을 높은 사회적 신뢰가 줄여준다는 것을 발견했다.

통계적 유의성이 각자 표시되어 있는데, 사실 덜 중요한 효과들은 이미 그럴 것으로 예상되었던 것이다.) 차별로 인한 소외경험의 경우, 사회적 신뢰는 공적 제도에 대한 신뢰보다도 더 강한 완충효과를 제공한다. 이는 실직의 경우와는 반대인데, 실직에 처할 때는 흔히 여러 공적 프로그램들이 실직자들을 지원하는 역할을 한다.

여러 위험에 처한 사람들에게, 강한 사회적 환경은 웰빙의 손실에 대해 유의미한 완충효과를 제공하는데, 그 정도는 각각 30%에서 70% 이상까지에 이르고, 평균이 40% 정도나 된다. 이러한 여분의 웰빙 회복탄력성을 갖도록 한 공로는 제도적 신뢰보다는 사회적 신뢰 덕이 조금 더 크다. 즉, 회복된 웰빙에서 제도적 신뢰가 위기에 처한 사람들에게 0.59점 공로가 있는 반면에, 사회적 신뢰는 0.74점이나 공로가 있다. 이러한 교호작용 효과의 근거는 리스크에 따라 다르지만, 공통의 맥락은 다음과 같다. 즉, 우호적인 사회적 환경에 사는 것이 곤경에 처한 사람들이 어려운 조건에 대처함에 있어 여분의 개인적, 제도적 지원을 제공한다는 것이다.

이 표의 나머지 부분에서 우리는 같은 동전의 뒷면을 보게 된다. 〈표 2.3〉 하단의 첫째 열은 삶의 평가에 대한 여러 지원(supports)이 지닌 직접적 효과를 보여준다. 여기에는 사회적 신뢰, 공적 제도에의 신뢰, 경찰에의 신뢰, 빈번한 사회적 모임, 친교(개인적 문제에 대해 대화를 나눌 수 있는 최소 한명의 친구나 친척을 가짐), 고소득(상위 20%, 즉 5분위에 속하는 가구소득을 지님) 등이 포함된다. 이 모든 지원들을 가진 사람은 삶의 평가에서 이들 모두를 갖지 않은 사람에 비해 거의 2.1점이나 높은 점수를 갖는데, 이는 상쇄적인 교호작용 효과들로 설명이 가능하다. 3가지 신뢰 척도들의 직접적 효과는 각각 0.23점~0.3점 정도로 추산되는데, 이 모두를 합치면 0.75점에 이른다.[43]

---

[43] 〈통계부록 3〉이 보여주듯이, 세 주요효과 각각의 신뢰 계수는 0.06과 0.07 사이이다. 세 차원 모두에서 0의 신뢰를 갖는 사람에 비해 완전한 신뢰를 갖는 사람은 삶의 만족도 척도에서 전부 합해 2점 이상을 얻는다. 그 표의 나머지에 좀 더 근접하는 그림을 얻기 위해서, 우리는 응답자들을 고신뢰집단(사회적 신뢰 및 경찰 신뢰에 7점 이상 그리고 체제신뢰에 5.5 이상)과 저신뢰집단(각각 7과 5.5 미만)으로 구분했으며, 고신뢰자와 저신뢰자 각각의 평균 응답자를 찾아냈다. 그런 연후에 우리는 그 표의 왼쪽 열에서 보여주는 총합의 직접적 기

그리고 이어지는 열들에서, 우리는 사회적 모임, 친교, 고소득 등이 고신뢰의 사회적 환경이나 저신뢰의 사회적 환경에 있는 사람들에게 과연 같은 가치를 갖는 것인지 여부를 질문해 보았다. 이상에서 언급한 이론에 따르면, 친밀한 사적 네트워크 및 고소득의 혜택은 보다 폭넓은 사회적 네트워크를 가지며 그럼으로써 보다 큰 지원군을 지닌 사람들에 비해 더 작을 것임을 시사한다. 폭넓은 사회적 환경에 대한 확신이 결여된 사람들의 경우, 보다 직접적인 사회적 네트워크들을 필요로 하며, 또한 이로부터 혜택을 얻는다. 이와 유사하게 고소득은 보다 신뢰적인 환경으로부터 얻을 수 있는 혜택에 대한 대체물을 구매하는데 사용될 수 있다. 예컨대 요새화된 공동체로 상징되는 종류의 방어적 소비재를 대체물로 구매하는 경우가 이에 해당한다.

웰빙 지원물에 대한 상호작용 효과들은, 〈표 2.4〉가 보여주듯이, 위에서 예측된 바와 같다. 고신뢰의 벌충효과 또는 상쇄효과는 기대되는 징후를 보인다. 즉, 특정 지원을 가짐으로써 얻는 웰빙 이득의 31%에서 50%(사회적 회합들의 경우)에 이른다. 이들을 전부 합하면 0.54점에 해당하는데, 이는 주요 효과 총계의 26%에 해당한다.

〈표 2.3〉의 상부와 하부를 모두 합쳐보면 두 가지 결과가 명확해진다.

첫째로, 삶의 조건이 다른 사람들 간에는 큰 수준의 웰빙 차이가 존재하며, 이러한 효과들은 위험의 형태에 따라, 그리고 완충적 사회 환경이 어느 정도 존재하느냐에 따라 다르게 나타난다. 긍정적 사회 환경에 의해 제공되는 완충효과를 무시하고 보자면, 6가지 위험 모두로부터 고통을 겪는 저신뢰의 환경 하에서 사는 사람들은 삶의 평가에서 그러한 위기를 전혀 받지 않는 사람들과 비교할 때 10점 척도에서 거의 3.5점이나 낮은 것으로 추산된다. 지원의 측면에서 보자면, 절친이 있으며, 최소 일주일에 한 번의 사회적 회합을 하고, 높은 사회적·제도적 신뢰를 지닌, 5분위 고소득의 사람은 친한 친구가 없고, 사회적 회합이 거의 없으며, 낮은 사회적·제도적

여분을 구하기 위해서, 고/저 신뢰 응답자의 차이(사회적 신뢰, 체제 신뢰, 경찰 신뢰 각각 4.05, 3.72, 4.26)를 방정식의 추정 계수와 곱했다.

신뢰를 지닌 중간층 소득의 사람들에 비해 삶의 평가에서 2점 이상 높은 점수를 얻는다. 이러한 차이 중에서, 1/2 정도는 두 개의 사회적 연결 변인에서 발생하고, 1/3은 보다 높은 사회적·제도적 신뢰에서, 그리고 1/6은 보다 높은 소득에서 발생한다.

둘째로, 〈표 2.3〉의 마지막 열이 보여주듯이, 사회적 환경을 계산에 고려함으로써 우리는 커다란 직접적 효과와 교호적인 효과를 발견했다. 좋은 사회적 환경의 '직접적인'(direct) 효과를 알아내기 위해서 우리는 신뢰뿐만 아니라 웰빙에 직접적으로 영향을 미치는 사회적 환경의 측면들을 고려했으나, 추산되는 교호 효과들을 구하지는 못했다. 우리의 표에서 이러한 부가적인 변수들은 절친 소유 및 사회적 회합을 포함하는데,[44] 이것들은 서로 연합해 거의 1점에 근접하는 효과를 가진다. 이것을 우리는 3개의 신뢰 척도들이 가지는 직접적 효과에 합산할 수 있다. 사회적 환경의 직접적 효과는 모두 합쳐 1.7점을 넘어서는데, 이는 소득 분포에서 1분위(최하 20%)가 5분위(최상 20%)로 이동하는 소득 상승효과의 두 배에 해당한다. 하지만 이는 아직도 모든 중요한 상호작용 효과들을 포함하는 것은 아니다.

우리는 〈표 2.3〉의 상호작용의 관점에서 발생하는 '간접적인'(indirect) 효과도 반드시 고려해야 한다. 고/저 신뢰의 사회적 환경에 사는 사람들의 위험과 혜택 양자의 효과 모두를 비교해볼 때, 그 웰빙의 격차는, 〈표 2.3〉의 하단이 보여주듯이, 낮은 신뢰 환경보다 높은 신뢰 환경에서 1.9점이나 적다. 물론 이것은 사회적, 제도적 신뢰의 직접적 효과에 부가되는 것이다. 이러한 상호작용 효과들은 웰빙의 불평

---

[44] 이러한 사회적 자원들은 역경에 직면했을 때 삶의 만족도를 완충시키는 가능한 원천으로 간주된다. Kuhn and Blule(2019)은 스위스의 종단 연구를 통해, 사회적 지원이 실직에 완충 역할을 하지만 질병과 사별에는 그렇지 못하다는 것을 발견했다. Anuisic and Lucas(2019)는 세 국가의 종단 조사를 통해, 남편 사별의 적응기간 동안에 일정 규모의 친구와 가용한 연결이 삶의 만족도 손실을 줄여주며, 그중 한 국가에서는 그 효과가 의미 있는 정도였다는 것을 발견했다. 우리는 남편 사별과 친구회합의 고빈도 사이의 상호작용을 ESS 데이터를 통해 검증해보았으며, 이를 통해 의미 있는 효과는 없다는 것을 발견한 바 있다.

등 문제에 특히나 적실성을 지닌다. 위에서 계산된 바 있는 1.9점이라는 점수는 모든 위기로부터 고통을 겪지만 아무런 지원도 받지 못하는 사람들에 대한 전체 상호작용 효과를 나타내는데, 이는 극단적인 경우에 해당하며 따라서 그것은 보다 전형적인 응답자들에 대한 혜택을 과대평가한 것이라 하겠다. 그래서 적절한 인구규모의 척도를 얻기 위해서, 우리는 위기와 지원이 대체로 어떤 형태의 인구분포를 갖는지 고려할 필요가 있다. 우리는 갤럽월드폴(GWP)의 연관된 결과들을 우선 제시한 후에 그렇게 할 것이다. (우리는 앞에서 유럽사회조사(ESS)를 특별히 선택한 바 있는데, 그것이 사회적 환경의 전반적인 영역을 보다 충실하게 포함하고 있었기 때문이다.) 우리의 연구결과들이 세계적 수준의 토대에 적용될 수 있도록 하기 위해서, 우리는 143개 국가의 백만 응답자들로부터 얻은 개인적 수준의 갤럽월드폴 데이터를 사용했으며, 사회적 환경의 효과를 설명하기 위해 매우 유사한 모델을 사용했다. 이렇게 추산된 방정식으로부터 얻은 결과들이 아래의 〈표 2.4〉에 나타나 있으며, 자세한 내용은 〈통계부록 1〉에서 찾아볼 수 있다.

갤럽월드폴(GWP)로부터 나온 연구결과는 유럽사회조사(ESS)에서 이미 본 것과 매우 유사한 패턴을 보여준다.[45] 갤럽월드폴에는 일반적으로 적용가능한 사회적 신뢰 변인이 없는 것이 사실이다. 하지만, 체제 신뢰 변인은 생산되었는데, 이것은 유럽사회조사를 위해 사용된 것과 유사한 것이다. 갤럽월드폴의 조사결과는 보다 적은 직접적 건강 효과를 보여주지만, 그럼에도 불구하고 그것은 공적 제도의 질에 대해 더 큰 확신을 지닌 응답자들에게 의미 있는 완충효과를 갖는다.[46] 유럽사회조사

---

[45] 두 가지 조사결과의 일관성을 더 검토하기 위해서, 우리는 유럽사회조사(ESS)의 대상이 된 국가들만이 포함된 데이터의 부분적 표본을 활용해 갤럽월드폴(GWP)의 방정식을 추산했다. 그 결과 이는 보다 큰 상쇄효과를 산출해서, 유럽사회조사의 표본에서 추산된 것에 더 근접했다.

[46] 갤럽월드폴의 개인적 건강 변수는 그 개인이 심각한 건강 문제를 안고 있는지 여부에 관한 yes/no의 2분법적 응답만을 반영할 뿐이다. 반면에 유럽사회조사(ESS)는 자신의 건강상태를 각자 5점 척도에서 대답하는 내용을 포함한다. 이러한 차이가 건강 효과에서 차이가 나는 가장 큰 원인일 것이다.

⟨표 2.4⟩ 삶의 평가에 대한 사회적 환경과 위험 및 지원의 교호작용(근거: 갤럽월드폴)

	주요 효과	체제 신뢰	상쇄 백분율
주관적 웰빙(SWL) 위험들			
질병	−0.423	0.063	15%
실업	−0.389	0.02	5%
		p=0.606	
저소득(하층 4분위)	−0.407	0.038	9%
		p=0.067	
별거, 이혼, 사별	−0.208	0.087	42%
소계: 위험들	−1.427	0.208	15%
주관적 웰빙(SWL) 지원들			
체제신뢰	0.264		
사회적 지원	0.68	0.015	−2%
		p=0.36	
고소득(상층 4분위)	0.454	−0.067	15%
소계: 지원들	1.134	−0.052	5%
지원에서 위험 빼기	2.561	−0.26	−10%

주해: 상호작용의 표현은 고/저 신뢰를 구분하는 2분법적 척도를 활용해 모두 정의되었다. 우리는 다음과 같은 5가지 척도를 주요 구성요소로 간주하며 출발한다. 즉, 정부에 대한 확신, 사법 체계 및 법정에 대한 확신, 선거의 정직성에 대한 확신, 지방 경찰에 대한 확신, 사업상의 부패인식. 이러한 주요 구성요소는 이어서 75번째 백분위수를 컷오프 포인트로 해서 이분법적 척도를 만드는데 사용된다. 회귀방정식은 젠더, 나이와 제곱나이, 교육적 성취, 자유의식, 자선(지난 달 자선단체에 돈을 기증함), 그리고 국가와 년도의 고정효과들을 포함한다. 상관계수는 모두 같은 방정식에서 나왔으며, 다르게 표시된 곳을 제외하면 모두 0.001 수준 보다는 더 큰 유의도를 가진다. 오차들은 백만 회의 관찰을 거친 2009–2019 기간의 갤럽월드폴(GWP)의 144개 국가들에 의해 응집되었다.

에서도 그러했듯이, 우리는 갤럽월드폴에서도 다음의 사실을 발견했다. 저소득의 부정적 효과와 고소득의 긍정적 효과는 두 조사에서 유사한 규모를 지니며, 제도적 신뢰 환경은 두 경우 모두 의미 있는 완충효과를 갖는다. 이혼, 별거, 사별은 두 조사에서 모두 부정적 효과를 지니지만, 이러한 부정적 효과들은 제도적 신뢰에 의해 의미 있는 완충효과를 갖는다. 실직은 갤럽월드폴의 삶의 평가 효과에서 더 낮게 측정되는데, 이 효과는 제도적 신뢰에 의해 덜 중요한 완충효과를 갖는다. 전반적으로 두 세계적 조사는 모두 다음의 사실을 발견한 바 있다. 즉, 신뢰는 불운한 사건과 조건들이 행복에 가져오는 부정적인 결과들에 의미 있는 상쇄효과를 제공한다는 것이다.[47]

사회적 환경의 중요성을 측정하기 위한 포괄적 척도를 얻기 위해서, 우리는 유럽사회조사(ESS) 데이터로 돌아갔다. 왜냐하면 그것이 보다 광범위한 사회적 자본 척도들을 포함하고 있기 때문이다. 현실적인 대답을 얻으려면, 사회적 환경이 인구 전체의 삶의 평가 수준 및 분포에 어떤 영향을 미치는지 측정하는 것이 요구된다. 우리는 이것을, 그들의 실제 조건들을 전제로 해서, 사회적·제도적 환경에 관한 서로 다른 두 가정하에서 그들의 삶의 만족이 어떠할지를 측정함으로써 수행했다. 하나의 가정은 모두가 상대적으로 낮은 신뢰를 보고한 사람들로부터 나온 평균값에 상응하는 신뢰수준을 가진 것으로 가정하는 것이다.[48] 다른 하나의 대안적 가정은 현재 인구 중 신뢰도가 상위 30%로 간주되는 것과 같은 수준의 사회적, 제도적 신뢰를 모두가 가진 것으로 가정하는 것이다. 그 계산은 그래서 삶의 조건들의 실제 분포를 고려하지만, 동시에 서로 다른 신뢰수준들도 고려한다. 이러한 신뢰의 차이들은 직접적으로, 또는 간접적으로(〈표 2.3〉의 상호작용 효과들을 통해) 개인들의 삶의 만족도를 변화시킨다. 그 분포 양상은 크게 다른데, 상호작용의 효과가 곤란한 조건에 처한 사람들에게 특히 도움이 되는 현실을 이것이 반영하고 있기 때문이다. 보다 높은 신뢰 환경에 사는 것은 7.72점의 평균 삶의 만족도를 부여하는데, 이는 보다 낮은 신뢰 환경의 6.76점과 비교된다. 이러한 결과들은 〈표 2.3〉에 보고된 모든 효과들을 고려했으며, 또한 〈표 2.3〉에 나타난 다양한 개인 수준의 위험과 지원의 빈

---

[47] 그러나 제도적 신뢰의 직접적, 간접적 효과는 유럽이 여타 지역보다 더 클 것이라는 일부 증거가 있다. 통계부록 1의 〈표 13〉이 이를 보여주는데, 여기서 우리는 갤럽월드폴 조사에서 유럽 국가들이 훨씬 크고 훨씬 의미 있는 효과를 갖는다는 것을 발견하게 된다.

[48] 우리는 '낮음'을 체계 신뢰에서 5.5 미만으로, 사회적 신뢰와 경찰 신뢰에서 7 미만으로 정의한다. 이러한 기준을 선택한 이유는 그러한 분할에서 고신뢰 인구 비율이 yes/no의 2분법적 사회적 신뢰 질문에 대한 응답자 비율에 거의 일치하기 때문이다.

〈그림 2.5〉 여러 사회적 환경에 대한 삶의 평가 예상치

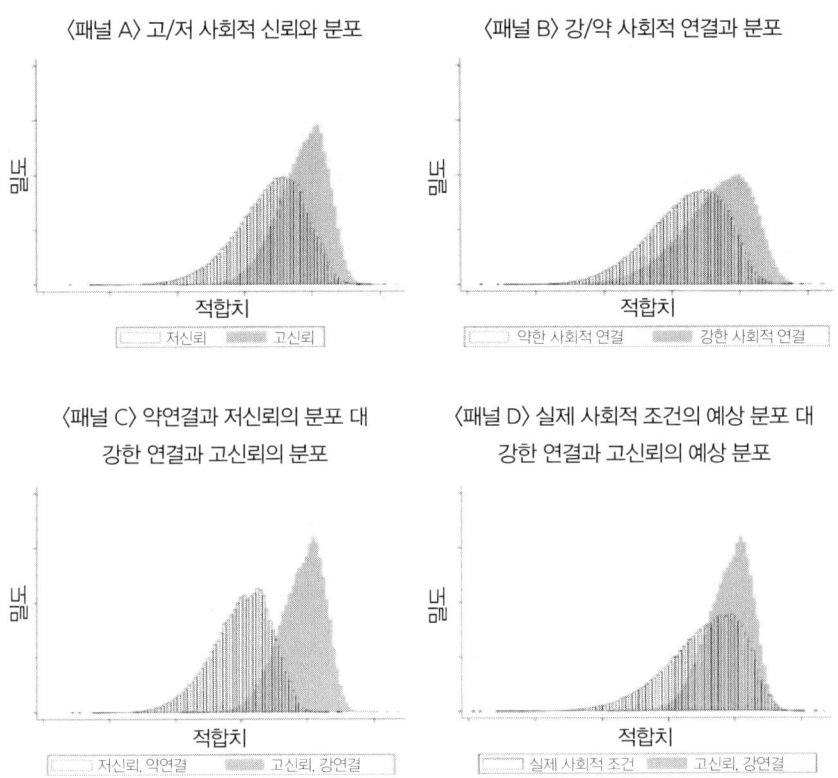

도 및 분포를 반영했다. 개인들의 상세한 삶에 기초한 분포들은 우리에게 웰빙의 분포에 대한 다양한 신뢰수준의 결과에 대한 계산을 가능하게 해준다. 웰빙의 불평등에 대한 신뢰의 효과는 매우 실질적이다. 표준편차로 측정된 바 있는 평균 인구수에 관한 삶의 만족도 분산은 낮은 신뢰 환경에서 40% 이상이나 크게 나타난다.[49] 〈그림 2.5〉의 패널 A에서 볼 수 있듯이, 고-신뢰의 분포는 더 좁게 분산되어 있을 뿐만 아니라, 대부분의 변화들이 분포의 하단 끝에 나타나는데, 이는 특별히 어려운 형편에 사는 사람들의 삶이 개선되고 있음을 보여주는 것이다.

우리가 보아왔듯이, 신뢰는 직접적·간접적 양 측면 모두에서 매우 중요하지만,

---

49 1.04 대 0.73.

사회적 자본의 보다 개인적인 측면들이 삶의 질에 보다 중요하다. 〈표 2.3〉에서 우리가 검토했듯이, 이는 사회적 회합의 빈도, 그리고 하나 또는 그 이상의 친한 친구를 가지고 있는지가 포함된다. 그래서 우리는 사회적 연결에 따라 구별되는 한 쌍의 행복 분포를 만들어내기 위해 이러한 사회적 연결의 분포를 이용할 수 있다. 행운의 집단은 친밀한 대화를 나눌 수 있는, 그리고 매주 또는 그 이상의 회합을 할 수 있는 하나 또는 그 이상의 친구를 가진 사람들을 말한다. 불운의 집단은 이러한 사회적 지원의 형태 중 어느 것도 가지지 못한 사람들이다. 보다 지원적인 사회적 연결과 행위를 지닌 사람들은 그들의 삶에 보다 만족하는 것으로 우리는 알고 있다. 하지만 불평등에서의 감소 정도는 신뢰 경우로 인한 감소보다 더 적을 것으로 예상되는데, 별도의 상호작용 효과들이 추산되지 않았기 때문이다. 이는 〈그림 2.5〉의 〈패널 B〉에 나온 결과들에 의해 확인되는데, 여기서 좋은 연결을 맺고 있는 사람들은 허약한 사회적 연결을 맺고 있는 사람들에 비해 삶의 평가에서 평균 0.86점이나 높게 나온다. 또한 분포의 분산에서 역시 감소가 있지만 신뢰 경우의 단지 1/4에 그친다.

그리고, 〈그림 2.5〉의 〈패널 C〉가 보여주듯이, 우리는 추산된 신뢰효과와 사회적 연결의 효과를 결합시킬 수 있다. 하나의 분포는 낮은 신뢰와 허약한 사회적 연결을 가진 사람들이며, 다른 하나는 개인들 모두가 높은 신뢰와 강한 사회적 연결을 가진 경우이다. 전과 마찬가지로, 삶의 다른 측면들에 대한 실제 조건은 변함이 없다. 이것은 삶의 만족 수준 및 분포에 대한 사회적 환경의 총체적 효과에 대한 가장 포괄적인 측정치를 제공해준다. 삶의 평가의 격차는 보다 높은 신뢰와 밀접한 연결을 지닌 쪽이 1.8점이나 높게 나온다. 불평등에서의 감소는, 〈패널 C〉가 보여주듯이, 결합된 경우에 매우 크지만, 그 감소 정도는 신뢰 그 자체로 인한 감소에 비해 다소 적은 편이다. 이는 좋은 사회적 환경으로 인해 불평등이 축소되는 주요 동력이 상호작용 효과로부터 나오기 때문인데, 이 상호작용 효과는 높은 신뢰로 하여금 다양한 위기로 인한 웰빙 손상을 완충시키는 것을 가능케 한다.

마지막으로, 현재의 신뢰 수준과 사회적 연결 수준으로부터 출발하는 보다 실제적인 사례를 제공하기 위해, 〈그림 2.5〉의 〈패널 D〉에서, 우리는 높은 신뢰와 강한 연결에서의 예상치를, 모두가 실제로 보고하는 신뢰와 사회적 연결에 토대한 예상치와 비교한 모습을 보여준다. 그 차이는 〈패널 C〉에서의 차이들보다 더 적은데, 그 이유는 우리가 고신뢰의 사례를 저신뢰의 환경과 비교하는 것이 아니라, 조사 대상이 되는 사람들의 실제 조건들과 비교하기 때문이다. 이것은 더욱 흥미있는 비교라 하겠다. 왜냐하면 그것은 현재의 상황에서 출발해서, 만약 낮은 신뢰와 사회적 연결을 지닌 사람들이 인구 중 보다 신뢰적이고 사회적 연결을 지닌 사람들과 같은 수준을 가지려면, 그러한 현실이 얼마만큼이나 개선되어야 할지를 묻기 때문이다. 원칙상 이것은 성취가능한 것이다. 신뢰와 사회적 연결의 이득이 이미 보다 지원적인 사회적 환경에서 사는 사람들의 희생을 통해 올 필요가 없기 때문이다. 〈패널 D〉를 통해 명백해진 사실은 평균 행복도를 높이고 동시에 불평등도를 낮춤으로써 얻을 수 있는 잠재적 이득이 크다는 것이다. 예컨대 중위의 응답자가 0.71점을 획득하는데 반해, 행복 분포의 10번 째 백분위수의 사람은 평균적으로 그 배(1.51점) 이상을 얻는다.[50] 역으로, 90번 째 백분위수에 해당하는 사람들의 이득은 0.25점으로 그보다 훨씬 적다. 정상에 속하는 사람들이 얻는 이득이 그처럼 크게 적은 이유는 두 가지이다. 주된 이유는 행복 분포에서 정상에 사는 사람들의 거의 대다수가 이미 신뢰적이고도 친밀한 사회적 환경에서 살고 있기 때문이다. 두 번째 이유는 그들이 개인적으로 〈표 2.4〉가 보여주는 위기들로부터 고통을 덜 겪을 것이며, 그럼으로써 사회적 자본이 제공하는 완충적 이득을 가장 적게 받을 것이기 때문이다.

좋은 사회적 환경이 행복도(삶의 만족도)를 증대시키고 불평등을 줄여준다는 것을 감안해서, 우리는 불평등에 대한 우리의 추산으로부터 나온 결과들을 〈패널 D〉에서 보여준 혜택들을 보충하는데 이용할 수 있다. 그렇게 하기 위해서 우리는 조사 응답자들로부터 얻은 삶의 평가의 실제 분포로부터 출발할 것이다. 그리고 이에 이어서, 만약 각 응답자가 그들의 사회적, 제도적 신뢰가 보다 신뢰적인 응답자들과

---

[50] 좀 더 구체적으로 보자면, 그 계산은 두 분포의 10번째 백분위수 간의 차이를 반영한다.

같은 수준이라면, 매주 또는 그 이상으로 사회적 회합을 갖는다면, 가까운 친구들을 가지고 있다면, 일몰 후 거리에 대한 두려움이 없다면, 과연 그들의 대답이 어떠했을지 반영하기 위해 각각의 평가를 조정할 것이다.[51] 이러한 두 분포에서의 불평등 정도를 비교함으로써, 우리는 만약 모두가 높은 수준의 사회적·제도적 신뢰와 사회적 연결을 가지고 있다면 실제 불평등이 얼마나 축소될지에 관한 척도를 얻게 된다. 우리의 계산에 따르면, P80/20 비율이 〈패널 D〉의 실제 분포에서 1.33이던 것이 고신뢰와 고접촉에서는 1.16으로 줄어든다. 0.17점이나 변화하는 것이다. 이것이 삶의 평가 평균을 얼마나 증대할지 추산하기 위해 우리는 실제 조건들을 반영하는 P80/20 비율을(0.33의 계수를 갖는) 회귀식에 부가했다. 그리하여 우리는 현재의 행복 분포상태에서 고신뢰와 고접촉으로 이동하는 것이 불평등을 감소시키며, 삶의 만족을 0.06점 더 증대시킨다는 것을 추산할 수 있다.[52] 이는 〈그림 2.5〉의 〈패널 D〉에 이미 포함된 것에 부가될 것이다.[53] 전체적으로 볼 때, 보다 나은 사회적 환경이 주는 연합 효과는, 현존의 사회적 환경과 비교할 때, 소득이나 다른 조건들의 어떤 변화가 없이도 약 1점 정도나 되는 것으로 추산된다.

이러한 결과는 기존의 소득과 건강 수준을 일정한 상수로 간주하고 계산했기 때

---

[51] 그래서 우리가 하고 있는 것은 〈그림 2.5〉의 〈패널 D〉에 나오는 두 분포의 점수 간 차이를 취하고, 이들을 0점에서 10점까지의 척도에서 실제로 답해진 점수에 합하는 것이다. 그 효과는 일반적으로 긍정적이지만 반드시 그런 것은 아니다. 왜냐하면, 몇몇 사람들은 〈표 2.4〉의 〈패널 D〉의 고신뢰와 고연결 시나리오상의 사람들에게 귀속되었던 높은 평균값보다 실제 신뢰와 회합이 더 높을 수도 있기 때문이다.

[52] 좀 더 구체적으로 보면, P80/20 비율에서의 0.170의 축소에, 삶의 만족에서 예상되는 0.056점(반올림해서 0.06점)의 부가적 증대를 얻기 위해서는 −0.331의 계수가 곱해진 것이다.

[53] 만약 〈표 2.3〉의 계수가 불평등 효과들의 이득을 이미 감안했다면 이중계산이 될 가능성도 있다. 그 표에 사용된 방정식에는 불평등 변수가 포함되지 않았기 때문이다. 그러한 효과가 가능한 크기를 조사하기 위해서 우리는 불평등이 포함된 대안적 방정식으로부터 계수를 활용해 고신뢰와 고연결을 위한 분포를 재추산했다. 그 결과적 효과는 무시할 만한 정도다. 새로운 계수는 기대이득을 낮추었지만, 그 점수는 무시할 정도의 0.0005점이며, 행복의 평균값은 7.931에서 7.926으로 떨어지는 정도에 불과하다.

문에 더 좋은 사회적 환경의 전체 효과를 과소평가한 것일 수 있다. 사실 소득과 건강은 신뢰와 사회적 연결이 보다 지원적일 경우 흔히 개선되는 것이 보통이다. 또한 높은 수준의 사회적 신뢰와 연결은 지닌 공동체와 국가들은 자연적 재난과 국가적 위기에 직면해서 보다 탄력적이라는 증거도 있다.[54] 투쟁하는 것보다 개선하는 것이 시대적 요구이다. 그리고 필요할 때 기꺼이 도우려하고 또 그렇게 도울 능력이 있음을 스스로 발견할 때 사람들은 행복해진다.

그러나 유럽의 35개 국가로부터 얻은 우리의 주된 증거가 세계 전체에는 그대로 적용되지 못할 가능성도 있다. 우리의 병행 연구인 〈표 2.4〉의 갤럽월드폴의 연구는 다소 더 작은 추정치를 제공했으며, 여타 국가들에 비해 유럽에서 다소 더 큰 효과들을 보였다. 또한 신뢰에 관한 답변들이 과연 실재를 반영하는지 여부를 묻는 것도 적절한 일이다. 다행스럽게도, 실험적 조사에 따르면, 사회적 신뢰 척도들은 잃어버린 지갑 회수율에서의 국가 간 차이에 대한 강한 예측자임을 보여주었다.[55] 또한 사람들은 자신의 동료 시민들이 기꺼이 지갑회수에 동참하리라는 예상치에 있어 지나치게 비관적이라는 증거도 있다.[56] 신뢰수준이 허위로 낮을 수 있으므로, 개선된 정보 그 자체가 신뢰 수준들을 높이는 데 도움을 줄 것이다. 그러나 보다 강한 사회적 환경의 창조 및 유지에 관해 훨씬 더 많은 연구가 명백히 요구되는 바이다.

---

54 공동체 수준의 회복탄력성에 관한 증거의 리뷰로는 Aldrich and Meyer(2015) 참조.
55 지갑회수 질문은 2006년의 갤럽월드폴 조사에서 132개 국가에서 시행되었다. 높은 지갑회수를 예상한 사람들은(의미 있을 정도로) 좀 더 행복한 사람들인데, 그 행복의 크기는 수입이 두 배로 느는 정도에 상응하는 것이었다. 이러한 지갑회수 기대치는 저변의 현실을 반영하는 것이다. 즉, 국가별로 기대되는 지갑회수 비율은 최근에 거대 실험연구가 시행된 16개 국가에서 실제로 회수된 것과 높은 상관관계(r=0.83, p<0.001)를 보였다(Cohen et al., 2019).
56 Cohen et al.(2019)의 세계 연구에서의 실제 지갑 회귀율은 이전 각주에서 언급된 갤럽월드폴의 응답자들에서 예상된 것보다 크게 높았다. 이와 유사하게 토론토에서 실험적으로 떨어뜨린 지갑은 80%나 돌아왔다. 반면에 캐나다일반사회조사(CGSS)에서 토론토에서 잃어버린 지갑이 어느 정도나 돌아올 것 같은지를 물은 질문에 25%도 안 될 것이라고 대답했다. 상세한 내용은 Helliwell et al.(2018), Helliwell, Aknin et al.(2018) 참조.

7. 결론

올해의 국가별 행복 순위는 2017-2019 기간의 갤럽월드폴 조사결과에 토대를 두었는데, 그 국가 순위들은 변화와 안정 양자 모두를 보여주고 있다. 정상의 국가들은 행복을 지원하는 것으로 알려진 바 있는 6개 핵심 변인들(즉, 소득, 건강수명, 사회적 지원, 자유, 신뢰, 관대성) 대다수에서 높은 수준을 갖는 경향이 있다. 최정상의 20개 국가들은, 비록 이 집단 내의 순위 변동은 있었지만, 지난해와 똑같았다. 8차의 행복보고서를 거치는 동안, 4개 국가가 최정상을 차지했다. 덴마크가 2012년, 2013년, 2016년에, 스위스가 2015년에, 노르웨이가 2017년에, 그리고 핀란드가 2018년, 2019년, 2020년에 1등을 차지했다. 평균 행복도에서 계속 상승세를 이어가는 핀란드가 최근에 연속으로 1위 자리를 굳히면서, 이제는 2위의 덴마크와 3위의 스위스를 의미 있게 앞서고 있는데, 4위의 아이슬란드와 5위의 노르웨이가 이들의 뒤를 잇고 있다. 기존에 최정상을 차지한 국가들이 여전히 5위 안에 속한다는 점이 인상적이다. 10위 안의 나머지 국가는 네덜란드(6위), 스웨덴(7위), 뉴질랜드(8위), 오스트리아(9위), 룩셈부르크(10)인데, 룩셈부르크는 캐나다와 호주를 11위와 12위로 밀어내고 새로 탑텐에 진입했다. 그 뒤가 13위인 영국인데, 영국은 제1차 행복보고서에 비해 5단계나 상승한 것이다. 20위 내의 다른 국가들을 순위대로 나열하자면, 이스라엘, 코스타리카, 아일랜드, 독일, 미국, 체코, 벨기에다.

세계 수준에서 볼 때, 인구 가중의 삶의 평가는 재정위기 동안에는 가파르게 하락했지만, 2011년까지 이전 수준을 거의 완벽하게 회복했다. 하지만 그 이후 2019년까지 비교적 꾸준히 하락해 재정위기 이후 수준과 비슷해졌다. 이러한 세계적 추세는 세계의 여러 지역 간 및 지역 내의 보다 다양한 경험들을 가리는 측면이 있다. 가장 언급할만한 지역별 역동성은 중동부 유럽의 상승과 동아시아의 하락이다. 보다 온건한 상승이 서유럽에, 온건한 하락이 북미, 오세아니아에 있었는데, 2019년 이 양 지역의 상승과 하락 폭은 대충 엇비슷했다. 정서 척도들로 보자면, 긍정적 정서들은 의미 있는 추세를 보이지 않았다. 그 반면에 부정적 정서는 의미 있게 상승했는데, 대체로 분노보다는 근심과 슬픔의 정서가 이러한 상황을 추동했다.

　국가 수준에서 보자면, 대다수 국가가 2008-2012 기간과 2017-2019 기간 사이에 의미 있는 변화를 보였는데, 상승 국가들이 하락 국가들보다 다소 많았다. 가장 상승한 국가는 베닌(Benin)인데. 이 국가는 1.64점이나 상승해서 하층 순위에서 중간 순위로 점프했다. 삶의 평가가 가장 하락한 국가는 베네수엘라와 아프가니스탄인데, 각각 1.8점과 1.5점이나 하락했다. 세계인구의 1/5에 근접하는 인도도 무려 1.2점이나 하락했다.

　올해 보고서의 주 초점은 사회적 환경의 서로 다른 특징들이 어떻게 행복의 수준 및 분포에 영향을 미치는가 하는 것이다. 하지만 우리는, 올해 보고서의 주 핵심 방향으로 나아가기 전에, 행복의 불평등이 행복의 평균 수준에 어떻게 영향을 미치는지 잠시 살펴볼 것이다. 행복의 불평등에 대한 다양한 여러 척도들을 사용해서 우리는 하나의 일관성있는 그림을 발견했는데, 그 그림 속에는 행복이 폭넓게 분산되어 있는 나라들일수록 보다 낮은 삶의 평가를 가지고 있었다. 행복 불평등의 감소가 가져오는 효과는 실질적이었다. 이는 사람들이 타인의 행복에 대해 관심이 있으며, 그래서 행복의 불평등을 감소시키려는 노력이 모두의 행복을 상승시키지만, 특히나 행복 분포에서 하층 끝에 놓인 사람들의 행복을 상승시킬 것임을 시사한다. 그리고 우리가 신뢰의 완충효과에 대한 분석에서 보여주었듯이, 사회적·제도적 신뢰를 상승시키는 것들은 특히 다양한 형태의 곤경에 처한 사람들에게 큰 혜택을 줌으로써 공동체의 불평등을 감소시켜 주는 역할을 한다.

　사회적 환경에 대한 경험적 분석에서 나온 주된 결과는 다음과 같다. 즉, 여러 종류의 개인적, 사회적 신뢰와 사회적 연결은 삶의 평가에 커다란 직접적 영향과 간접적 영향을 미친다는 것이다. 여기서 우리가 특히 주목한 것은 간접적인 영향인데, 이 간접적 영향의 정도는 좋지 않은 시절이 행복의 손실에 미치는 것으로 추산되는 효과를 신뢰의 효과가 완충시키는 것으로 측정된다. 즉, 사회적 신뢰와 제도적 신뢰

양자가 다양한 형태의 역경들(차별의 인식, 나쁜 건강, 실직, 저소득, 일몰 후 거리에서의 공포)에 대한 개인적 웰빙의 회복탄력성을 증대시킴으로써 웰빙의 불평등을 축소시킨다는 것이다. 평균 삶의 만족도는 저신뢰 환경에 비해 고신뢰 환경이 거의 1점(0.96점) 높은 것으로 추산된다.

사회적 환경의 전체효과는 개인의 사회적 연결이 주는 웰빙 혜택들을 추가하면 훨씬 커진다. 그 추가 혜택은 0.87점에 해당하므로, 〈그림 2.5〉의 〈패널 C〉가 보여주듯이, 전체를 합산하면 1.83점에 이른다. 이는 소득 분배 5분위(최하층 20%)에서 1분위((최상층 20%)로 진전했을 때 추산되는 삶의 만족도 상승분인 0.8점의 두 배보다도 훨씬 큰 점수이다.

현재의 신뢰 및 연결 수준들을 개선함으로써 얻을 수 있는 이득을 측정하기 위해, 우리는 실제의 신뢰 및 사회적 연결 하에서의 삶의 평가의 분포를, 만약 모든 응답자들이 이미 보다 신뢰적이고 친교적인 사람들이 누리고 있는 것과 같은 수준의 평균적인 신뢰와 연결을 지녔다면 실현가능할 분포와 비교할 수 있다. 그 결과들은 〈그림 2.5〉의 〈패널 D〉가 보여준다. 즉, 삶의 평가 평균은 0.8점 이상 크게 상승하며, 그 이득은 현재 가장 덜 행복한 사람들에게 집중된다. 예컨대 행복 분포의 10번째 백분위수에 해당하는 사람들은 1.5점 이상의 이득을 보는데, 이는 90번째 백분위수의 사람들이 0.3점 이득을 보는 것과는 비교가 안 될 정도이다. 그래서 보다 강한 사회적 환경은 행복의 불평등을 크게(약 13%나) 축소시켜주는데, 이는 평균 삶의 만족도를 더욱(약 0.06점) 증대시켜준다. 만약 유럽 현재의 신뢰 및 사회적 연결 수준을 고도의 신뢰 및 사회적 연결 상황으로 개선한다면, 그것은 거의 0.9점의 삶의 만족도 상승을 가져올 것으로 추산된다. 이처럼 우호적인 사회적 환경은 행복 수준을 높일 뿐만 아니라 행복의 분포도 개선시킨다. 그래서 우리가 내린 결론은 다음과 같다. 즉, 무엇보다도 사회적 환경이 행복과 삶의 질에 있어 1등으로 중요하다!

참고문헌

Akaeda, N. (2019). Contextual social trust and well-being inequality: From the perspectives of education and income. *Journal of Happiness Studies*, 1-23. https://doi.org/10.1007/s10902-019-00209-4

Aldrich, D. P., & Meyer, M. A. (2015). Social capital and community resilience. *American Behavioral Scientist*, 59(2), 254-269.

Annink, A., Gorgievski, M., & Den Dulk, L. (2016). Financial hardship and well-being: a cross-national comparison among the European self-employed. *European Journal of Work and Organizational Psychology*, 25(5), 645-657.

Anusic, I., & Lucas, R. E. (2014). Do social relationships buffer the effects of widowhood? A prospective study of adaptation to the loss of a spouse. *Journal of Personality*, 82(5), 367-378.

Atkinson, A. B. (2015). *Inequality: What can be done?* Cambridge: Harvard University Press.

Atkinson, A. B., & Bourguignon, F. (2014). *Handbook of income distribution*(Vols. 2A &2B). Elsevier.

Branscombe, N., Daley, A., & Phipps, S. (2016). *Perceived Discrimination, Belonging and the Life Satisfaction of Canadian Adolescents with Disabilities*(No. daleconwp2016-04).

Chen, C., Lee, S. Y., & Stevenson, H. W.(1995). Response style and cross-cultural comparisons of rating scales among East Asian and North American students. Psychological Science, 6(3), 170-175.

Cohen, S., Doyle, W. J., Turner, R. B., Alper, C. M., & Skoner, D. P. (2003). Emotional style and susceptibility to the common cold. *Psychosomatic Medicine*, 65(4), 652-657.

Cohn, A., Maréchal, M. A., Tannenbaum, D., & Zünd, C. L. (2019). Civic honesty around the globe. *Science*, 365(6448), 70-73.

Danner, D. D., Snowdon, D. A., & Friesen, W. V. (2001). Positive emotions in early life and longevity: findings from the nun study. *Journal of Personality and Social Psychology*, 80(5), 804.

De Neve, J. E., Diener, E., Tay, L., & Xuereb, C. (2013). The objective benefits of subjective well-being. In J. F. Helliwell, R. Layard, & J. Sachs(Eds.), *World happiness report 2013*(pp. 54-79). New York: UN Sustainable Development Solutions Network.

Doyle, W. J., Gentile, D. A., & Cohen, S. (2006). Emotional style, nasal cytokines, and illness expression after experimental rhinovirus exposure. *Brain, Behavior, and Immunity*, 20(2), 175-181.

Durand, M., & Exton, C. (2019). Adopting a well-being approach in central government: Policy mechanisms and practical tools. In Global Happiness Council, *Global happiness and wellbeing policy report 2019*(pp. 140-162). http://www.happinesscouncil.org

Evans, R. G., Barer, M. L., & Marmor, T. R. (Eds.).(1994). *Why are some people healthy and others not? The determinants of the health of populations*. New York: De Gruyter.

Fredrickson, B. L. (2001). The role of positive emotions in positive psychology: The broaden-and-build theory of positive emotions. *American psychologist*, 56(3), 218-226.

Frijters, P., & Layard, R. (2018). Direct wellbeing measurement and policy appraisal: a discussion paper. London: LSE CEP Discussion Paper.

Gandelman, N., & Porzecanski, R. (2013). Happiness inequality: How much is reasonable? *Social Indicators Research*, 110(1), 257-269.

Goff, L., Helliwell, J., & Mayraz, G. (2018). Inequality of subjective well-being as a comprehensive measure of inequality. *Economic Inquiry*, 56(4), 2177-2194.

Helliwell, J. F. (2019). *Measuring and Using Happiness to Support Public Policies*(No. w26529). National Bureau of Economic Research.

Helliwell, J. F., Aknin, L. B., Shiplett, H., Huang, H., & Wang, S. (2018). Social capital and prosocial behavior as sources of well-being. *Handbook of well-being. Salt Lake City, UT: DEF Publishers. DOI: nobascholar.com*.

Helliwell, J. F., Huang, H., & Wang, S. (2018). New evidence on trust and well-being. In E. M. Uslaner(Eds.), *The Oxford handbook of social and political trust*(pp. 409-446). New York: Oxford University Press.

Helliwell, J. F., Bonikowska, A., & Shiplett, H. (2020). Migration as a test of the happiness set point hypothesis: Evidence from Immigration to Canada and the United Kingdom. *Canadian Journal of Economics*(forthcoming).

Helliwell, J. F., & Wang, S. (2011). Trust and well-being. *International Journal of Wellbeing*, 1(1), 42-78.

Kalmijn, W., & Veenhoven, R. (2005). Measuring inequality of happiness in nations: In search for proper statistics. *Journal of Happiness Studies*, 6(4), 357-396.

Kawachi, I. (2018). Trust and population health. In E. M. Uslaner(Ed.), *The Oxford handbook of social and political trust*(pp. 447-470). New York: Oxford University Press.

Keeley, B. (2015). *Income inequality: The gap between rich and poor*. OECD Insights, Paris:

OECD Publishing.

Kuhn, U., & Brulé, G. (2019). Buffering effects for negative life events: The role of material, social, religious and personal resources. *Journal of Happiness Studies*, 20(5), 1397-1417.

Marmot, M. (2005). Social determinants of health inequalities. *The Lancet*, 365(9464), 1099-1104.

Marmot, M., Ryff, C. D., Bumpass, L. L., Shipley, M., & Marks, N. F. (1997). Social inequalities in health: Next questions and converging evidence. *Social Science & Medicine*, 44(6), 901-910.

Neckerman, K. M., & Torche, F. (2007). Inequality: Causes and consequences. *Annual Review of Sociology*, 33, 335-357.

Nichols, S. & Reinhart, R. J. (2019) Well-being inequality may tell us more about life than income. https://news.gallup.com/opinion/gallup/247754/wellbeing-inequality-may-tell-lifeincome.aspx

OECD (2015). *In it together: Why less inequality benefits all*. Paris: OECD Publishing. DOI: http://dx.doi.org/10.1787/9789264235120-en.

OECD (2017). *How's life?: Measuring well-being*. Paris: OECD Publishing.

Piketty, T. (2014). *Capital in the 21st Century*. Cambridge: Harvard University Press.

Rojas, M. (2018). Happiness in Latin America has social foundations. In J. F. Helliwell, R. Layard, & J. Sachs(Eds.), *World happiness report 2018*(pp. 89-114). New York, Sustainable Development Solutions Network. https://worldhappiness. report/ed/2018/

Yanagisawa, K., Masui, K., Furutani, K., Nomura, M., Ura, M., & Yoshida, H. (2011). Does higher general trust serve as a psychosocial buffer against social pain? An NIRS study of social exclusion. *Social Neuroscience*, 6(2), 190-197.

제3장

도시와 행복: 세계 순위와 분석*

얀 엠마뉴엘 드 네브(Jan-Emmanuel De Neve)** · 크리스티안 크레켈(Christian Krekel)***

이 장에서 우리는 도시의 행복에 대한 세계 순위와 분석을 최초로 제공했다. 우리는 도시의 삶의 질을 기존 순위와 근본적으로 다르게 순위화했다. 우리의 순위는 주관적인 웰빙의 측면에서 측정한 것이다. 즉, 도시 거주자가 자기 보고한 삶의 질에 전적으로 의존했다.

우리의 도시 행복 순위는 국가의 기존 행복 순위와 근본적으로 다른 결과를 낳지 않았다. 스칸디나비아 도시와 호주와 뉴질랜드의 도시는 거주자들의 주관적 웰빙에 있어서 점수가 높다. 정치적 불안정, 내분과 전쟁 등을 겪고 있는 국가의 도시는 점수가 낮다. 현재와 미래의 삶의 평가와 같은 평가적 측정값과 긍정적/부정적 정서와 같은 경험적 측정값을 포함한 다양한 주관적 웰빙 지표를 이용하면서, 우리 순위는 내적으로 일관된 이미지를 그린다.

---

* 이 장은 UN 《세계 행복보고서 2020》의 제3장(Chapter 3. Cities and Happiness: A Global Ranking and Analysis)을 김영태 교수(목포대 정치언론홍보학과, young@mokpo.ac.kr)가 번역한 것이다.
** 영국 옥스퍼드대학교 웰빙연구소 소장
*** 영국 런던정경대학교 연구교수

1. 서론

세계 인구의 절반 이상(55.3%)인 약 42억 명이 현재 도시에 살고 있다. 2045년에는 이 수치가 1.5배 증가하여 60억이 넘을 것으로 추정된다.[1] 세기의 전환기 2000년에 100만 명 이상의 거주자가 있는 도시는 371개였다. 2018년에는 548개였으며, 2030년에는 706개 도시가 최소 100만 명의 거주자를 가질 것으로 예상된다. 동 시기에 1,000만 명 이상의 거주자가 있고, 대부분 세계 남부에 위치한 도시들인 소위 메가시티(mega cities)는 아시아와 아프리카에서 가장 빠르게 성장하면서 33개에서 43개로 증가할 것으로 예상된다. 현재 도쿄(3,740만 명), 뉴델리(2,850만 명), 상하이(2,560만 명)가 세계에서 가장 인구가 많은 도시다.[2]

도시는 경제 발전소다: 전 세계 GDP의 80% 이상이 이 경계 내에서 만들어진다.[3] 도시는 노동의 효율적인 분업을 가능케 하고, 집적과 생산성 혜택, 새로운 아이디어와 혁신, 그리고 이에 따른 더 높은 소득과 생활수준을 가져다준다. 도시는 보통 경제 성장 면에서 그들 나라를 능가한다.[4] 도시 거주자들은 시골 거주자들보다 보통 더 젊고, 더 교육받았으며, 더 자유주의적이다. 그들은 전문직과 서비스직에 종사할 가능성이 더 높으며, 아이를 가질 가능성은 낮다. 도시화가 증가함에 따라 2050년까지 전 세계 인구 10명 중 7명이 도시 거주자가 될 것이다.

그러나 급속한 도시화에는 또한 문제가 따른다. 적정 가격의 주택 부족은 도시 주변부의 비공식적인 정착지에 거주하면서 취약하고, 종종 범죄 활동에 노출되는 거의 10억 명의 도시 빈곤층을 초래한다. 공공 교통시설의 부족은 도시 내 혼잡과 종종 위험한 수준의 공해를 초래한다. 한 추정에 따르면, 2016년 도시 거주자의 90%

---

1 The World Bank(2019a) 참고.
2 United Nations(2018) 참고.
3 The World Bank(2019a) 참고.
4 Kilroy et al.(2015) 참고.

가 안전하지 않은 공기를 마셨고, 대기 오염으로 인해 420만 명의 사망이 초래됐다.[5] 도시는 전 세계 에너지 소비의 약 3분의 2를 차지하며, 전 세계 온실가스 배출량의 70% 이상을 차지한다. 도시의 무질서하고 비효율적인 토지 이용은 생물다양성에 손실을 가져온다.[6] 또한 급속한 도시화는 사회적 상호작용과 중요한 생태계 서비스를 위한 공간을 제공하는 공원이나 도시녹지와 같은 공적으로 개방된 공간에 압박을 가한다.[7][8]

도시화의 혜택과 문제들을 모두 포함해 주어진 도시화의 속도와 규모에서, 도시 거주자들은, 모든 것을 고려할 때, 그들의 주관적 웰빙과 관련하여 어떤 모습일까? 그들의 웰빙은 시간이 지나면서 어떻게 변했을까? 동일한 개발 수준에서 전 세계 어느 도시가 다른 도시들보다 거주자들의 더 많은 행복을 촉진하는가? 그리고 도시 사이의 행복과 행복 불평등은 국가 사이의 그것과 어떤 관계가 있을까? 이 장에서는 거주자가 자기 보고한 행복에 기초해 첫 번째 도시 세계 순위를 제공함으로써 이러한 질문을 탐구한다.

우리의 순위는 5개의 넓은 영역에 걸쳐 질적, 양적 지표로 구성된 종합 점수에 따라 도시에 순위를 매기는 EIU(Economist Intelligence Unit)의 **살기 좋은 도시 지수**(*Global Liveablity Index*)처럼 삶의 질의 관점에서 도시를 순위화한 기존의 순위와 근본적으로 다르다.[9] 연구자들이 적절하다고 생각하는 요소들의 목록에 의존하기보다,

---

5 United Nations(2018) 참고.
6 The World Bank(2019b) 참고.
7 European Commission(2013) 참고.
8 심리학에는 환경이 우리의 뇌 구조와 기능에 어떻게 영향을 미치는지를 살펴보는 많은 문헌이 있고, 점점 늘어나고 있는데, 이 문헌들은 더 복잡하고 더 많은 자극을 제공하는 더 '풍부한' 환경이 뇌 가소성을 촉진한다는 것을 보여준다(도시 토지 이용에 관한 Kuehn et al.(2017) 참고). 도시의 '풍부함'(richness)이 뇌 발달을 촉진할 수 있지만, 몇몇 연구는 밀집된 도시 환경에서 사는 것이 낮은 정신건강과 특정한 정신건강 상태와 연관이 있다는 것을 보여준다(Tost et al., 2015; van Os et al., 2010).
9 The Economist Intelligence Unit(2019) 참고.

우리의 순위는 도시 거주자들이 그들 스스로 삶의 질을 어떻게 평가하는지에 대한 자기 보고에 의존한다. 그렇게 함으로써, 어떤—연구자가 관측할 수 있는 혹은 관측할 수 없는—요인이 자신에게 가장 중요하다고 느끼는지 응답자들이 스스로 고려하고 저울질할 수 있도록 한다. 틀림없이 이러한 상향식 접근법은 도시 거주자의 행복에 무엇이 중요한지를 사전에 결정하는 하향식 접근과 반대로 사람들에게 직접적인 목소리를 주는 것이다. 중요한 것은 행복 설문 응답을 활용하는 것이 행복의 동인을 보다 총체적으로 파악할 수 있는 접근법이라는 점이다. 실제로 행복 설문조사를 이용하면 행복을 형성하는 서로 다른 영역의 상대적 중요성을 이해할 수 있고, 정책 입안자들에게 어떻게 사람들의 행복을 최적화할 수 있는지 근거에 기초한 지침을 제공할 수 있다.

지구적 발전을 위한 도시의 중요성은 오랫동안 **지속가능발전목표**(SDG) 11, **지속가능한 도시와 공동체**(*Sustainable Cities and Communities*) 내에 인식되어 왔으며, 거기에는 교통 혼잡과 통근시간을 줄이기 위한 대중교통체계 강화,[10] 대기오염 감소,[11] 그리고 모든 시민을 위한 녹지와 공공 개방 공간에 대한 접근성 개선[12] 등과 같이 시민의 삶의 만족에 명백하게 중요한 과제를 포함하고 있다.[13] [14] 이번 장은 도시가 시민들의 주관적 웰빙과 관련해 실제 어떻게 하고 있는지 현 상태를 연구하고, 이를 통해 지속적인 미래 벤치마킹을 위한 닻을 내리게 하는 통합적 방식으로 이 목표와 과제들을 향한 진보를 벤치마킹하는 데 중요한 기여를 하고자 한다.

---

[10] 예컨대 Stutzer & Frey(2008), Dickerson et al.(2014), 그리고 Loschiavo(2019) 참고.

[11] 예컨대 Luechinger(2009), Levinson(2012), Ferreira et al.(2013), Ambrey et al.(2014a), 그리고 Zhang et al.(2017) 참고.

[12] 예컨대 White et al.(2013) Ambrey & Fleming(2014b), Bertram & Rehdanz(2015), Krekel et al.(2016), 그리고 Bertram et al.(2020) 참고.

[13] United Nations(2019) 참고.

[14] '모든 시민'을 언급함으로써, SDG 11은 도시의 편의와 불편이 서로 다른 사회-인구학적 특성을 가진 시민들에게 서로 다른 중요성을 갖는다는 것을 보여주는 중요한 증거인 포괄성을 명시적으로 언급한다(예컨대 Eibich et al., 2016 참고).

다음에서 우리는 먼저 우리의 순위에 대한 방법론을 설명하고, 전 세계 도시의 행복에 대한 우리의 발견을 제시한다. 그다음으로 우리는 지난 10년 동안 도시의 행복이 얼마나 변했는지, 도시들과 도시가 속한 나라들 사이에 유의미한 차이가 존재하는지, 그리고 국가와 상대적으로 도시들 사이에 실질적인 행복 불평등이 존재하는지 분석한다.

2. 전 세계 도시의 행복 순위

1) 방법론

이번 《세계 행복보고서》의 국가 순위처럼, 우리의 전 세계 도시 행복 순위는 갤럽세계조사(Gallup World Poll)에 의존하고 있으며, 이 조사는 2005년부터 시작했고 세계 인구의 99%를 포괄하는 160개 이상의 국가에서 실시되는 연례 조사이다. 이 조사는 매 국가 연도별 최소 1,000명의 표본을 포함하고 있으며, 주요 도시를 과다 표집한 경향을 보이면서 도시와 농촌 모두를 포괄한다. 조사는 국가별 각 나라의 15세 이상의 거주 인구를 대표한다. 미국의 표본 크기를 늘리기 위해서 우리는 갤럽미국조사(Gallup US Poll)[15]로 자료를 보완하였는데, 이 조사는 2008년과 2017년 사이 18세 이상 미국 성인을 전국적으로 표본 조사한 것이다. 이 조사는 하루 최소 500명의 표본을 포함하고 있으며, 중요하게는 갤럽 세계 여론조사에서 실시된 것과 유사한 일련의 질문을 응답자들에게 물었다. 서로 다른 조사에서 나온 자료를 통합하는 것이 적절한지 확실히 하기 위해 우리는 갤럽미국조사와 세계 조사의 2014~2018

---

15 포함된 미국 도시는 애틀랜타, 보스턴, 시카고, 댈러스, 휴스턴, 로스앤젤레스, 마이애미, 뉴욕, 필라델피아, 그리고 워싱턴 DC이다. 미국에서 가장 큰 10개 도시를 선택했으며, 이 도시들 모두 미국조사에서 300개가 넘는 관찰값을 가지고 있다.

년 현재 삶의 평가 점수의 평균을 계산해 보았으며, 미국조사의 경우 6.96점, 세계조사의 경우 6.97점으로 거의 동일한 것으로 나타났다. 이것과 또 다른 검증들은 재척도화 없이 갤럽미국조사 데이터를 통합하는 것을 가능하게 만들었다.[16]

《세계 행복보고서》의 방법론에 상응하게 우리의 중심 결과는 소위 캔트릴 사다리(Cantril ladder)에서 얻은 현재 삶의 평가(life evaluation)로, 캔트릴 사다리는 최악의 삶을 나타내는 아래 0부터 최선의 삶을 나타내는 위 10까지 번호가 매겨진 사다리 어디에 응답자 자신이 위치하는지를 응답자 자신이 그려보는 질문 항목이다.[17] 삶의 평가가 우리의 주관적인 웰빙의 주요 척도이지만, 우리는 사람들이 하루-하루의 삶을 어떻게 경험하는지에 대한 웰빙 척도들도 함께 고려한다.[18] 이를 위해 우리는 다시—《세계 행복보고서》에서 적용한 방법론에 따라—갤럽세계조사와 갤럽미국조사로 돌아가며, 여기에는 응답자에게 전날의 감정 경험을 묻는 여러 예/아니오(Yes/No)식 질문들로 구성된 긍정적, 부정적인 정서에 관한 항목들이 포함되어 있다. 우리는 긍정적인 정서를 위해 응답자들이 어제 즐거움을 경험했는지, 그리고 많은 웃음과 미소의 경험이 있는지 여부를 포함시킨다.[19] 부정적인 정서를 위해서는

---

16 우리는 〈갤럽세계조사〉와 〈갤럽미국조사〉의 캔트릴 사다리 조사에 대한 응답에 체계적인 차이가 있는지 조사했다. 2014-2018년 세계 조사에 포함된 12개 미국 도시 중 7개 도시는 역시 미국조사에서 얻은 상위 10개 도시 목록에도 있다. 이 7개 도시 중 6개 도시(시카고, 댈러스, 휴스턴, 마이애미, 뉴욕, 필라델피아)의 미국조사 점수는 세계 조사 점수의 통계적 신뢰 구간 내에 있다. 그러나 우리는 로스앤젤레스의 경우 미국조사 점수(6.96)가 세계 조사 점수(6.36)보다 상당히 높은 것을 확인하였다. 그러나 이러한 검증과 다른 검증은 2014-2018 표본을 통합해도 매우 작은 세계 조사의 표본수(예컨대 로스엔젤레스 표본은 87개에 불과)에 기초한다. 두 조사의 도시 점수를 비교할 때 위나 아래로 체계적인 편향이 없기 때문에, 그리고 특히 갤럽미국조사 점수와 세계조사점수가 기본적으로 동일하기 때문에, 우리는 조정 없이 미국조사를 세계 조사 자료와 통합한다.

17 달리 명시하지 않을 경우 우리는 삶의 평가, 삶의 만족, 그리고 행복이라는 용어를 서로 바꾸어 사용한다.

18 Dolan(2014)와 Dolan & Kudrna(2016) 참고.

19 2012년 이후부터 '행복감' 조사 항목을 더 이상 이용할 수 없어, 2012년부터는 지표가 '즐거움'과 '미소 또는 웃음'으로 구성된다는 것을 참고하라.

응답자들이 종종 슬픔, 걱정, 분노(2014년 이후 분노에 대한 데이터를 가지고 있지 않은 미국조사와는 별도로[20])를 느끼는지 여부를 포함시킨다. 지수들은 항목들의 평균으로 만들어지며, 0과 1 사이의 값이다. 마지막으로 미래에 대한 응답자들의 기대를 이끌어내기 위해 앞으로 5년 후 삶의 질 측면에서 어느 위치에 설 것이라고 생각하는지 응답자에게 질문한 캔트릴 사다리 조사 항목인 **미래 삶의 평가**(future life evaluation)를 살펴본다.

우리는 우리의 분석을 2014년부터 2018년까지로, 그리고 통계적 문제를 줄이기 위해 최소 300명의 관찰값을 가진 도시들로 제한한다. 미국조사를 활용하여, 우리는 미국의 10대 도시를 추가했다.(미국에서) 도시를 구성하는 것에 대한 우리의 정의는 **기능적 도시 공간**(functional urban areas) 개념에 기초하며, 이때 도시는 사람들이 살고, 일하고, 편의 시설에 접근하고, 사회적으로 상호 작용하는 특정한 크기의 인구를 가진 지역적이고 기능적인 단위이다. 이 정의는 말하자면 행정적 경계에 기초한 도시의 정의보다 더 선호되는데, 이 이 정의가 도시에 살고 있는 대부분의 사람들의 삶의 실제를 훨씬 더 잘 대표한다는 점에서 그렇다. 종합적으로 우리의 방법론적 접근은 전 세계 186개 도시를 포괄하는 도시의 행복 순위를 도출한다.

2) 순위

우리의 전 세계 도시 행복 순위에서, 우리는 먼저―주관적 웰빙의 평가 척도이고 우리의 주요 결과인―'현재 삶의 평가'를 검토한 후, 이를 도시 거주자들이 예상하는 미래 삶의 평가와 비교한다. 우리는 또한 다음 부분의 논의에서 이 결과를 하루-하루의 긍정적, 부정적 정서경험들과 비교한다.

---

[20] 미국 도시의 경우 우리는 갤럽세계조사와 똑같은 방식으로 갤럽미국조사를 사용하는데, 미국조사에서 이용할 수 없는 '분노'를 부정적 정서 지수의 하나에 포함하지 않은 것이 유일한 예외이다.

3) 현재 삶의 평가

〈그림 3.1〉은 거주자들이 현재 그들의 삶을 평균적으로 얼마나 긍정적으로 평가하는지에 대한 도시 전체 목록을 보여준다. 〈그림 3.1〉에서 살펴볼 수 있듯이, 최상위 10개 도시는 명확히 스칸디나비아 도시들이 차지하고 있다: 헬싱키(핀란드)와 아르후스(덴마크)가 1, 2위, 코펜하겐(덴마크), 베르겐(노르웨이), 그리고 오슬로(노르웨이)가 5, 6, 7위다. 스톡홀름(스웨덴)은 9위에 올랐다. 따라서 거주자들이 현재 그들의 삶을 얼마나 긍정적으로 평가하느냐에 따른 전 세계 상위 10개 도시 중 절반 이상이 스칸디나비아에 위치하고 있다. 상위 10개 도시 중 2개가 호주와 뉴질랜드에 위치해 있다: 뉴질랜드의 수도 웰링턴이 3위, 브리즈번(호주)이 10위이다. 스칸디나비아나 호주와 뉴질랜드에 위치하지 않은 상위 10개 도시는 취리히(스위스)와 텔아비브(이스라엘)뿐이다.

또한 〈그림 3.1〉은 최하위 10개 도시가 지리적으로 덜 군집화되어 있지만, 공통의 주제라는 측면에서 더 상관관계가 있다는 것을 보여준다. 하위에 있는 대다수 도시들은(눈에 띄는 예외인 인도와 함께) 전 세계적으로 몇몇 가장 발전되지 않고 대부분 아프리카와 중동에 있는 국가에 위치한다. 그러나 이들 국가는 전쟁(우리 세계 순위의 가장 하위에 있는 아프가니스탄의 카불과 예멘의 사나), 지속적인 무력충돌(팔레스타인의 가자, 최하위에서 3위), 내전(남수단의 주바가 5위, 중앙아프리카공화국의 반구이가 9위), 정치적 불안정(이집트의 카이로는 최하위에서 10위), 또는 장기적 영향과 함께한 파괴적 자연재해(아이티의 포르토프랭스는 최하위에서 4위)를 최근 역사에서 경험한 다른 덜 발전한 국가들과 구별된다.

따라서 이 도시들은 낮은 경제 발전 수준 외에도 높은 정치적 불안정성, 경색된 안보 상황, 그리고 주기적인 무장 갈등의 재발 등이 있는 국가들에 위치해 있다. 전쟁(의 위험), 무장 갈등, 테러리즘이 주관적인 행복에 미치는 영향은 잘 연구되어 있다.[21]

---

21 예컨대 Frey et al.(2007; 2009), van Praag et al.(2010), 그리고 Metcalfe et al.(2011) 참고.

⟨그림 3.1⟩ 도시의 세계 순위 – 현재 삶의 평가 (1부)

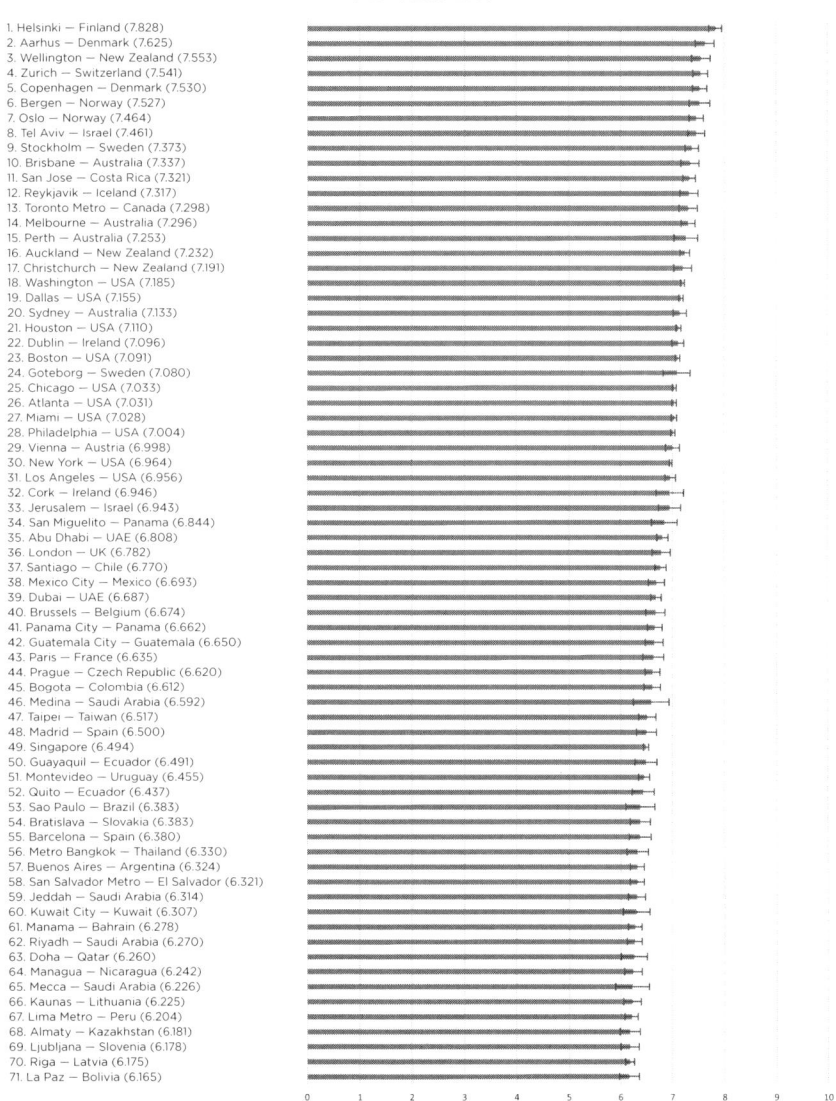

제3장 도시와 행복: 세계 순위와 분석

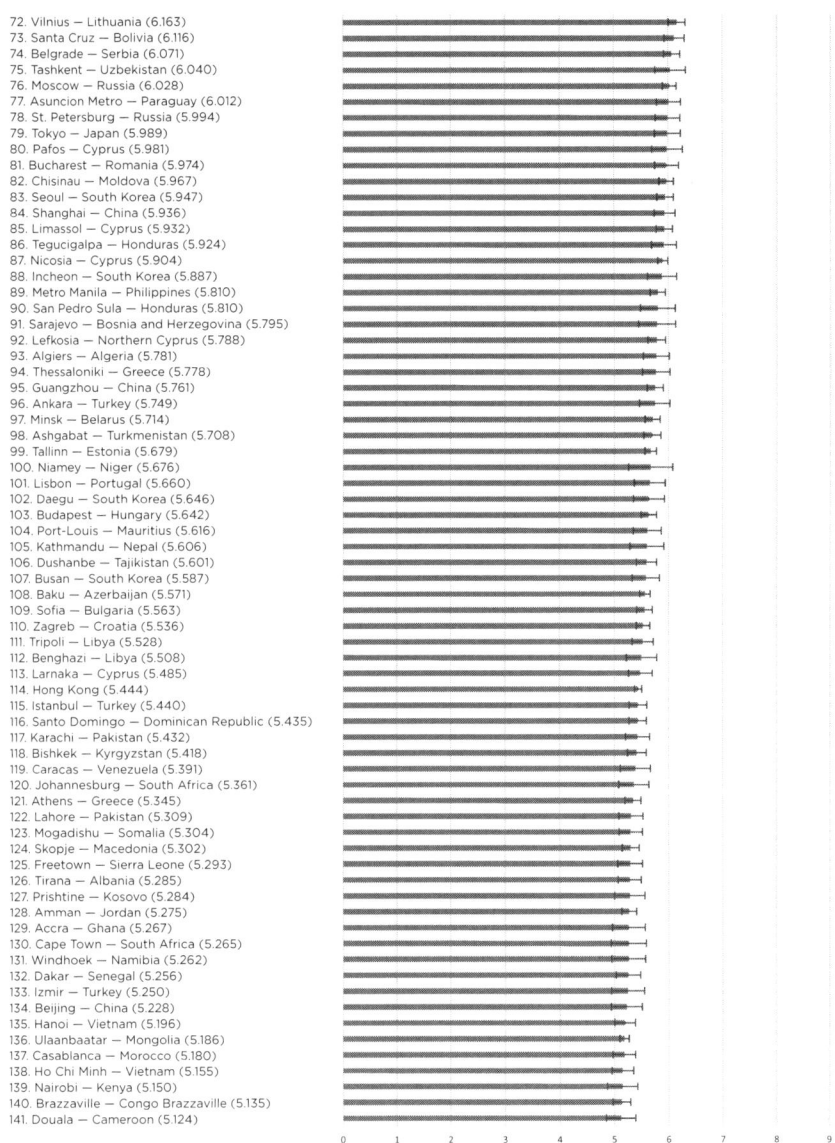

〈그림 3.1〉 도시의 세계 순위 – 현재 삶의 평가 (2부)

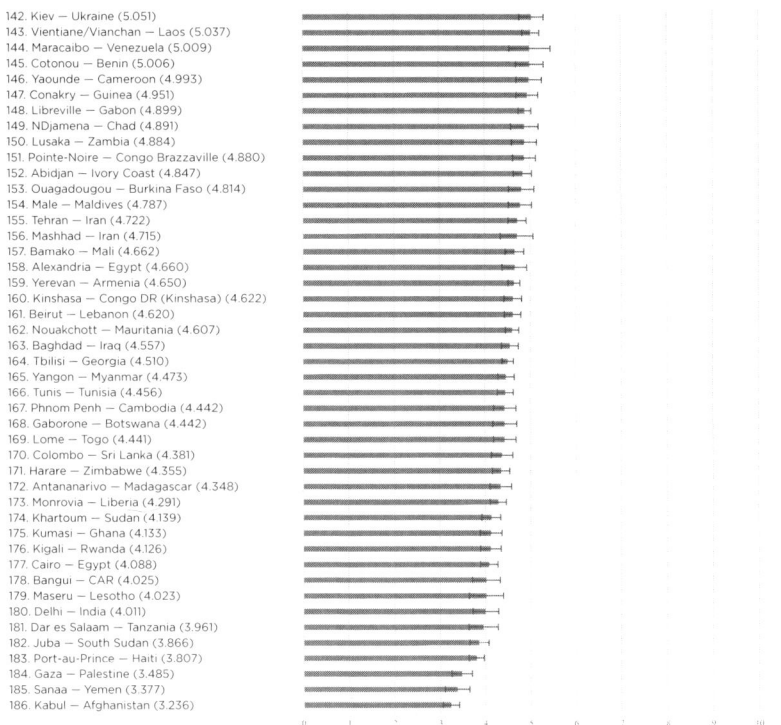

〈그림 3.1〉 도시의 세계 순위 - 현재 삶의 평가 (3부)

주: 산점도는 2014-2018년 기간 동안 갤럽세계조사에서 최소 300개의 관측값을 갖는 전 세계 모든 도시와 갤럽미국조사에서 데이터를 사용한 미국의 10대 도시를 고려하였다.
자료: 갤럽세계조사(GWP)와 갤럽미국조사(GP)

거주자들이 현재 그들의 삶을 평균적으로 얼마나 긍정적으로 평가하는지에 따른 하위 10개 중 다른 도시는 탄자니아의 다르에스살람(하위로부터 6번째), 인도의 뉴델리(7번째), 레소토의 마세루(8번째)이다.

4) 미래 삶의 평가

부록의 〈그림 A1〉은 〈그림 3.1〉을 반복하지만, 현재 삶의 평가보다 기대된 미래 평가에 대한 보고들을 보여준다. 이것은 단순 평균값으로써, 거주자들이 그들의 기대된 미래 삶을 얼마나 긍정적으로 평가하느냐에 따른 우리의 도시 세계 순위를 제시한다.

    도시 거주자들이 예상되는 미래 삶을 어떻게 평가하느냐에 따른 상위 10위에는 7위, 8위, 9위에 아르후스(덴마크), 코펜하겐(덴마크), 헬싱키(핀란드) 등 현재 삶의 평가에서도 상위 10위(2위, 5위, 그리고 1위)에 포함된 익숙한 얼굴들이 포함된다. 그럼에도 낙관적 전망이라는 측면에서 상위 10위에 새로운 도시가 포함되어 있다는 사실은 대단히 흥미롭다. 그들 상당수는 라틴아메리카와 카리브 지역뿐만 아니라 아프리카의 다양한 지역에 해당한다. 실제 미래 삶의 평가에서 2, 3, 5위는 산미겔리또(파나마), 산호세(코스타리카), 그리고 파나마시티(파나마)에, 4위와 10위는 아크라(가나)와 프리타운(시에라 레오네)에 거주하는 사람이다. 가장 낙관적인 전망은 타슈켄트(우즈베키스탄)에서 찾아볼 수 있다. 라틴아메리카와 카리브 지역 도시 거주자들의 낙관론에 대한 발견은 라틴아메리카 사회에서 보다 일반적으로 발견되는 높은 수준의 주관적 웰빙을 반영한다. 애틀랜타(미국)도 낙관적 미래전망 상위 10위 안에 있다.

    상위 10개 도시에는 많은 새로운 얼굴들이 포함되지만, 하위 10개 도시는 오히려 익숙한 얼굴들이다. 최근 전쟁, 계속되는 무장 갈등, 파괴적인 자연재해로 찢겨진 카불(아프가니스탄), 가자(팔레스타인), 그리고 포르토프랭스(아이티) 도시 거주자가 전 세계에서 가장 낙관적이지 않다. 전쟁으로 찢겨진 또 다른 도시 예멘의 사나(Sana)가 6위,(시리아와 접경한) 레바논의 베이루트(Beirut)가 최하위에서 4위다. 현재 삶의 평가처럼 뉴델리(인도)는 거주자의 낙관적 전망에 있어서도 낮은 점수(하위로부터 5위)이다. 마찬가지로 이집트의 도시들(여기서는 하위에서 8위에 위치한 알렉산드리아)은 미래와 관련하여 상당히 비관적인 곳이며, 이란에 위치한 도시들(수도 테헤란은 하위에서 9위, 마샤드는 10위)도 그러하다. 이들은 최근 경제적으로 어려운 시기를 겪고 있는 곳이다. 거주자들이 미래의 삶을 얼마나 긍정적으로 평가하는지에 따른 최하위

10개 도시 가운데 유일한 유럽 도시는 최근의 국가 경제 위기로 설명될 수 있는 그리스의 아테네이다.

이러한 자기 예측의 미래 점수는 예측력이 있는가? 이를 확인하기 위해 우리는 2014년 이전 의 삶의 평가 점수와 예상된 삶의 평가 점수'로 현재의 삶의 평가를 회귀 분석하였다. 이 다변량 회귀 분석에서 2014년 이전 삶의 평가 점수는 아주 유의미한 반면, 2014년 이전 기대 미래 삶의 평가 점수는 유의미하지 않다는 것을 확인하였다. 기대 삶의 평가로만 현재 삶의 평가 점수를 일변량 회귀 분석할 때에도 우리는 유의미하지 않다는 것을 확인하였다. 이것은 아마 사람들이 자신의 미래 삶의 평가를 정확하게 예측할 수 없고, 미래의 가장 좋은 지표가 현재 삶의 평가라는 것을 보여주는 것이다.

5) 긍정적 정서와 부정적 정서

삶의 평가는 이상적인 삶과 비교해 자신의 삶을 평가해 보라는 주관적 웰빙의 인지적 평가 척도인 반면, 긍정적인 정서와 부정적인 정서는 응답자에게 전날 자신의 감정 경험을 답하도록 하는 경험적 척도이다. 이에 따라 이것은 사회적 서사, 비교, 혹은 적응과 예상의 이슈에 덜 노출된다. 삶의 평가와 달리 이것은 또한 경험의 지속성을 고려하며, 사람들의 전반적인 삶의 질이 문제가 될 때 중요한 차원일 것이다. 부록 〈그림 A2〉는 긍정적 정서에 대한, 〈그림 A3〉은 부정적 정서에 대한 도시 행복의 세계 순위를 제시한다.

긍정적인 정서에서 세계 10위를 살펴보면, 우리는 10개 도시 중 6개가 라틴아메리카와 카리브 지역에 위치한다는 것을 알 수 있다. 이들 중 일부의 경우 이 도시들이 위치한 국가의 어려운 경제 상황을 고려하면 이러한 점수는 놀랄 만할 수 있다. 그러나 이는 기대된 미래 삶의 평가에 대한 우리의 확인을 어느 정도 반영한다. 라틴아메리카와 카리브 지역의 도시 거주자들은 현재 삶의 평가 수준이 예측하는 것보다 더 낙관적으로 미래를 바라보고 있을 뿐만 아니라, 순간적인 행복과 기쁨에서도 더 높은 수준을 보여주고 있다. 이 지역의 일반적인 높은 정서적 행복 수준은 잘 연구되어 있으며,[22] 예컨대 강한 가족 관계, 사회적 자본, 그리고 문화 관련 요인들 때문일 수 있다. 참고로 〈갤럽세계조사〉는 전국적으로 대표성을 갖기 때문에 예외적으로 행복한 조사 응답자의 자기-선택이 우리의 결과를 이끈 것 같지는 않다.

우리는 현재 혹은 과거의 분쟁 지역에 있는 도시들이 긍정적인 정서의 관점에서 하위에 있다는 것을 확인하였다. 다소 놀라운 것은 앙카라, 이스탄불, 이즈미르에 사는 사람들을 포함하여 많은 터키 도시 거주자들이 낮은 긍정적 정서를 보여준다는 것이다. 아마 덜 놀라운 것은, 〈그림 A3〉에서 살펴 볼 수 있듯이, 긍정적 정서에서 낮은 점수를 받은 대부분의 도시들이 역시 부정적 정서에서 높은 점수를 받았다는 것이다.

3. 추가 분석

1) 시간적 변화

지금까지 우리는 세계 도시의 행복 순위를 2014년에서 2018년 기간의 행복 평균으로 포착한 행복의 한 측면을 통해 살펴보았다. 자연히 도시의 행복이 지난 몇 년 동안 어떻게 바뀌었는지에 대한 의문이 생긴다. 이 질문에 답하기 위해 〈그림 3.2〉에서 우리는 2005년에서 2013년 기간의 삶의 평가 평균과 대비하여 도시별 삶의 평가의 변화를 계산한다. 우리가 우리의 목적을 위해 사용할 수 있는 가장 빠른 측정은 2005년에 실시된 갤럽세계조사이다.

일부 도시들은 지난 10년 동안 시민들의 행복에 상당한 긍정적인 변화를 경험했

---

22 Graham & Lora(2009)와 Rojas(2016) 참고.

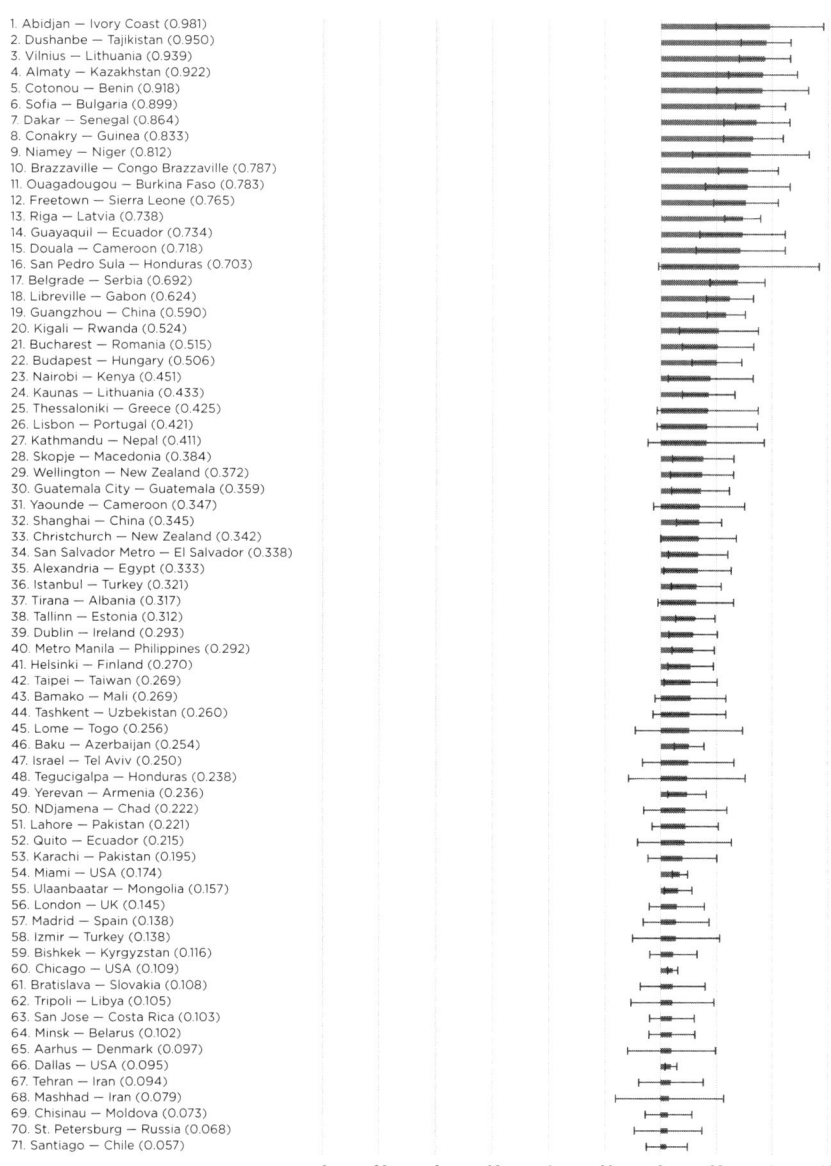

〈그림 3.2〉 도시의 세계 순위 – 현재 삶의 평가 변화(1부)

주관적 웰빙의 변화

〈그림 3.2〉 도시의 세계 순위 – 현재 삶의 평가 변화(2부)

주관적 웰빙의 변화

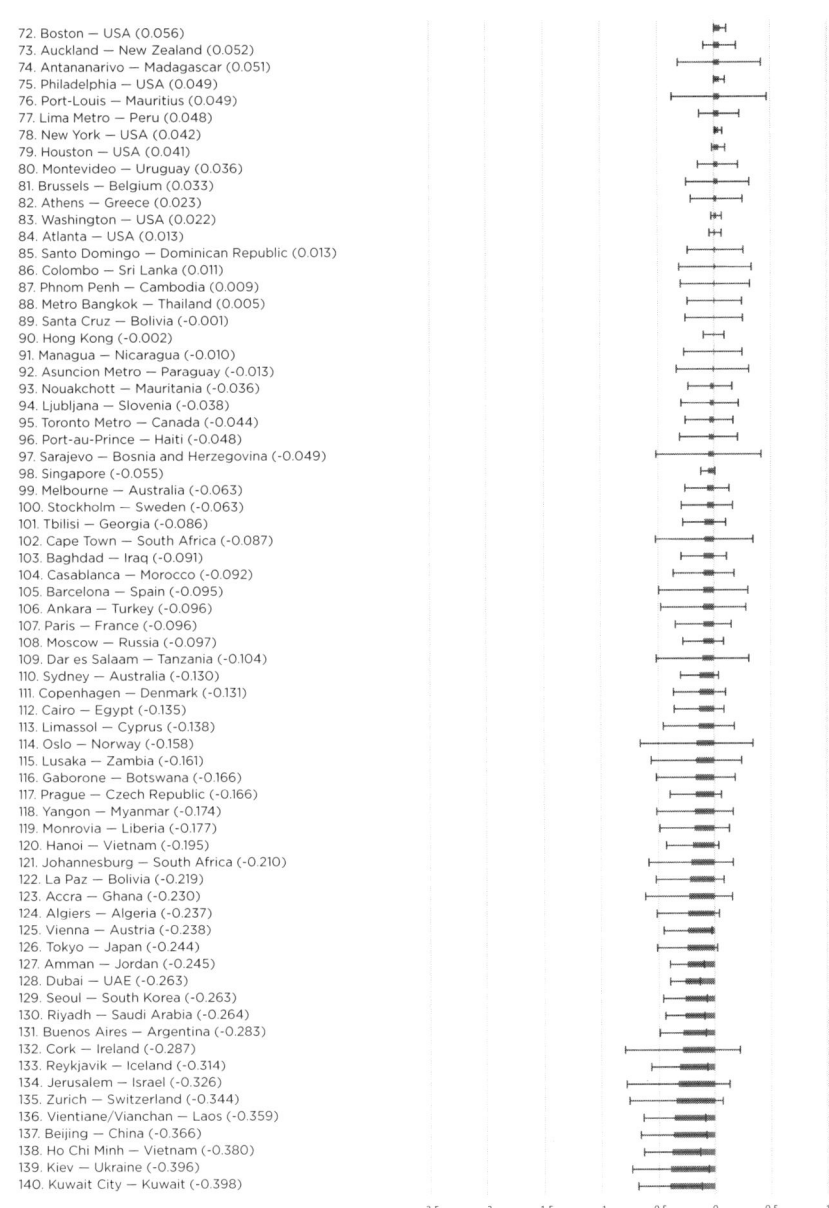

⟨그림 3.2⟩ 도시의 세계 순위 – 현재 삶의 평가 변화(3부)

주관적 웰빙의 변화

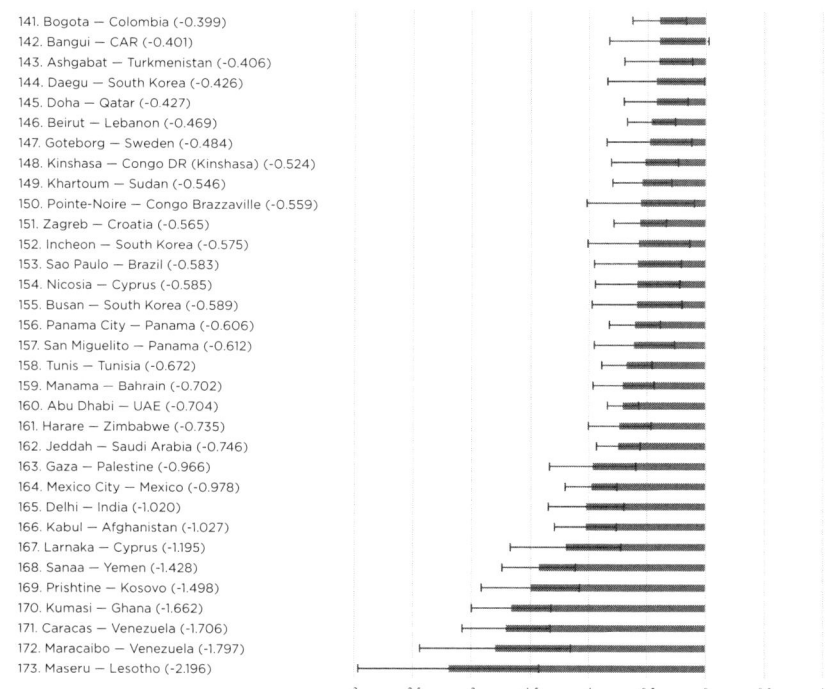

주: 목록에는 2014-2018년 기간 동안 갤럽세계조사에서 최소 300개의 관측값을 갖는 전 세계 모든 도시와 갤럽미국조사에서 데이터를 사용한 미국의 10대 도시를 고려하였다. 분석한 측정값은 0에서 10의 척도로 2005-2013년에서 2014-2018년까지 현재 삶의 평가에서의 변화이다. 그림은 원자료 평균과 95% 신뢰구간을 나타낸다.
자료: 갤럽세계조사와 갤럽미국조사

다. 0에서 10까지의 척도로 측정된 삶의 평가에서 0.5점 이상의 변화는 매우 큰 변화로 간주될 수 있다. 0.5점의 변화는 실업 기간 후 돈벌이가 되는 일자리를 찾았을 때의 변화에 근접한다.[23] 변화의 측면에서 세계 최상위 10개 도시는 0.75점 혹은 그 이상의 변화를 경험했다. 이들은 대부분 아프리카, 동유럽 또는 중앙아시아에 있다. 가장 큰 긍정적 변화를 한 도시는 아비장(코트디부아르)이다. 아프리카에서 큰 긍

---

23 예컨대 De Neve & Ward(2017), Clark et al.(2018), 그리고 Krekel et al.(2018) 참고.

정적인 변화를 경험한 다른 도시들은 코토누(베냉), 다카르(세네갈), 코나크리(기니), 니아메(니제르), 그리고 브라자빌(콩고)이며, 이들은 우리의 변화 세계 순위에서 5위, 7위, 8위, 9위, 10위이다. 중앙아시아에 위치한 두 전 소비에트공화국의 두샨베(타지키스탄)와 알마티(카자흐스탄)가 각각 2위와 4위에 위치한다. 커다란 진전은 이제 유럽연합 구성국인 국가의 수도인 빌뉴스(리투아니아)와 소피아(불가리아)에서도 확인되었다. 유럽연합 구성국가이거나 혹은 인접국 도시들 가운데 상당한 진전(0에서 10까지의 삶의 평가 척도에서 0.5점 이상)을 이룬 다른 도시는 13위 리가(라트비아), 17위 베오그라드(세르비아), 22위 부쿠레슈티(루마니아), 그리고 23위 부다페스트(헝가리)이다.

어떤 도시들은 지난 10년 동안 커다란 시민의 행복 증진을 경험한 반면, 다른 도시들은 0에서 10까지의 삶의 평가 척도에서 경우에 따라 1점 이상이 하락되는 엄청난 감소를 경험했다. 가장 큰 감소는 현재 삶의 평가가 2점 이상 감소한 레소토의 수도 마세루로 확인되었다. 베네수엘라의 두 번째 큰 도시 마라카이보와 수도 카라카스는 아래에서 각각 2위와 3위에 위치한다. 커다란 감소를 보인 다른 도시는 프리슈티나(코소보), 사나(예멘), 카불(아프가니스탄)로, 각각 아래에서 5위, 6위, 7위다. 그리 놀랍지 않게 이들 도시 대부분은—9위인 뉴델리(인도)와 10위인 멕시코시티(멕시코)와 함께—예상하는 미래 삶의 평가에서도 낮은 점수를 받았다. 이들 도시에 사는 사람들은 그들의 미래에 대해 낙관적이지 않다. 다소 새롭게 탐지된 곳은 쿠마시(가나)와 라르나카(사이프러스)로, 이곳에서도 지난 10년 동안 행복의 커다란 감소를 경험했다.

종합적으로, 지난 10년 동안 도시의 행복 변화 측면에서 승자와 패자가 있었다. 전 세계적으로 도시의 행복은 증가했는가? 혹은 감소했는가? 평균적으로 지난 10년 동안 도시의 행복 평균은 감소했다. 하지만 이러한 감소는 우리 세계 순위의 최하위에 위치한 도시에서 매우 강한 감소가 있었기 때문이다. 만약 우리가 예외적인 도전에 직면하고 있는 도시들인 마세루(레소토), 마라카이보와 카라카스(둘 다 베네수엘라), 사나(예멘), 카불(아프가니스탄), 그리고 가자(팔레스타인)를 우리의 세계 순위에

〈그림 3.3〉 도시와 국가의 주관적 웰빙

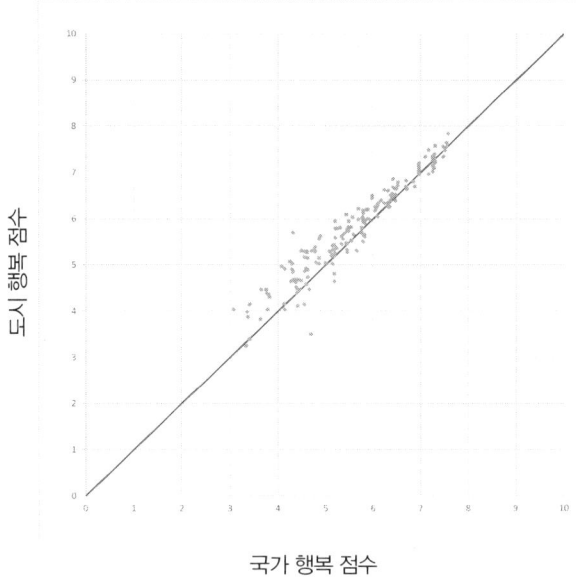

주: 산점도는 2014-2018년 기간 동안 갤럽세계조사에서 최소 300개의 관측값을 갖는 전 세계 모든 도시와 갤럽미국조사에서 데이터를 사용한 미국의 10대 도시를 고려하였다.
자료: 갤럽세계조사와 갤럽미국조사

서 제외한다면, 우리는 최근 몇 년 동안 전 세계 도시들에서 행복이 증가했다고 말할 수 있다.

2) 도시-국가 차이

또 다른 흥미로운 질문은 우리의 도시 세계 순위가 그들이 위치한 국가의 행복 평균과는 다른 어떤 것에 의해 결정되는지 여부이다. 이것을 검증하는 한 가지 방법은 국가 행복 평균점수를 이용하여 도시 순위를 예측하고, 다음으로 유의미한 이상치들(outliers)을 찾아보는 것이다.

〈그림 3.3〉이 보여주듯, 도시 거주자는 자국 인구의 행복 평균보다 다소 더 행복

하다. 세계적으로 이 차이는 0에서 10까지의 삶의 평가 척도에서 평균적으로 0.2점에 달한다. 그러나 이 분석에서 눈에 띄는 점은, 이 차이가 사라지거나 혹은 경우에 따라 상단으로 전환하기 전인 행복 척도의 하단에서 격차가 더 크다는 것이다. 하단에 있는 도시의 거주자는 자국 인구의 행복 평균보다 0.5점 더 행복하다. 이러한 결과는 모리슨(Morrison)의 모형을 뒷받침해주는 것인데, 모리슨 모형은 이 보고서의 4장에서 보다 상세하게 살펴보는 이유로 인한 이 같은 편향된 관계를 제시한다.[24]

우리는 도시 거주자의 행복과 자국의 행복 평균 사이의 관계에서 나타난 서로 다른 기울기를 보다 더 잘 이해하기 위해 모리슨에 따라 표본을 고소득 국가와 저소득 국가로 나누었다.[25]

〈그림 3.4〉와 〈그림 3.5〉는 서로 다른 경제 발전 수준에서 이러한 서로 다른 기울기를 보여준다. 저소득 도시-국가 쌍의 경우 〈그림 3.4〉에 제시된 최적합선이 45도 선과 동일하다는 가설을 확실하게 기각할 수 있다(F-검정통계=35.72). 고소득 도시-국가 쌍과 관련된 〈그림 3.5〉에 제시된 최적합선의 경우는 이와 동일하지 않다. 여기에서는 통계적으로 45도 선과 구별할 수 없다(F-검정통계=3.59). 이러한 결과는 행복과 경제 발전이 더 높은 수준에서는 국가 행복 평균이 도시 행복의 매우 강력한 예측 요인이라는 것을 함축한다. 그러나 낮은 수준의 국가에서 이는 다소 덜하다. 실제로 일반적인 국가-도시 쌍 사이의 상관 계수는 0.96이지만, 저소득 집단의 상관 계수는 0.90으로 다소 낮다.

전체적으로, 우리는 대개 도시 거주자의 행복 평균이 일반적인 국가 인구의 행복 평균보다, 특히 웰빙과 국민 소득 척도의 하단에서, 더 높지 않다는 것을 확인하였다. 따라서 도시화와 도시편의 시설의 긍정적 집적과 생산성 혜택을 혼잡이나 오염

---

24 Morrison(2018) 참고.
25 우리는 세계은행의 '저', '중저', '중고', '고'의 소득 국가 분류에 기초해 표본을 크게 저소득 국가와 고소득 국가로 나눴다. 고소득 국가는 1인당 GNI가 $12,376 이상인 국가로 간주하였다(World Bank, 2020).

〈그림 3.4〉 도시와 국가의 주관적 웰빙(저소득)

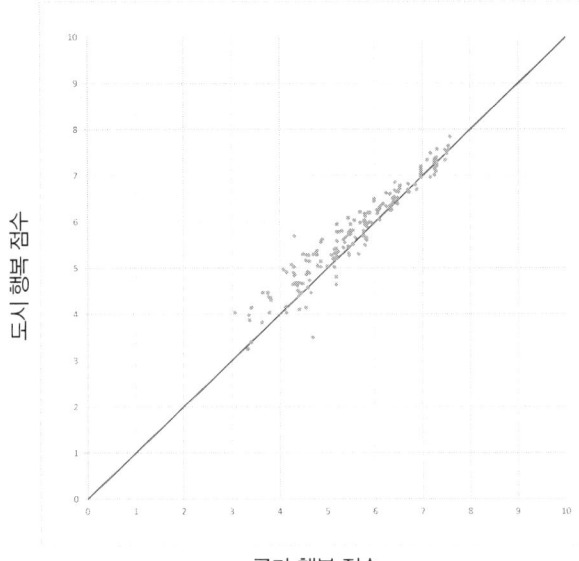

국가 행복 점수

〈그림 3.5〉 도시와 국가의 주관적 웰빙(고소득)

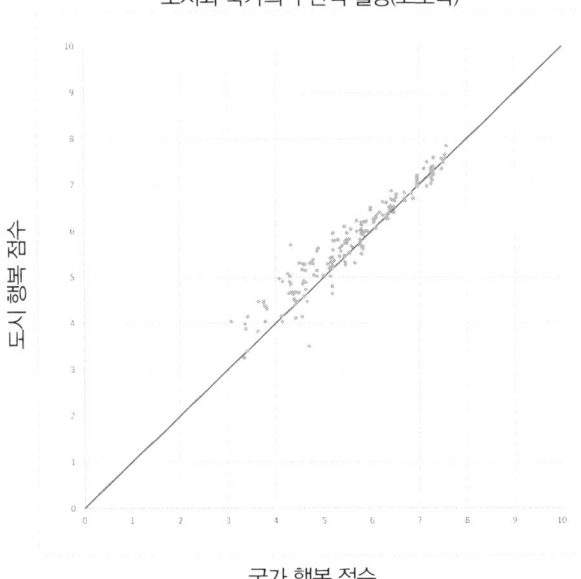

국가 행복 점수

주: 산점도는 2014-2018년 기간 동안 갤럽세계조사에서 최소 300개의 관측값을 갖는 전 세계 모든 도시와 갤럽미국조사에서 데이터를 사용한 미국의 10대 도시를 고려하였다.
자료: 갤럽세계조사와 갤럽미국조사

과 같은 불편으로 인한 단점과 대비해 볼 때, 최소 우리의 비교 측정값으로서 현재 삶의 평가와 관련해서는 도시 거주자들이 나머지 인구보다 전체적으로 약간 더 나은 것으로 보인다.

물론 이것이 도시로 이주하는 것이 모든 사람을 행복하게 한다는 것을 의미하는 것은 아니다. 도시에 사는 사람들은 시골에 사는 사람들과(행복의 차이를 잘 설명해줄 수 있는) 관찰할 수 있는 중요한 특징들에서 다르지만 또한 관찰할 수 없는 중요한 특징들에서 상이하기도 하다. 우리의 분석은 완전히 기술적이고, 애석하게도 행복에 대한 도시화의 영향과 관련하여 인과적 주장을 할 수는 없다.

3) 도시와 국가의 웰빙 불평등

앞에서 도시가 도시를 둘러싸고 있는 지역들보다 평균적으로 더 행복한 곳인지 아닌지를 물었는데, 이번에는 오히려 국가의 행복 불평등과 비교하여 도시 내 행복 불평등이 과연 차이가 있는지 물을 수 있다. 달리 말하면 가장 행복하지 않은 사람과 가장 행복한 사람의 차이가 자국 내에서보다 도시 내에서 평균적으로 더 큰가 혹은 작은가?

〈그림 3.6〉은 현재 삶의 평가 측면에서 측정한 국가 행복의 표준편차에 대한 도시 행복의 표준편차를 도표화하여 이 질문을 조명한다. 표준편차는 수의 집합이 얼마나 분산되어 있는지를 보여주는 측정값이고, 따라서 이 경우 불평등의 간단한 측정값으로 사용할 수 있다. 앞서와 마찬가지로 45도 직선은 국가와 도시의 행복 점수 표준편차 사이에 차이가 없는 지점을 나타낸다. 만약 도시가 45도 직선보다 위에 있으면 자국보다 더 높은 수준의 행복 불평등을, 아래에 있으면 더 낮은 수준의 행복 불평등이 있다.

〈그림 3.6〉이 보여주는 것처럼 산점도는 45도 선을 따라 거의 고르게 분포되어있어, 도시와 국가 간의 행복 불평등에 체계적인 차이가 없음을 시사한다. 다시 말해,

<그림 3.6> 도시와 국가의 행복 불평등

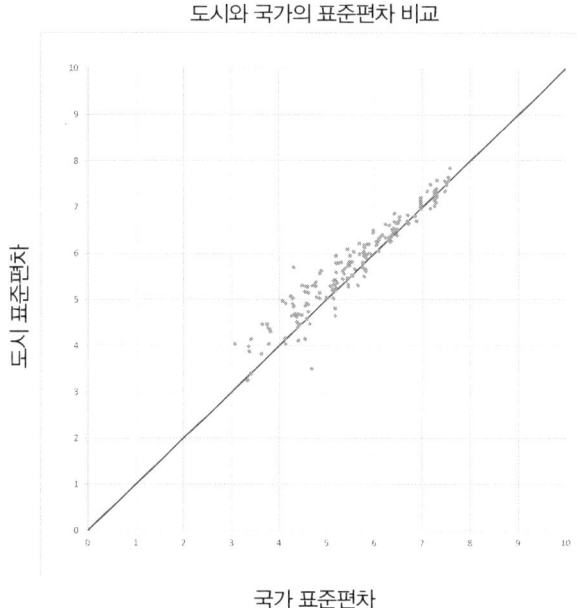

주: 산점도는 2014-2018년 기간 동안 갤럽세계조사에서 최소 300개의 관측값을 갖는 전 세계 모든 도시와 갤럽미국조사에서 데이터를 사용한 미국의 10대 도시를 고려하였다. 이 분석에서는 가중치를 부여한 자료를 이용하지 않았다.
자료: 갤럽세계조사와 갤럽미국조사

가장 행복하지 않은 사람과 가장 행복한 사람의 차이는 평균적으로 도시 내 차이가 국가 내 차이와 크게 다르지 않다. 물론 이것은 사례에 따라 큰 차이가 있다는 것을 배제하는 것은 아니다. 사실 일부 도시와 국가의 경우 행복 불평등이 국가 수준에서 훨씬 더 큰 반면, 다른 도시와 국가에서는 오히려 도시 수준에서 훨씬 더 크다. 이것은 도시화와 탈농촌에 대해 중요한 정책적 함의를 갖는 것으로서, 향후 국가 전략의 관점에서 중요한 연구 영역이라 하겠다.

4. 결론

이 장에서 우리는 도시의 행복에 대한 세계 순위와 분석을 최초로 제공했다. 효율적인 노동 분업을 가능케 하는 도시는 집적과 생산성 혜택을 가져오고, 새로운 아이디어와 혁신을 고무하며, 더 높은 소득과 생활수준을 창출한다. 그러나 동시에 도시는 무분별한 도시 확산, 범죄, 혼잡, 그리고 종종 위험한 오염 수준과 같은 부정적인 외부 효과를 창출한다. 오늘날 세계 인구의 절반이 도시에 살고 있고, 이 숫자는 세기 중반에 2/3로 증가할 것으로 예상되기 때문에 어떻게 도시 거주자들이 삶의 질과 관련하여 균형을 이루고 잘 살아갈지 연구하는 것이 중요한 과제이다. 닻을 확실히 내리고, 전 세계 도시 거주자들의 삶의 질을 지속적으로 모니터링하고 벤치마킹하는 것 또한 **지속가능 개발 목표**(Sustainable Development Goal; SDG) 11: **지속가능한 도시와 공동체**(*Sustainable Cities and Communities*)를 향한 중요한 단계이다.

우리는 도시의 삶의 질을 기존 순위와 근본적으로 다르게 순위화 했다. 우리의 순위는 주관적인 웰빙의 측면에서 측정한 것이다. 즉, 도시 거주자가 자기 보고한 삶의 질에 전적으로 의존했다. 주관적인 지표에만 의존하는 우리의 순위에 대해 비판할 수 있다. 하지만 우리는 이것이 바로 장점이라고 주장한다. 우리는 연구자(또는 정책 입안자)가 중요하다고 생각하는 것에 따라 종종 사전 정의된, 삶의 질에 대한 제한된 수의 객관적 차원들에 의존하지 않는다. 대신, 우리의 순위는 상향식이며, 도시 거주자들이 자신에게 가장 중요하다고 느끼는 요소를 스스로 고려할 수 있도록 해준다. 틀림없이 이것은 또한 삶의 질을 측정하는 보다 더 민주적인 방법이 될 것이다.

우리의 도시의 행복 순위는 기존 순위와 근본적으로 다른 결과를 낳지 않았다. 스칸디나비아 도시와 호주와 뉴질랜드의 도시는 거주자들의 주관적 웰빙에 있어서 점수가 높다. 정치적 불안정, 내분과 전쟁, 무장 갈등, 그리고 최근 테러 발생의 역사가 있는 국가의 도시는 점수가 낮다. 현재와 미래의 삶의 평가와 같은 평가적 측정값과 긍정적/부정적 정서와 같은 경험적 측정값을 포함한 다양한 주관적 웰빙 지표를 이용하면서, 우리 순위는 내적으로 일관된 이미지를 그린다. 그러나 삶의 질에 대한 사전 정의된 차원에 의존하는 다른 순위와는 상당한 차이가 있다. 도시 거주자의 삶의 질과 관련해 가장 중요한 이러한 차이점을 연구하는 것은—전 세계 도시의 행복에 대한 지속적인 모니터링과 벤치마킹과 별도로—중요한 다음 단계이다.

참고문헌

Adler, M. D., Dolan, P. and Kavetsos, G. (2017) "Would you choose to be happy? Tradeoffs between happiness and the other dimensions of life in a large population survey," *Journal of Economic Behavior & Organization*, 139, 60-73.

Ambrey, C. L., Fleming, C. M. and Chan, A. Y.-C. (2014a) "Estimating the cost of air pollution in South East Queensland: An application of the life satisfaction non-market valuation approach," *Ecological Economics*, 97, 172-181.

Ambrey, C., and Fleming, C. (2014b) "Public Greenspace and Life Satisfaction in Urban Australia," *Urban Studies*, 51(6), 1290-1321.

Bertram, C., and Rehdanz, K. (2015) "The role of urban green space for human well-being," *Ecological Economics*, 120, 139-152.

Bertram, C., Goebel, J., Krekel, C., and Rehdanz, K. (2020) "Urban Land Use Fragmentation and Human Wellbeing," *Kiel Working Papers*, 2147.

Clark, A. E., Flèche, Layard, S. R., Powdthavee, N., and Ward G. (2018) *"The Origins of Happiness: The Science of Well-being Over the Life Course"*, Princeton, NJ: Princeton University Press.

Clark, A. E., Doyle, O., and Stancanelli, E.(forthcoming) "The Impact of Terrorism on Well-being: Evidence from the Boston Marathon Bombing," *Economic Journal*.

De Neve, J.-E., and Ward, G. (2017) "Happiness at Work," in: Helliwell, J., Layard, R. and Sachs, J.(eds), *World Happiness Report*.

Dickerson, A., Hole, R. A., and Munford, L. A. (2014) "The relationship between well-being and commuting revisited: Does the choice of methodology matter?," *Regional Science and Urban Economics*, 49, 321-329.

Dolan, P., and Kudrna, L. (2016) "Sentimental Hedonism: Pleasure, Purpose, and Public Policy," in: Vittersø, J.(ed), *Handbook of Eudaimonic Well-Being*, Cham: Springer.

Eibich, P., Krekel, C., Demuth, J., and Wagner, G. (2016) "Associations between Neighborhood Characteristics, Well-Being and Health Vary over the Life Course," *Gerontology*, 62(3), 362-370.

European Commission (2013) *"Building a Green Infrastructure for Europe"*, Brussels: Publications Office of the European Union.

Frey, B. S., Luechinger, S., and Stutzer, A. (2007) "Calculating Tragedy: Assessing the Costs of Terrorism," *Journal of Economic Surveys*, 21(1), 1-24.

Frey, B. S., Luechinger, S., and Stutzer, A. (2009) "The life satisfaction approach to valuing public goods: The case of terrorism," *Public Choice*, 138, 317-345.

Graham, C., and Lora, E. (2009) *"Paradox and Perception: Measuring Quality of Life in Latin America"*, Washington, DC: Brookings Institution/Inter-American Development Bank.

Helliwell, J., Layard, R., and Sachs, J. (2019) *World Happiness Report*, New York: UN Sustainable Development Solutions Network.

Kilroy, A. F. L., Mukim, M. and Negri, S. (2015) "Competitive cities for jobs and growth: what, who, and how," in: *Competitive cities for jobs and growth*, Washington, DC: World Bank Group.

Krekel, C., and Kolbe, J. (2020, forthcoming) "New Ways of Valuing Ecosystem Services: Big Data, Machine Learning, and the Value of Urban Green Spaces," in: Ruth, M.(ed), *Research Agenda for Environmental Economics*, Cheltenham: Edward Elgar.

Krekel, C., Ward, G., and De Neve, J.-E. (2018) "Work and Well-being: A Global Perspective," in: Sachs, J.(ed), *Global Happiness and Well-Being Policy Report*.

Krekel, C., Kolbe, J. and Wüstemann, H. (2016) "The greener, the happier? The effect of urban land use on residential well-being," *Ecological Economics*, 121, 117-127.

Kuehn, S., Duezel, S., Eibich, P., Krekel, C., Wüstemann, H., Kolbe, J., Martensson, J., Goebel, J., Gallinat, J., Wagner, G. G., and Lindenberger, U. (2017) "In search of features that constitute an 'enriched environment' in humans: Associations between geographical properties and brain structure," *Nature: Scientific Reports*, 7(11920), 1-8.

Loschiavo, D., (2019) "Big-city life(dis)satisfaction? The effect of urban living on subjective well-being," *Bank of Italy Working Paper*, 1221.

Metcalfe, R., Powdthavee, N., and Dolan, P. (2011) "Destruction and Distress: Using a Quasi-Experiment to Show the Effects of the September 11 Attacks on Mental Well-Being in the United Kingdom," *Economic Journal*, 121(550), 81-103.

Morrison, P. S. (2018). Resolving the urban paradox: subjective well-being, education and the big city. *Promotion of quality of life in the changing world. 16th annual meeting of the International Society for Quality-of-Life Studies*. The Hong Kong Polytechnic University, Kow-loon, Hong Kong.

Rojas, M. (2016) *"Handbook of Happiness Research in Latin America"*, Berlin: Springer.

Stutzer, A., and Frey, B. S. (2008) "Stress that Doesn't Pay: The Commuting Paradox," *Scandinavian Journal of Economics*, 110(2), 339-366.

The World Bank (2019a) *Urban Development*, Online: http://data.worldbank.org/topic/urban-development, last accessed 11/12/2019.

The World Bank (2019b) *Urban Development Overview*, Online: http://www.worldbank.org/en/topic/urbandevelopment/overview, last accessed 12/12/2019.

The World Bank (2020) *World Bank Country and Lending Groups*, Online: http://datahelpdesk.worldbank.org/knowledgebase/articles/906519-world-bank-country-and-lending-groups, last accessed 13/01/2020.

The Economist Intelligence Unit (2019) *The Global Liveability Index*, Online: http://www.eiu.com/topic/liveability?zid=liveability2019&utm_source=economist-daily-chart&utm_medium=link&utm_name=liveability2019, last accessed 12/12/2019.

Tost, H., Champagne, F. A., and Meyer-Lindenberg, A. (2015) "Environmental influence in the brain, human welfare and mental health," *Nature: Neuroscience*, 18, 1421-1431.

United Nations (2018) *The World's Cities in 2018: Data Booklet*, New York: United Nations, Department of Economic and Social Affairs, Population Division.

United Nations (2019), *Cities – United Nations Sustainable Development Action 2015*, Online: http://www.un.org/sustainabledevelopment/cities/, last accessed 12/12/2019.

van Os, J., Kenis, G. and Rutten, B. P. F. (2010) "The environment and schizophrenia," *Nature*, 468, 203-212.

van Praag, B. M. S., Romanov, D., and Ferrer-i-Carbonell, A. (2010) "Happiness and financial satisfaction in Israel: Effects of religiosity, ethnicity, and war," *Journal of Economic Psychology*, 31(6), 1008-1020.

White, M. P., Alcock, I., Wheeler, B. W., and Depledge, M. H. (2013) "Would You Be Happier Living in a Greener Urban Area? A Fixed-Effects Analysis of Panel Data," *Psychological Science*, 24(6), 920-928.

Zhang, X., Zhang, X., and Chen, X. (2017) "Happiness in the air: How does a dirty sky affect mental health and subjective well-being," *Journal of Environmental Economics and Management*, 85, 81-94, 2017.

제3장 부록

〈그림 A1〉 도시의 세계 순위 – 미래 삶의 평가(1부)

미래 주관적 웰빙 순위

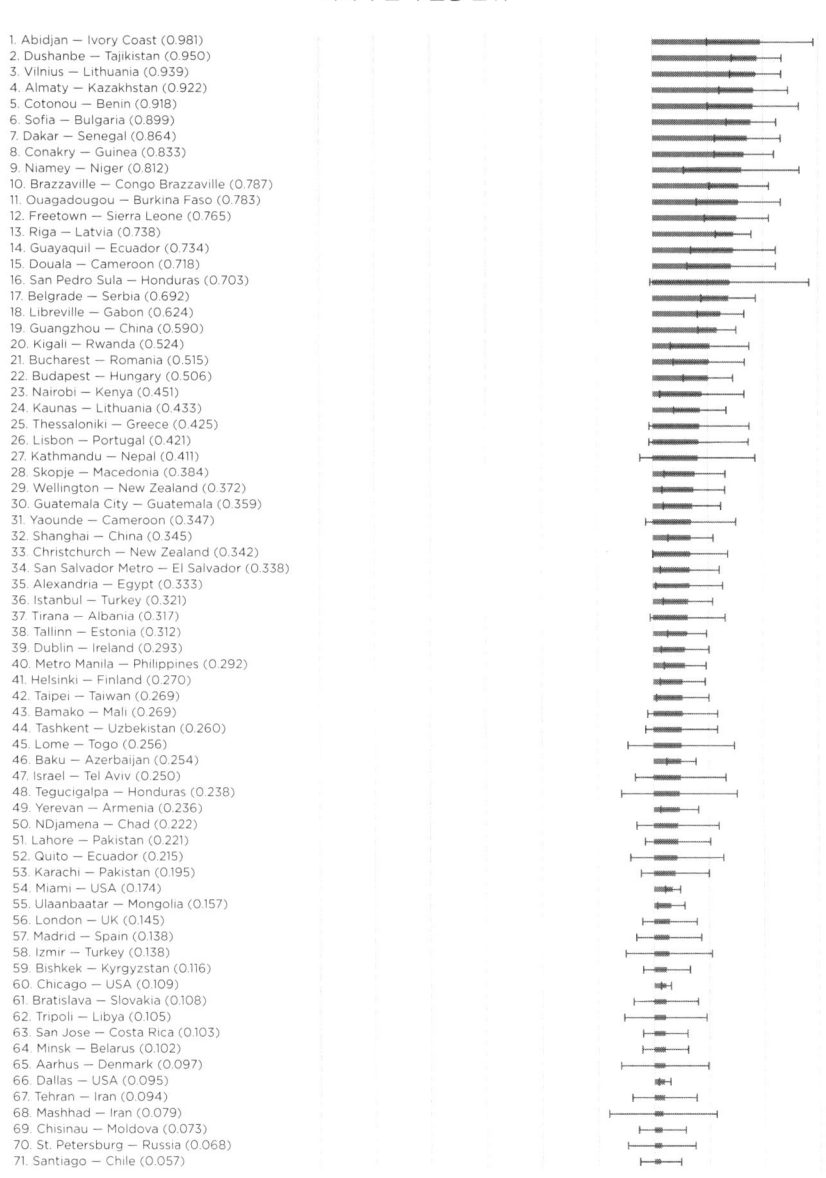

제3장 도시와 행복: 세계 순위와 분석 **113**

〈그림 A1〉 도시의 세계 순위 – 미래 삶의 평가(2부)

미래 주관적 웰빙 순위

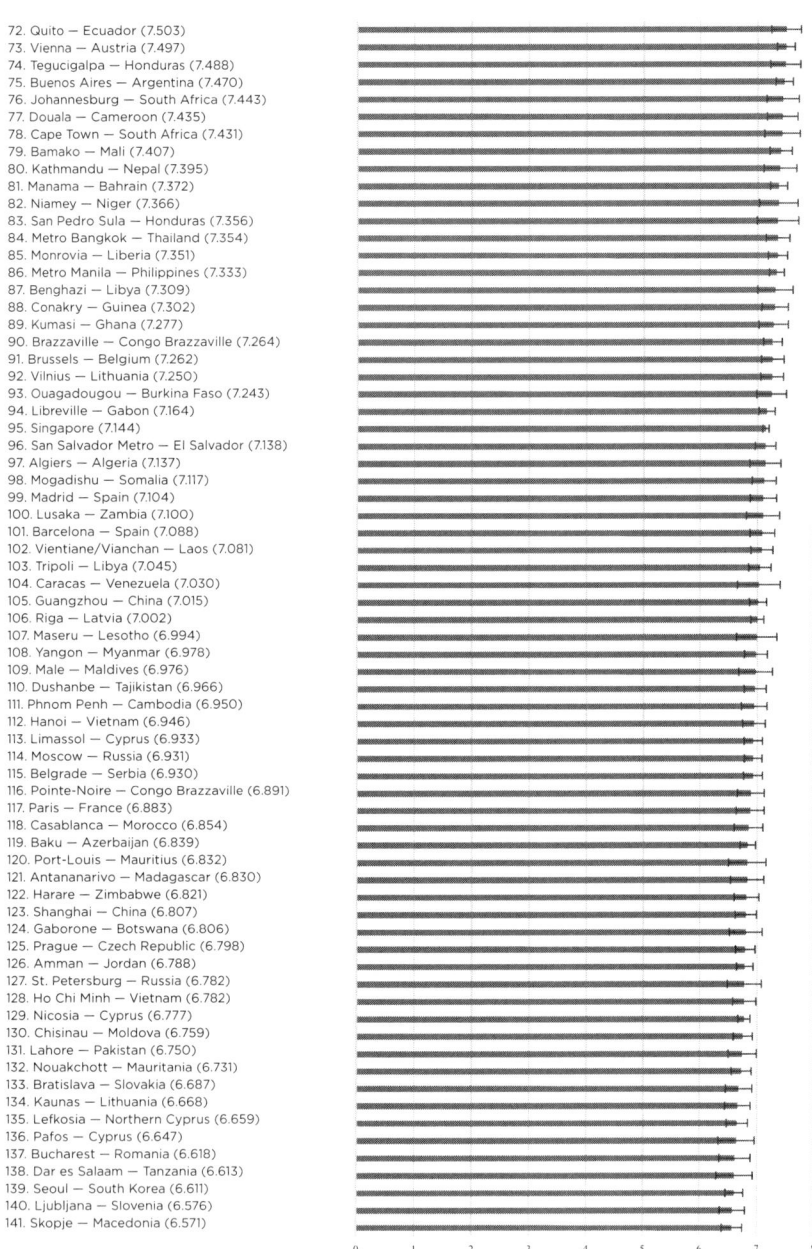

72. Quito — Ecuador (7.503)
73. Vienna — Austria (7.497)
74. Tegucigalpa — Honduras (7.488)
75. Buenos Aires — Argentina (7.470)
76. Johannesburg — South Africa (7.443)
77. Douala — Cameroon (7.435)
78. Cape Town — South Africa (7.431)
79. Bamako — Mali (7.407)
80. Kathmandu — Nepal (7.395)
81. Manama — Bahrain (7.372)
82. Niamey — Niger (7.366)
83. San Pedro Sula — Honduras (7.356)
84. Metro Bangkok — Thailand (7.354)
85. Monrovia — Liberia (7.351)
86. Metro Manila — Philippines (7.333)
87. Benghazi — Libya (7.309)
88. Conakry — Guinea (7.302)
89. Kumasi — Ghana (7.277)
90. Brazzaville — Congo Brazzaville (7.264)
91. Brussels — Belgium (7.262)
92. Vilnius — Lithuania (7.250)
93. Ouagadougou — Burkina Faso (7.243)
94. Libreville — Gabon (7.164)
95. Singapore (7.144)
96. San Salvador Metro — El Salvador (7.138)
97. Algiers — Algeria (7.137)
98. Mogadishu — Somalia (7.117)
99. Madrid — Spain (7.104)
100. Lusaka — Zambia (7.100)
101. Barcelona — Spain (7.088)
102. Vientiane/Vianchan — Laos (7.081)
103. Tripoli — Libya (7.045)
104. Caracas — Venezuela (7.030)
105. Guangzhou — China (7.015)
106. Riga — Latvia (7.002)
107. Maseru — Lesotho (6.994)
108. Yangon — Myanmar (6.978)
109. Male — Maldives (6.976)
110. Dushanbe — Tajikistan (6.966)
111. Phnom Penh — Cambodia (6.950)
112. Hanoi — Vietnam (6.946)
113. Limassol — Cyprus (6.933)
114. Moscow — Russia (6.931)
115. Belgrade — Serbia (6.930)
116. Pointe-Noire — Congo Brazzaville (6.891)
117. Paris — France (6.883)
118. Casablanca — Morocco (6.854)
119. Baku — Azerbaijan (6.839)
120. Port-Louis — Mauritius (6.832)
121. Antananarivo — Madagascar (6.830)
122. Harare — Zimbabwe (6.821)
123. Shanghai — China (6.807)
124. Gaborone — Botswana (6.806)
125. Prague — Czech Republic (6.798)
126. Amman — Jordan (6.788)
127. St. Petersburg — Russia (6.782)
128. Ho Chi Minh — Vietnam (6.782)
129. Nicosia — Cyprus (6.777)
130. Chisinau — Moldova (6.759)
131. Lahore — Pakistan (6.750)
132. Nouakchott — Mauritania (6.731)
133. Bratislava — Slovakia (6.687)
134. Kaunas — Lithuania (6.668)
135. Lefkosia — Northern Cyprus (6.659)
136. Pafos — Cyprus (6.647)
137. Bucharest — Romania (6.618)
138. Dar es Salaam — Tanzania (6.613)
139. Seoul — South Korea (6.611)
140. Ljubljana — Slovenia (6.576)
141. Skopje — Macedonia (6.571)

〈그림 A1〉 도시의 세계 순위 – 미래 삶의 평가(3부)

미래 주관적 웰빙 순위

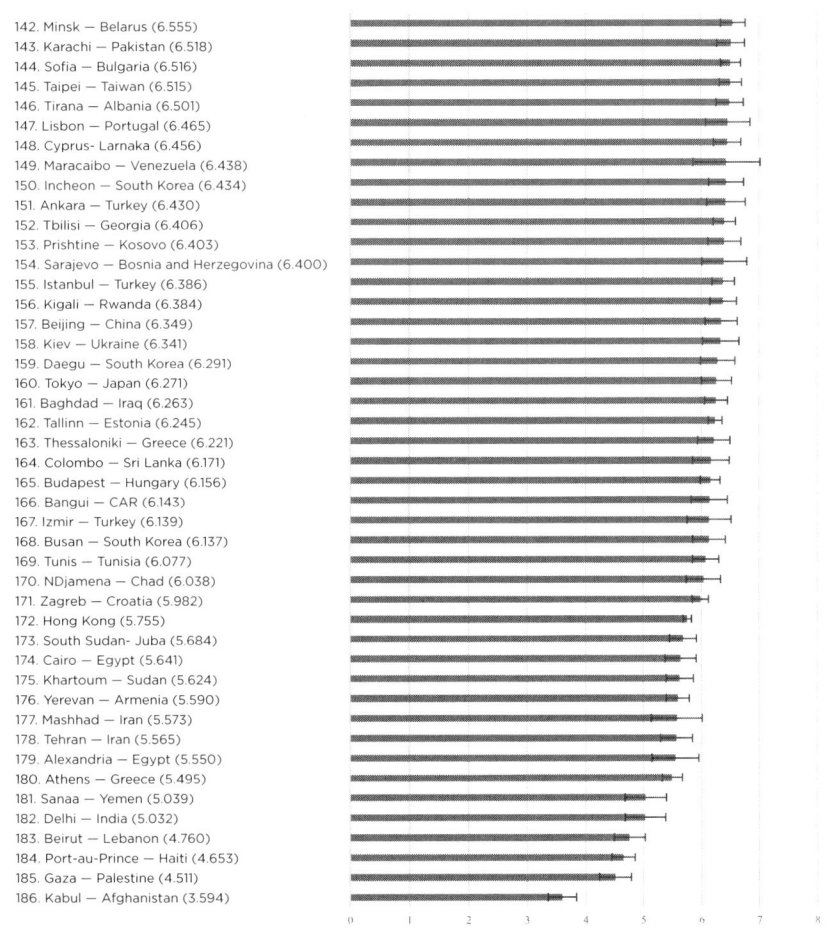

주: 목록에는 2014-2018년 기간 동안 갤럽세계조사에서 최소 300개의 관측값을 갖는 전 세계 모든 도시와 갤럽미국조사에서 데이터를 사용한 미국의 10대 도시를 고려하였다. 분석한 측정값은 0에서 10의 척도로 미래의 삶을 평가한 것이다. 그림은 원자료 평균과 95% 신뢰구간을 나타낸다.
자료: 갤럽세계조사와 갤럽미국조사

〈그림 A2〉 도시의 세계 순위 – 긍정적 정서(1부)

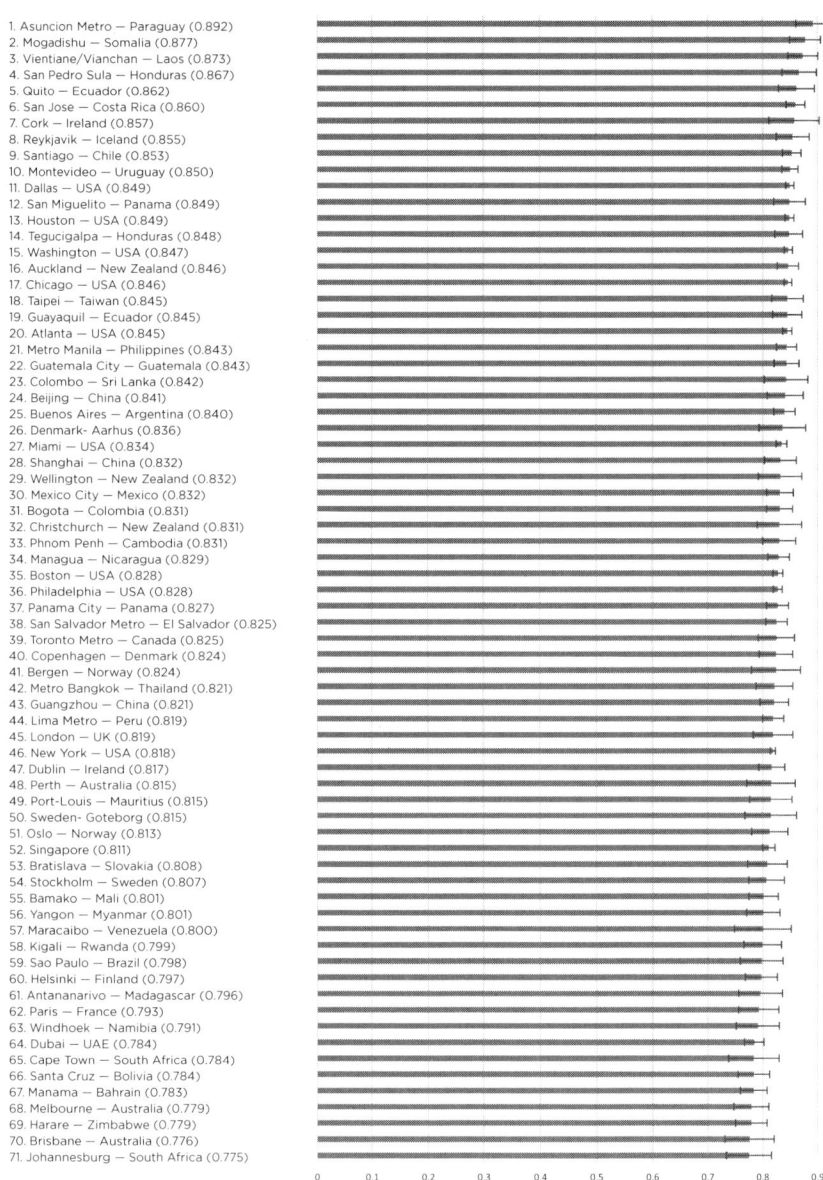

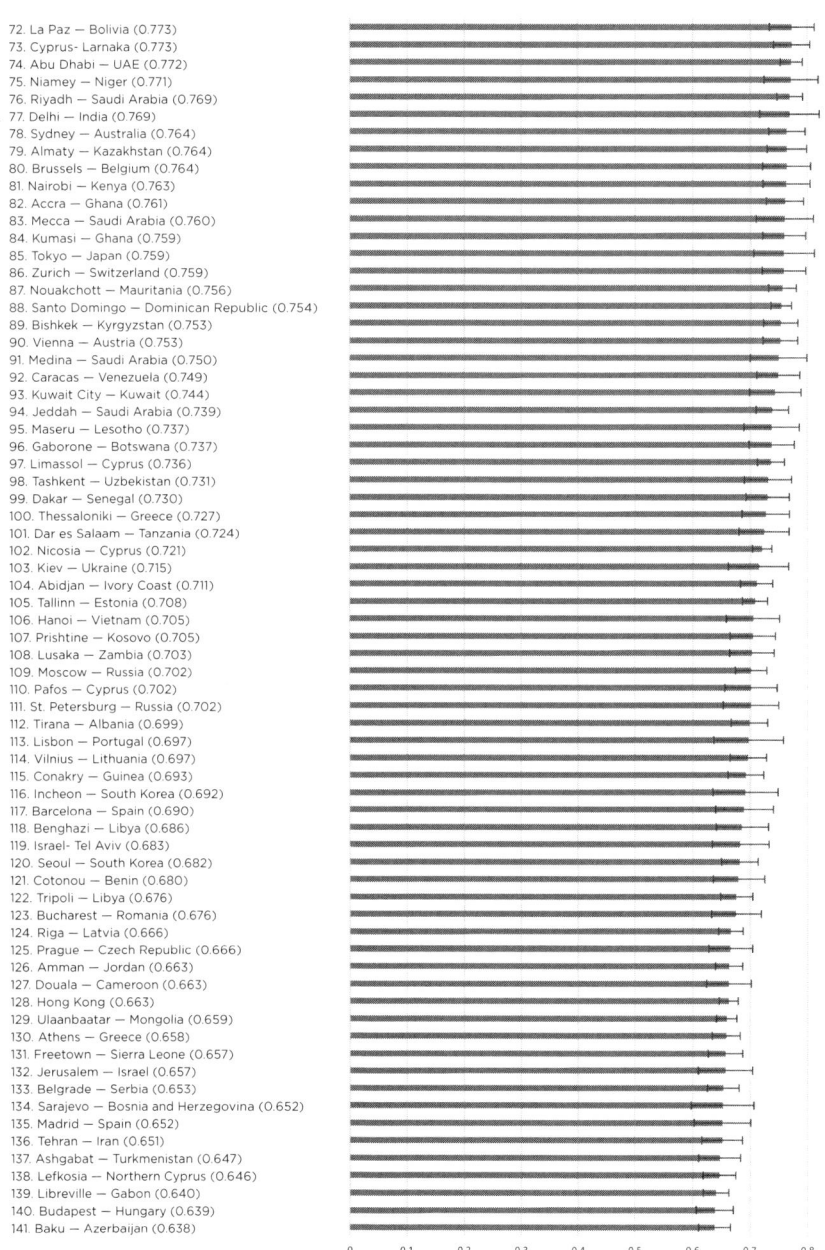

〈그림 A2〉 도시의 세계 순위 – 긍정적 정서(2부)

<그림 A2> 도시의 세계 순위 - 긍정적 정서(3부)

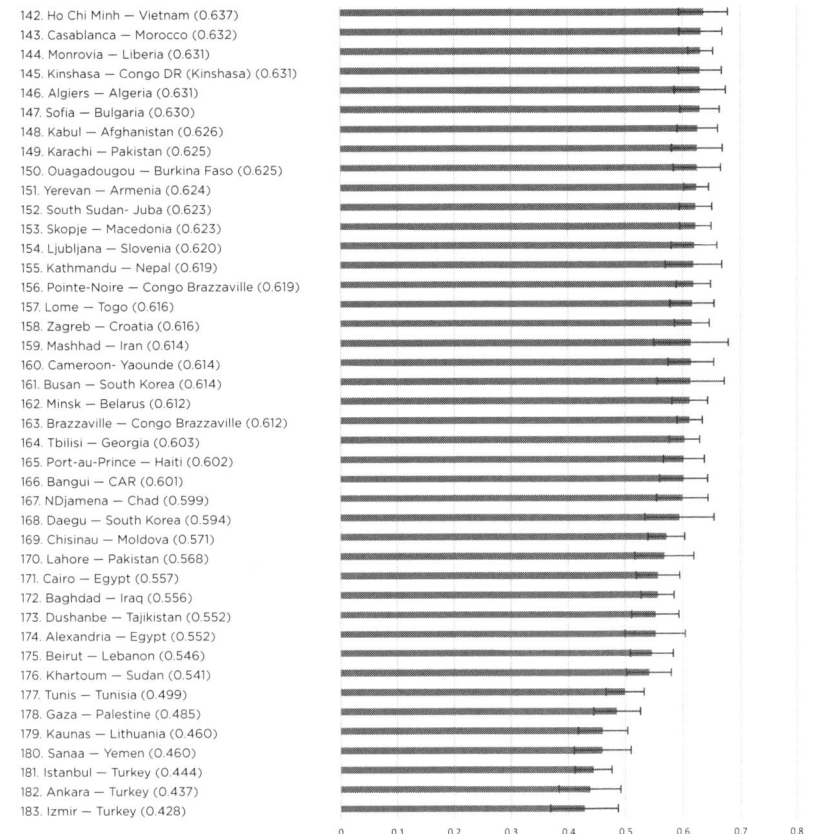

주: 목록에는 2014-2018년 기간 동안 갤럽세계조사에서 최소 300개의 관측값을 갖는 전 세계 모든 도시와 갤럽미국조사에서 데이터를 사용한 미국의 10대 도시를 고려하였다. 분석한 측정값은 0에서 10의 긍정적 정서 지수이다. 그림은 원자료 평균과 95% 신뢰구간을 나타낸다.
자료: 갤럽세계조사와 갤럽미국조사

〈그림 A3〉 도시의 세계 순위 – 부정적 정서(1부)

〈그림 A3〉 도시의 세계 순위 – 부정적 정서(2부)

부정적 정서

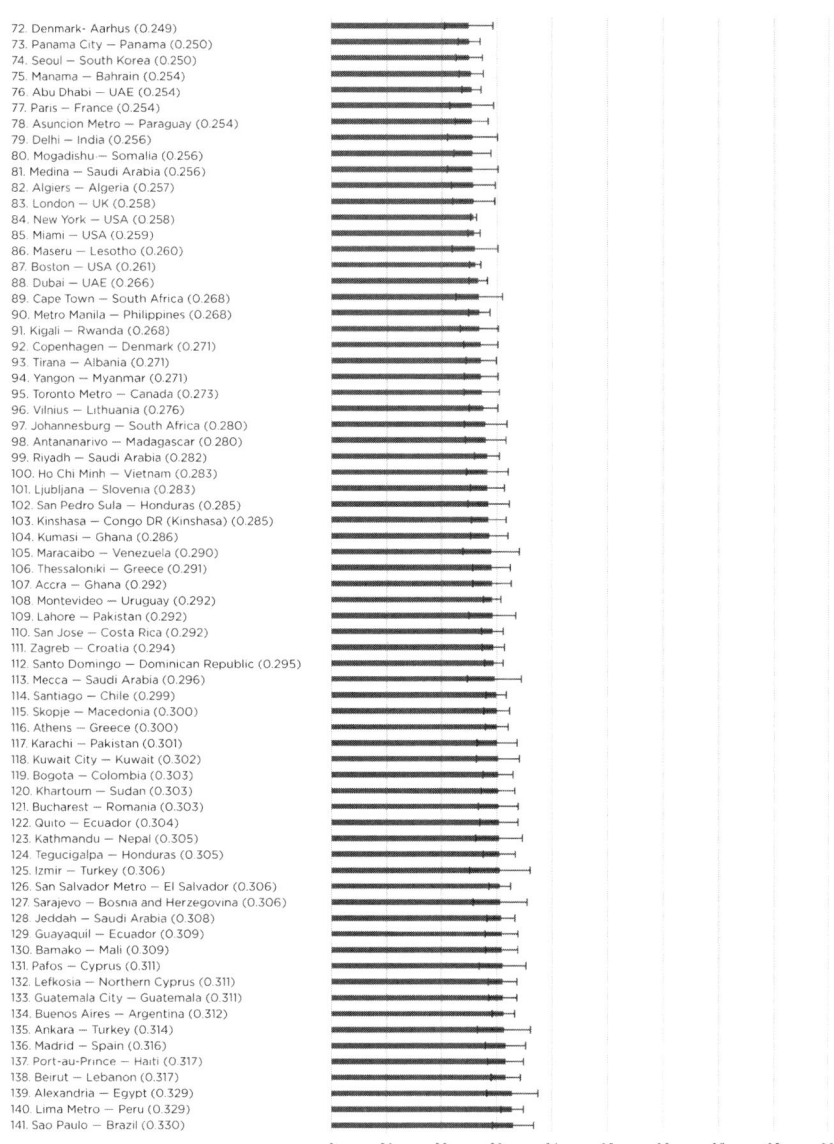

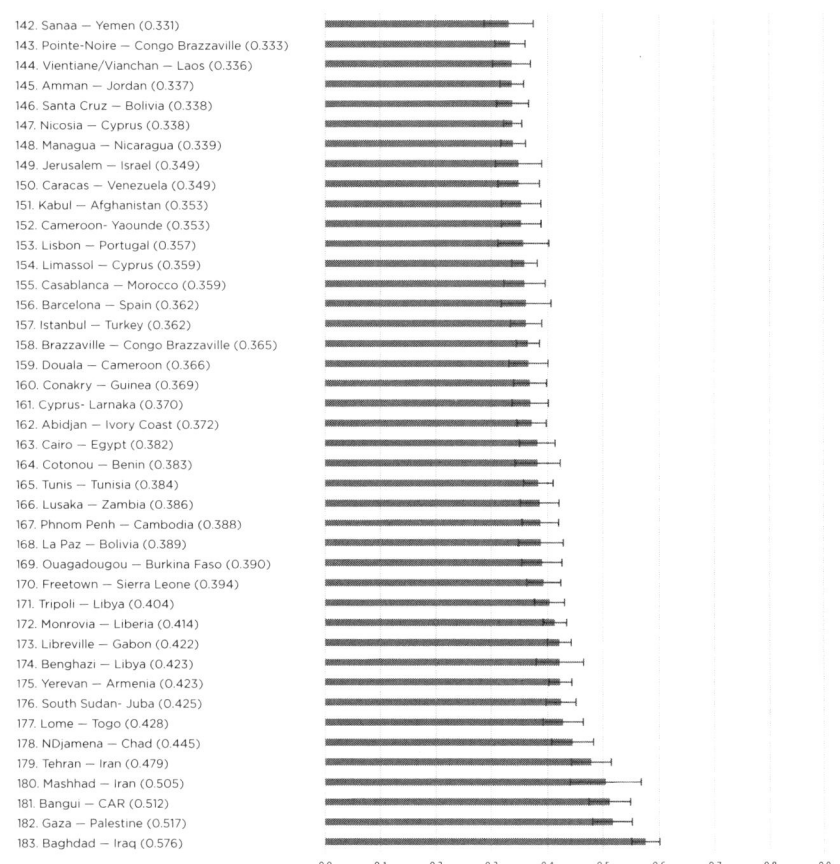

〈그림 A3〉 도시의 세계 순위 – 부정적 정서(3부)

주: 목록에는 2014-2018년 기간 동안 갤럽세계조사에서 최소 300개의 관측값을 갖는 전 세계 모든 도시와 갤럽미국조사에서 데이터를 사용한 미국의 10대 도시를 고려하였다. 분석한 측정값은 0에서 10의 부정적 정서 지수이다. 그림은 원자료 평균과 95% 신뢰구간을 나타낸다.
자료: 갤럽세계조사와 갤럽미국조사

제4장

전 세계 도시-농촌의 행복 차이[*]

마르티인 버거(Martijn J. Burger)[**] · 필립 모리슨(Philip S. Morrison)[***] ·
마르티인 헨드릭스(Martijn Hendriks)[****] · 마로스 후거부뤼그(Marloes M. Hoogerbrugge)[*****]

이 장의 목적은 갤럽세계조사(GWP)를 활용해 전 세계 도시-농촌의 행복 차이를 조사하는 것이다.[******] 우리는 도시-농촌의 차이에 대한 일반 묘사로 시작해, 이 차이에서 명확히 드러나는 복잡함을 보이기 위해, 점차 더 자세한 내용을 소개한다. 특히, 북서 유럽과 서구세계의 도시와 농촌의 차이와 사하라 이남의 아프리카의 도시와 농촌의 차이를 비교하고, 이 차이가 사람 기반 요인과 공간 기반 요인에 어느 정도 기인하는지를 조사한다. 이 두 사례를 통해 우리는 도시에서 웰빙이 가장 많이 증가한 사람들을 식별한다.

---

[*] 4장은 《세계 행복보고서 2020》의 제4장(Chapter 4. Urban-Rural Happiness Differentials across the World)을 장시복 교수(목포대학교 경제학과, sibok@hanmail.net.)가 번역한 것이다.
[**] 네덜란드 에라스무스대학교 에라스무스 행복경제학 연구소와 틴버겐 연구소.
[***] 뉴질랜드 빅토리아대학교 지리·환경·지구과학부.
[****] 네덜란드 에라스무스대학교 에라스무스 행복경제학연구소와 응용경제학과.
[*****] 네덜란드 에라스무스대학교 행복경제학연구소.
[******] 이 장에서, '행복'이란 단어는 인지평가(삶에 대한 평가)와 감정평가(긍정과 부정의 감정) 모두를 포함하는 포괄적 용어로 사용한다. 또한 Veenhoven(2000)을 보라.

이 장은 여러 가지 방식으로 기존 문헌을 보충한다. 첫째, 우리는 150개국의 정보로 도시-농촌의 행복 차이를 밝힌 이스털린, 안젤레스쿠와 츠바이크의 연구[1]를 실증적으로 확장한다. 둘째, 우리는 행복의 도시-농촌 차이가 사람 기반 요인과 공간 기반 요인에 어느 정도 기인하는지를 추정한다. 셋째, 우리는 특정 집단이 도시에서 더 높은 행복 수준을 보상받을 가능성이 어느 정도인지를 확인한다.

1. 도시-농촌 행복 차이의 구성

전 세계 도시인구는 1950년 전체 인구의 30퍼센트에서 2018년 55퍼센트로 증가했으며 2050년까지 68퍼센트로 줄곧 증가할 것으로 예상된다.[2] 전 세계 농촌인구는 2018년 34억 명에서 2050년 약 31억 명으로 감소하지만, 도시인구는 2018년 42억 명에서 2050년까지 67억 명으로 증가할 것으로 예상된다.[3] 도시화의 이런 증가 추세는 선진지역(2018년 79퍼센트에서 2050년까지 대략 87퍼센트)과 저개발지역(2018년 51퍼센트에서 2050년까지 대략 66퍼센트) 모두에서 지속될 것으로 예상된다.[4] 이에 따라, 전 세계에서 도시화 수준이 계속 증가하고 있다. 가장 도시화가 많이 진행된 지역에는(2018년 인구의 82퍼센트가 도시지역에 살고 있는) 북아메리카, 남아메리카와 카리브해 지역(81퍼센트), 유럽(74퍼센트), 그리고 오세아니아 지역(68퍼센트)이 있다. 아시아의

---

1 Easterlin et al.(2011).
2 United Nations(2019).
3 아프리카와 아시아는 전 세계 농촌인구의 거의 90퍼센트가 사는 곳이다. 인도에는 가장 많은 농촌인구(8억 9,300만 명)가 살고 있고 그 다음이 중국(5억 7,800만 명)이다. 오늘날 대부분의 다른 지역보다 덜 도시화가 이루어졌음에도, 아시아는 전 세계 도시인구의 54퍼센트가 사는 곳이다. 그 다음이 유럽과 아프리카(각각 13퍼센트)다.
4 『인간개발보고서(Human Development Report)』에 따르면, 개발도상국[또는 저소득국가와 중간소득국가(LMIC), 덜 발전한 국가, 경제적으로 덜 발전한 국가(LEDC)나 저개발국]은 다른 국가에 비해 덜 발전한 산업기반과 낮은 인간개발지수(HDI)를 가진 국가다.

도시화 수준은 현재 약 50퍼센트다. 이와 달리, 아프리카는 인구의 43퍼센트만이 도시지역에 살고, 대부분이 농촌에 머무르고 있다.[5]

자신의 중요한 저작 『위대한 탈출(Great Escape)』에서, 엥거스 디톤(Angus Deaton)[6]은 1인당 국민소득이 1퍼센트 변할 때마다 주관적 웰빙에 대한 캔트릴 사다리 측정값이 계속 증가한다는 것을 횡단면 분석으로 보였다. 도시화가 경제성장과 더 높은 생활수준을 낳는 주요 수단으로 폭넓게 받아들여지고 있기 때문에, 세계 인구를 도시로 공간 재배치하는 것이 행복의 증가와 관련이 있을 것이라 예상할 수 있다.[7] 대부분의 경우에는 이것이 사실이지만, 생산성을 상승시키고 이에 대한 대가로 임금을 주고 고용기회를 넓히는 도시의 능력은 더 높은 웰빙에 이르는 유일한 경로는 아니다. 집적이 낳은 개선된 접근성은 또한 불평등을 확대시키더라도, 소비비용의 감소와 사회적 참여기회의 증대와 관련이 있다.[8]

이스털린, 안젤레스쿠와 츠바이크(Easterlin, Angelescu and Zweig)[9]는 80개국의 갤럽세계조사(2005~2008년)의 첫 번째 세 가지 질문을 활용하고 캔트릴[10]이 개발한 삶에 대한 평가 질문을 활용해 경제성장에 따라 평균 행복이 증가한다는 것을 보여준다. 그들은 이를 주로 도시화를 수반한 농업과 산업의 구조조정의 결과로 생각하고, 이에 따라 도시-농촌의 웰빙 차이는 소득과 경제적 기회의 관련 변화에 의해 주도된다고 주장한다. 경제발전의 초기 단계에서 농업사회의 공업사회로 전환은 공업화 이전의 소규모 수공업 기술을 대규모 기계를 사용한 범용 기술로 대체한다. 이들 신기술은 (투입 공유, 노동시장 공동 관리와 지식의 파급을 포함하는) 내부 및 외부의 규모의 경제를 통해 도시에서 비농업의 생산과 서비스의 지리적 군집을 유발한다. 농

---

5 같은 책.
6 Deaton(2015).
7 Veenhoven & Berg(2013); World Bank(2009).
8 Behrens & Robert-Nicoud(2014)이 전개한 논의를 보라.
9 Easterlin et al.(2011).
10 Cantril(1965).

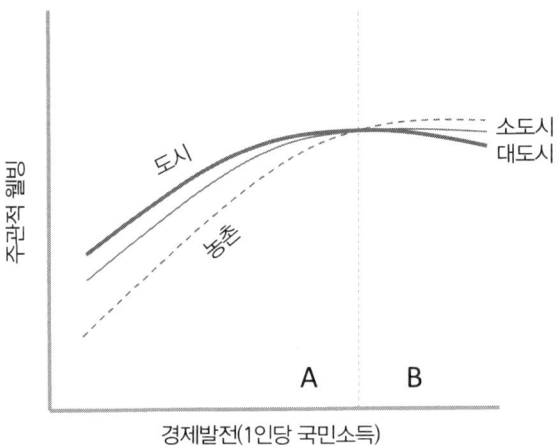

〈그림 4.1〉 도시의 역설: 주관적 웰빙과 대도시

* 자료: Morrison(2000).

업사회나 공업화 이전 사회에서는 사람들 대부분이 시골에 살지만, 일자리만 확보되다면, 도시지역이 더 많은 고용의 가능성과 더 높은 임금을 제공해 주기 때문에,[11] 산업구조조정과 기술변화가 농촌지역에서 도시지역으로 사람들의 이주와 나란히 진행된다. 기술변화에 대한 도시의 반응은 농촌지역의 산업구조와 직업구조의 변화뿐 아니라, 웰빙 수준의 증가도 반영한 임금과 생활수준의 변화를 가져왔다.

일반화한 〈그림 4.1〉은 국가마다 주관적 웰빙(삶에 대한 평가)의 평균 수준이 도시지역과 농촌지역에 사는 사람들에 따라 서로 다른 비율로 증가한다는 것을 보여준다. 이 그림은 소도시와 농촌지역에 비해 경제발전에 따른 대도시의 중심지(큰 도시)의 주관적 웰빙의 변화 방식을 구분해 준다.

도시지역의 소득기회와 경제적 기회가 〈그림 4.1〉의 A단계에서 더 높기 때문에, 도시지역은 농촌지역에 비해 더 높은 수준의 행복을 동반한다. 소득이 증대하고 기술이 더 진보하며, 교통시설과 정보시설이 개선되면, 농촌지역은 더 접근하기 쉽고 다변화한다. 일의 특성에서 나타나는 이런 광범위한 전환은 농촌지역, 마을과 소도

---

11 Harris & Todaro(1970).

시의 평균 행복 수준이 대도시의 행복 수준에 도달하거나 심지어는 넘어서는 지점까지 도시-농촌의 행복 차이를 감소시킨다. 역설적으로, 대도시가 선진국의 동력을 이루고 살기 좋은 곳으로 여전히 여겨질지라도, 대도시의 공표된 평균 웰빙 수준은 〈그림 4.1〉의 B단계에서 제시된 것처럼, 감소의 증거를 제시해 준다.[12] '도시의 역설'이라는 용어가 생겨나는 것은 농촌과 도시 지역이 맺는 관계에서 나타나는 바로 이 국면이다.[13]

선진국의 대도시에 사는 인구의 구성과 생활환경은 소규모 도시와 농촌거주지에 비해 대도시의 낮은 평균 웰빙을 형성하는 데 중요한 기능을 한다.[14] 〈그림 4.1〉의 B단계에 있는 대다수 사람들은 도시지역이 고용기회와 편의시설과 공공서비스에 대한 접근성 측면에서 더 높은 삶의 질을 제공하기 때문에 이 지역에 거주하기를 선택한다.[15] 그런데 이와 같은 도시화가 일반적으로 더 높은 실질 생활비와 관련이 있기 때문에, 도시가 주는 혜택은 고르게 분배되지 못할 수도 있다.[16] 소득수준과 교육수준에 따라, 개인의 도시 거주지는 낮은 수준의 사회적 자본,[17] 높은 수준의 환경오

---

[12] 몇몇 국제보고서는 정책 입안자들이 직면한 이 쟁점을 다루었다(Albouy, 2008; European Commission, 2013; Lagas, Van Dongen, Van Rin, & Visser, 2015; OECD, 2014). 오늘날의 주관적 웰빙의 지리적 변화는 《세계 행복보고서》에 반복해서 정리했다(Helliwell, Layard & Sachs, 2015; Helliwell, Layard & Sachs, 2012; Helliwell, Layard & Sachs, 2013).

[13] '도시의 역설'이라는 용어는 도시지역의 동학적 성장과 사회적 배제가 함께 존재하는 것을 언급하는 맥락에서 사용했지만, 모리스(Morrison, 2020)는 살기 좋은 도시에 대한 선망과 도시의 더 낮은 웰빙 수준의 불일치를 언급하는 데 사용했으며(Hoogerbrugge & Burger, 2019), 여기서는 살기에 매력적인 장소이지만 더 낮은 웰빙의 평균 수준이 결합한 도시 중심부의 더 높은 생산성과 성장 사이의 명백한 모순을 언급하는 데 사용한다. 또한 OECD(2010)를 보라.

[14] Okulicz-Kozaryn(2015).

[15] Faggian et al.(2012); Glaeser et al.(2016).

[16] 예를 들어 Morrison(2011); Glaeser et al.(2016).

[17] 예를 들어 Scharf & De Jong Gierveld(2008); Sørensen(2014).

염,[18] 교통 혼잡,[19] 범죄,[20] 불평등,[21] 녹지 공간의 부족,[22] 그리고 질병 노출[23]을 동반할 수 있다. 이들 비용이 어느 정도 웰빙 측정에서 확인되고 중요한 기능을 하는지는 거주자의 교육과 관련 사회경제적 지위에 달려 있는 듯하다.

개발도상국에서는 대도시를 벗어난 거주지와 비교할 때 도시가 주는 웰빙의 이익이 불이익보다 클 것이지만, 이것은 선진국의 대다수 도시 거주자에게는 해당되지 않을 것이다.[24] 선진국의 재건설된 농촌지역에 사는 많은 주민들은 더 이상 농업에 의존하지 않으며, 도심의 확장으로 많은 사람들은 대도시 중심에서 아주 가까운 거리에서 생활하고 일하며 훨씬 더 큰 도시의 긍정적인 효과를 '빌려 쓸' 수 있고, 상대적으로 부정적인 효과에서 벗어날 수 있게 되었다.[25] 또한 불행한 사람이 도시로 가고 행복한 사람이 시골로 가는 선택을 할 수도 있다. 예를 들어, 벤호벤(Veenhoven)[26]은 도시로 이사하는 경향을 보이는 사람들이 서구세계에서는 시골에

---

18 예를 들어 MacKerron & Mourato(2009).
19 예를 들어 Broersma & Van Dijk(2008).
20 예를 들어 Glaeser & Sacerdote(1999).
21 예를 들어 Graham & Felton(2006).
22 예를 들어 MacKerron & Mourato(2013).
23 예를 들어 Alirol(2008).
24 부유한 나라의 도시에 대한 선망 가운데 일부는 한 측면에 너무 많은 중요성을 두어 정확한 예측을 하는 데 오류가 발생하는 것일 뿐이다(Kahneman, 2011을 참조). 오클리츠-코자린(Okulicz-Kozaryn, 2015)에 따르면, 사람들은 도시생활의 행복 비용을 종종 과소평가하고 도시생활의 행복 이익을 과대평가한다. 실제로, 고용기회나 편의시설에 대한 접근성이 도시의 알려진 행복 중 일부지만, 도시가 주는 이들 보상은 모든 곳에서 모든 사람에게 유효하지는 않다(Cardoso et al., 2018). 카르도스와 그의 동료들(Cardoso and colleagues, 2018)에 따르면, "도시의 불야성은 눈부실 뿐 아니라 환하게 빛날 것이다." 도시 집적의 잠재적인 행복 이익은 상이한 기간과 장소에서 분명히 나타나지만, 개인이 얻는 성과는 아주 다양하다. 사람들은 도시의 행복 이익에서 이득을 얻으리라 예상할 수도 있지만, 결국에는 불이익으로 고통을 겪을 수도 있다.
25 Alonso(1973), Meijers & Burger(2017).
26 Veenhoven(1994).

서도 더 불행한 쪽의 사람들이라는 것을 발견한 바 있다.[27] 이와 관련해, 일반적으로 선진국의 도시들에는 상대적으로 더 많은 미혼자, 실업자와 이민자가 살고 있으며, 이는 도시의 평균 행복 수준을 낮추는 경향이 있다.[28]

도시-농촌의 행복 차이를 뒷받침하는 증거는 다양한 지역연구에서 찾을 수 있다. 헥타르당 인구규모나 인구밀도가 낮은 주관적 웰빙과 반드시 상관관계를 갖는 것은 아니지만, 선진국과 빠르게 발전하는 몇몇 개발도상국에서는 인구규모와 인구밀도가 증가함에 따라 주관적 웰빙의 평균수준이 떨어지는 것으로 나타났다. 처음에 이 증거는 미국,[29] 캐나다,[30] 호주[31]와 뉴질랜드[32]를 포함한 다양한 새로운 정착민 선진국에서 나왔다. 오래된 정착민 국가의 예에는 영국,[33] 아일랜드[34]뿐 아니라 유럽대륙[35]이 있다. 이 현상은 독일,[36] 이탈리아[37]와 네덜란드[38]와 같은 여러 개별 국가에 대한 연구에서 확인되었다. 동시에, 낮은 주관적 웰빙은 오늘날 세계의 다른 지역에 있는 가장 큰 도시에서도 관찰되고 있다. 특히 중요한 것은 중국,[39] 홍콩[40]에서 나온 가장 최신의 발견인데, 이는 이 현상이 빠른 경제발전과 더 광범위하

---

27 그런데 이탈리아의 사례는 도시의 크기가 장기 거주민의 불행과 훨씬 강력한 연관이 있다는 것을 시사한다(Loschiavo, 2019).
28 부분적으로, 이 효과는 평생 도시에 살았던 도시가구가 주도한다.
29 Berry & Okulicz-Kozaryn(2009, 2011); Glaeser, Gottlieb & Ziv(2016); Valdmanis(2015).
30 Lu, Schellenberg, Hou & Helliwell(2015).
31 Cummins, Davern, Okerstrom, Lo & Eckersley(2005); Shields & Wooden(2003).
32 Morrison(2007; 2011).
33 Ballas(2008), Ballas & Tranmer(2012), Smarts(2012), Dunlop, Davies & Swales(2016), Hoogerbrugge & Burger(2019).
34 Brereton, Clinch & Ferreira(2008).
35 Aslam & Corrado(2012); European Commission(2013); Lenzi & Perucca(2016a; 2016b); Piper(2014); Pittau, Zelli & Gelman(2010).
36 Botzen(2016).
37 Lenzi & Perucca(2019).
38 Burger et al.(2017).
39 Chen, Davis, Wu & Dai(2015); Clark, Yi & Huang(2019); Dang et al.(2019).

게 관련되어 있다는 것을 시사한다.

이에 비해, 개발도상국에서 도시-농촌의 행복 차이에 대해서는 알려진 바가 거의 없으며, 이 차이가 사람 기반 요인과 공간 기반 요인에 어느 정도 기인하는지는 명확하지 않다. 복잡한 문제지만, 거주 장소와 행복이 맺는 관계는 사람이 환경특성을 다르게 평가한다는 점에서 이질적이다.[41] 게다가, 어떤 사람은 다른 사람보다 도시에 대한 긍정적인(또는 부정적인) 영향에 더 노출된다. 가장 주목할 만한 것은 사회경제집단과 삶의 과정에서 다른 단계에 있는 집단 사이에 차이가 있다는 점이다. 예를 들어, 후거부뤼그와 버거(Hoogerbrugge and Burger)[42]는 영국의 농촌지역에서 도시로 이사한 학생들이 삶의 만족에서 이익을 얻는다는 것을 발견했지만, 오쿨리츠 코자린과 발렌트(Okulicz-Kozaryn and Valente)[43]는 도시의 불행이 미국 도시의 젊은 세대에게는 적용되지 않는다는 것을 알게 되었다.

모리슨(Morrison)[44]은 (유럽의 도시에서) 도시 집적이 고등교육을 받은 사람들의 소득과 웰빙의 보상을 증가시키지만, 〈그림 4.1〉의 B단계에서 웰빙의 평균 수준이 떨어지는 것은 주로 소득이 낮고 통근거리가 길며 대도시에서 지원서비스를 제공받는 대다수의 교육 수준이 낮은 사람들이 겪은 낮은 웰빙의 결과라 주장했다.[45] 특히 대도시는 경제활동과 문화활동의 규모와 범위 모두가 확대됨에 따라, 고등교육으로 보상을 실현하는데 필요한 필수 기반시설을 제공한다. 그런데, 고등교육을 받은 사람들은 이발과 마사지, 정원 가꾸기, 청소, 양조커피와 기타 개인 및 기업 관련 서비스를 제공하며 '비교환 부문'(non-tradable sector)에서 일하는 교육 수준이 낮은 많은 사람들을 끌어들인다. 저임금을 위해 현지에서 일해야 하는 경제적 의무는 직

---

40 Schwanen & Wang(2014).
41 Plaut et al.(2002).
42 Hoogerbrugge & Burger(2019).
43 Okulicz-Kozaryn(2018).
44 Morrison(2018).
45 Morrison(2020).

장에서 가까운 거주지 가격의 상승에 맞닥뜨리며 그 결과 통근시간이 훨씬 더 길어진다. 이와 같은 개인서비스에 대한 수요는 소득 탄력성이 높고 대도시가 숙련노동자에게 훨씬 더 높은 임금을 지불하기 때문에, 교육받은 인력에 대한 서비스 비율이 다른 정착 유형보다 더 높다. 대도시에서 사회적 상호작용의 수준에서 교육과 소득의 결합효과로 고등교육을 받은 사람과 교육 수준이 낮은 사람 사이의 웰빙의 차이는 어느 정도 더 긴 통근시간이 가족과 함께하는 시간과 여가를 줄이기 때문에 더 확대된다.[46] 교육 받은 사람이 더 나은 급여를 받고 주거지에 대해 훨씬 더 폭넓은 선택을 할 수 있기 때문에, 직장 가까이에서 생활할 뿐 아니라 지리적으로 모여 사회네트워크를 강화하고, 웰빙을 늘릴 수 있다. 요컨대, 대도시의 크기로 인해 나타나는 경쟁은 더 높은 불평등을 낳으며, 이는 평균 웰빙의 더 큰 차이로 이어진다.[47]

이 장의 나머지 부분에서, 우리는 갤럽세계조사를 활용해 〈그림 4.1〉에서 정형화된 논의를 뒷받침하는 증거를 조사한다. 이 과정에서 우리는 도시와 농촌의 거주지 내 인구의 재정착과 성장의 결합효과가 사람들이 삶에 대해 평가하는 방법의 변화와 연관되는 방식을 실증적으로 보여준다. 우리는 일반 논의에 명확하게 드러난 복잡성을 보이기 위해 폭넓은 일반화로 시작해서 점차 더 자세한 내용을 소개한다. 특히, 우리는 두 가지 극단적 사례, 곧 사하라 이남의 아프리카의 도시 행복과 서구세계의 도시 불행에 초점을 맞추고, 도시-농촌의 차이가 선택효과와 구성효과 그리고/또는 도시 환경과 농촌 환경의 질의 차이에 따라 나타나는지를 조사한다. 사하라 이남의 아프리카는 세계에서도 낮은 행복 점수를 가진 지역 가운데 하나일 뿐 아니라, 도시와 시골의 행복 차이가 도시생활에 가장 유리한 지역이다. 도시는 실제로 더 많은 기회를 제공하는가? 또는 아프리카에서 도시의 행복을 이끌어내는 것이 희망일까? 여전히 인구의 일부가 시골에서 더 잘 살고 있나? 이와 달리, 도시가 술집, 식당, 박물관, 극장, 음악과 스포츠 경기를 포함하는 소비시설의 매력적인 다양성을

---

46 예를 들어 Loschiavo(2019)를 보라.
47 Behrens & Robert-Nicoud(2014).

특징으로 하는 '머무를 곳'(the place to be)으로 여겨지기 때문에, 서구에서 도시 불행의 역설은 흥미롭다.[48] 그렇지만 도시의 행복 이익은 높은 생활비, 더 긴 통근거리, 더 큰 불평등, 사회적 고립, 소음과 오염과 같은 인구 대부분의 행복 비용으로 상쇄될 수 있다. 동시에, 도시 편의시설에 대한 접근성과 도시생활과 관련한 골칫거리가 없는 것은 서구 시골의 상대적으로 높은 행복 수준을 설명할 수도 있다. 두 사례(사하라 이남의 아프리카와 서구세계)에 대해, 우리는 또한 특정 유형의 사람이 도시나 시골에서 더 나은 생활을 하는지 조사한다.

2. 도시-농촌의 행복 차이에 대한 탐구

1) 도시-농촌의 행복 차이 측정

이 장에서는 도시-농촌의 행복 차이를 조사하기 위해 2014에서 2018년까지 150개국의 연간 횡단면 갤럽세계조사(GWP) 자료를 활용한다.[49] 우리는 행복의 인지 차원과 정서 차원을 함께 포괄하는 세 개의 웰빙 지표를 사용한다.

1. 삶에 대한 평가. 이것은 응답자에게 삶의 질을 11점의 사다리 척도로 평가하도록 요청하는 캔트릴 사다리 질문[50]으로 측정하며, 이 척도는 상상할 수 있는 최악의 삶인 사다리의 맨 아래 계단(0)에서 최상의 삶인 맨 위 계단(10)을 가진다.

2. 긍정적 감정. 이것은 응답자에게 설문조사 전날(1) 즐거움과(2) 웃음을 자주 경

---

48 Barry & Waldfogel(2010); Burger et al.(2014).
49 이 분석에 포함된 국가들에 대한 개관은 〈부록 B〉를 보라.
50 Cantril(1965).

험했는지의 여부를 묻는 두 항목의 지수로 측정한다.[51]

3. 부정적 감정. 이것은 응답자에게 설문조사 전날 (1) 걱정과 (2) 슬픔과 (3) 화를 자주 경험했는지의 여부를 묻는 세 항목의 지수로 측정한다.

양의 상관관계가 있겠지만, 나온 결과의 크기가 다를 수 있으므로 우리는 각 웰빙 지표에 대한 별도의 분석을 수행한다.[52] 도시-농촌의 행복 차이를 조사할 때, 우리는 응답자가 스스로 답한 거주형태, 곧 (1) 농촌지역이나 농장, (2) 소도시나 마을, (3) 대도시, (4) 응답 거부, (5) 모른다, (6) 대도시 근교에 근거를 둔 갤럽의 분류를 사용한다. 우리의 분석에서 '농촌'은 범주 (1)의 개인으로 정의하고, '도시'는 범주 (3)과 (6)의 개인으로 정의한다. 이스털린, 안젤레스쿠와 츠바이크[53]를 따라, 범주 (2)는 일반적으로 도시와 농촌의 중간 위치를 차지하는 '도시 주변'으로 정의한다. 전 세계의 도시화에 따르면, 표본에서 더 많은 사람이 도시 주변(33퍼센트)이나 농촌지역(26퍼센트)보다 도시지역(41퍼센트)에 살고 있다. 우리는 두 개의 가중치를 사용한다. 곧 표본추출 가중치는 설문조사에 대한 국가 대표성을 개선하는데 사용하며, 인구 가중치는 각 국가의 15세 이상의 인구를 설명하기 위해 국가 간 분석에 사용한다.[54]

지금까지 거주 형태에 따른 주관적 웰빙에 대한 대부분의 발표된 평가는 거주 장

---

51 긍정 감정지수나 부정 감정지수의 모든 항목에 응답하지 않은 응답자는 분석에서 뺀다.
52 Kahneman & Deaton(2010).
53 Easterlin et al.(2011).
54 인구가중치의 설정은 두 단계를 거쳤다. 첫째, 국가와 연도 사이의 표본크기 차이를 설명하기 위해, 우리는 표본추출 가중치를 조정했고 각 국가는 각 연도에 동일한 가중치를 가진다(1국 1표). 그 다음 우리는 각 국가의 15세 이상 총인구를 1국 1표 가중치에 곱했다. 15세 이상 총인구는 총인구에서 0~14세 인구수를 뺀 것과 같다. 세계발전지수에서 취합한 자료는 세계은행에서 공표했다. 특히 총인구와 0~14세 인구수는 세계발전지수에서 각각 (총인구에서 차지하는) '0~14세 인구 비중'과 '총인구'의 시계열에서 취합했다. 코소보, 북사이프러스, 소말리아과 대만은 세계발전지수에 자료가 없기 때문에 분석에 넣지 않았다.

소의 유형에 대한 응답자 자신의 평가를 사용했다.[55] 최근에, 6개 국제조직((유럽연합(EU), 세계식량농업기구(FAO), 국제노동기구(ILO), 경제개발협력기구(OECD), 유엔인간거주센터(UN-Habitat)와 세계은행(World Bank))이 합동으로 도시화 정도에 대한 단일한 정의를 개발했으며, 이 정의는 이 지리적 공간 층위에 인터뷰 위치 태그를 합쳐 갤럽세계조사에 적용되었다. 이 방법에 대한 개관에 대해서는 데이크스트라와 파파디미트리우(Dijkstra and Papadimitriou)가 보고한 것을 부록에 제시했다. 그런데 이들 자료는 2016년에서 2018년까지 115개 나라에 대해서만 입수할 수 있으므로, 우리는 이 장에서 이 지표를 사용하지 않았다. 가장 중요한 것은 우리의 결과와 부록에 제시한 결과 사이의 몇몇 차이를 설명할 수 있는 도시-농촌의 큰 음(-)의 차이를 가진 많은 고소득 국가에 대해 새로운 도시화 측정값을 얻을 수 없다는 점이다. 도시화 정도의 측정과 알려진 도시화 측정 사이의 비교는 이 장 뒷부분에서 제공한다.

2) 도시-농촌의 행복 차이

〈그림 4.2〉에 있는 세 개의 그래프는 세계의 여러 지역의 삶에 대한 평가, 긍정적 감정, 부정적 감정의 도시-농촌의 차이를 보여주며, 〈표 4.1〉은 세계 여러 지역의 삶에 대한 평가, 긍정적/부정적 감정의 도시-농촌의 차이가 큰 국가들의 개요를 제공한다. 가장 두드러진 차이를 보이는 국가들은 〈표 4.2〉에 나열되어 있다. 나라별 도시-농촌의 차이에 대한 완전한 개요는 〈온라인 부록 C〉에서 찾을 수 있다.

〈그림 4.2〉의 그래프 A는 삶에 대한 평가의 도시-농촌 차이를 보여준다. 전 세계 도시인구의 삶에 대한 평가의 평균은 5.48이지만, 전 세계 농촌인구의 삶에 대한 평균은 5.07로 도시와 농촌은 11점의 캔트릴 사다리에서 0.41포인트 차이가 난다.

---

[55] 예외에 대해서는, 예를 들어 Morrison(2007; 2011)을 보라.

〈그림 4.2〉 세계 지역별 삶에 대한 평가, 긍정적 감정과 부정적 감정의 도시-농촌의 차이

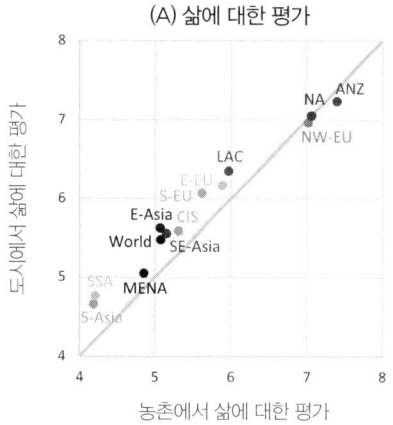
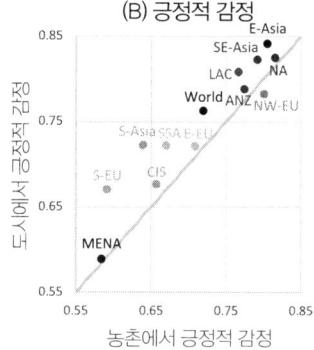
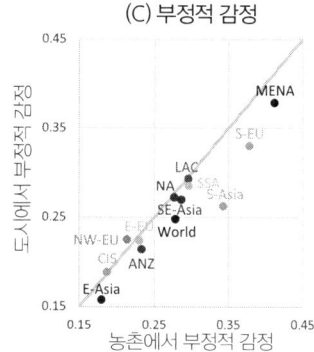

* 설명: N = 150개국. 그림들은 표본추출 가중치와 인구 가중치를 사용한 가중평균이다. 통제변수는 사용하지 않았다. SSA = 사하라 이남의 아프리카; S-Asia = 남아시아; MENA = 중동과 북아프리카; E-Asia = 동아시아; SE-Asia = 남동아시아; CIS = 독립국가연합; LAC = 남아메리카와 캐리비언 해 지역; E-EU = 동유럽; S-EU = 남유럽; NW-EU = 북유럽과 서유럽; NA = 북아메리카; ANZ = 호주-뉴질랜드. 농촌지역이나 도시지역의 50개미만의 관측치를 가진 나라들이나 영토는 포함하지 않는다.[56] 국가의 지역 구분은 〈온라인 부록 B〉를 보라.

도시인구와 농촌인구에서 이 차이는 동아시아(0.56)와 사하라 이남의 아프리카(0.56)가 가장 크고, 남아시아(0.47), 남유럽(0.46), 그리고 남아메리카와 카리브해 지역(0.38)

---

[56] 제외한 국가/지역에는 홍콩, 헝가리, 레소토, 팔레스타인 지역, 카타르, 싱가포르와 트리니다드 토바고가 있다.

〈표 4.1〉 세계 지역별 삶에 대한 평가(LE), 긍정적 감정(PA)과 부정적 감정(NA)의 두드러진 도시-농촌 차이를 가진 나라 수

세계지역	삶에 대한 평가			긍정의 감정			부정의 감정		
	도시 >농촌	차이 없음	도시 <농촌	도시 >농촌	차이 없음	도시 <농촌	도시 >농촌	차이 없음	도시 <농촌
북서유럽	2	7	5	0	11	3	1	7	6
남유럽	10	1	1	8	2	2	6	6	0
동유럽	6	3	0	3	5	1	2	7	0
독립국가연합	8	4	0	6	3	3	5	6	1
호주와 뉴질랜드	0	1	1	0	2	0	0	2	0
남동아시아	6	1	1	4	3	1	1	7	0
남아시아	5	2	0	6	1	0	3	4	0
동아시아	4	0	0	2	2	0	0	2	2
중동과 북아프리카	9	5	3	4	9	4	4	11	2
사하라 이남의 아프리카	35	6	0	19	22	2	10	23	8
북아메리카	0	1	1	0	2	0	0	2	0
남아메리카와 카리브해 지역	16	6	0	6	15	1	5	16	1
세계 전체	101	36	13	58	75	17	37	93	20

* 설명: 각 국의 삶에 대한 평가, 긍정적/부정적 감정의 도시-농촌 차이에 대한 범주화는 각각 95퍼센트 신뢰수준에서 통계적으로 유의미한 양(+)이나 음(-)의 차이에 근거를 둔다. '차이 없음' 범주에 들어간 국가의 도시-농촌의 차이는 95퍼센트 신뢰수준에서 0으로 통계적으로 차이가 없다. 도시지역이나 농촌지역에서 50명 미만의 응답자가 있는 국가는 범주에서 뺐다. 국가별 완전한 추정치는 〈온라인 부록 C1~C3〉에 제시한다.

이 그 뒤를 이었다. 호주와 뉴질랜드(-0.16), 북유럽과 서유럽(-0.05), 그리고 북아메리카(-0.01)에서만 농촌인구의 평균 삶에 대한 평가가 도시인구의 평균 삶에 대한 평가보다 높다. 이들 결과는 도시 거주자의 평균행복이 한 국가, 특히 덜 행복하고 덜 부유한 국가의 평균 행복보다 더 높지 않다는 제3장에서 보고한 결과와 일치한다.

〈표 4.1〉은 이런 세계적 상황을 확인해 준다. 전체적으로 조사한 150개국 가운데

⟨표 4.2⟩ 삶에 대한 평가, 긍정적/부정적 감정의 가장 두드러진 도시-농촌의 차이를 가진 국가들

도시-농촌의 삶에 대한 평가 차이		도시-농촌의 긍정적 감정의 차이		도시-농촌의 부정적 감정의 차이	
앙골라	1.61	불가리아	0.18	사우디아라비아	−01.5
콩고 브라자빌	1.37	튀니지	0.16	터키, 남수단	−0.13
베냉, 콜롬비아	1.29	세르비아	0.14	크로아티아, 인도, 세르비아	−0.10
중앙아프리카공화국	1.15	라트비아	0.13	중앙아프리카공화국, 몬테네그로, 니제르	−0.09
페루	1.13	아프가니스탄, 콩고, 킨샤사, 크로아티아, 페루, 대한민국, 스페인	0.12	에티오피아, 튀니지	−0.08
불가리아, 나미비아	1.11	모리타니와, 몬테네그로	0.11	앙골라, 볼리비아, 멕시코, 필리핀, 투르크메니스탄	−0.07
남아프리카	1.08	베냉, 에티오피아, 멕시코	0.10		
잠비아	1.04	방글라데시, 보스니아와 헤르체고비나, 조지아, 인도	0.09		
니제르	1.02	나미비아, 네팔, 니제르	0.08		
라이베리아	−0.29	이집트, 독일, 그리스, 네덜란드	−0.04		
벨기에, 캄보디아	−0.31	몰타, 우즈베키스탄	−0.05	카메룬, 덴마크, 이집트, 모로코, 스위스	0.04
몰타	−0.32	몰도바	−0.06	부르키나파소, 아이슬란드, 나미비아, 네덜란드, 우즈베키스탄	0.05
이집트, 뉴질랜드, 영국	−0.34	벨기에, 이스라엘, 터키	−0.07	몽골	0.06
네덜란드	−0.35	코모로	−0.08	수단	0.07
아이슬란드	−0.38	부룬디, 에스토니아	−0.09	아르헨티나	0.09
레바논	−0.41	타지키스탄	−0.12	스와질란드	0.11

* 설명: 제시된 차이는 95퍼센트 신뢰수준에서 유의미하다. 높은 순위에 있을수록 농촌인구에 비해 도시인구의 행복이 더 높다.

13개국(9퍼센트)만이 농촌인구의 평균 삶에 대한 평가가 도시인구의 삶에 대한 평가보다 훨씬 높다. 가장 큰 차이는 레바논(-0.41), 아이슬란드(-0.38), 네덜란드(-0.35), 뉴질랜드(-0.34), 영국(-0.34)과 이집트(-0.34)에서 찾을 수 있다(〈표 4.2〉를 보라). 독립국가연합(CIS), 동유럽, 동아시아, 남아메리카와 카리브해 지역, 그리고 남아시아는 농촌지역에서 높은 삶에 대한 평가 점수가 나타나지 않는다. 동시에, 조사한 150개국 가운데 101개국(67퍼센트)에서는, 도시인구의 평균 삶에 대한 평가가 농촌인구의 평균 삶에 대한 평가보다 훨씬 높았다. 그런데 오세아니아와 북아메리카는 이 범주에 속하는 국가가 아니었고, 대다수 북유럽과 서유럽의 국가에서는 도시인구와 농촌인구가 어떻게 삶을 긍정적으로 평가하는지에 대해서는 통계적으로 의미 있는 차이가 없었다.

감정을 측정하면 비슷한 차이가 있을까? 긍정적 감정(〈그림 4.2〉의 그래프 B)을 보면 전 세계 도시인구의 76.3퍼센트가 설문조사 전날 즐거움이나 웃음을 경험한 것으로 나타났고, 농촌인구의 72.0퍼센트에 비해 훨씬 높았다. 도시인구의 선호 차이는 남아시아(8.3퍼센트), 남유럽(8.0퍼센트)과 사하라 이남의 아프리카(5.3퍼센트)에서 가장 컸다. 북유럽과 서유럽에서만 농촌인구의 평균 긍정적 감정(80.0퍼센트)이 도시인구의 긍정적 감정의 평균(78.2퍼센트)보다 더 높았고, 호주, 뉴질랜드와 북아메리카는, 도시지역의 삶에 대한 평가의 평균이 더 높았음에도, 전날 떠올린 행복의 차이가 거의 없었다.

단지 소수의 국가(150개국 가운데 17개국; 11퍼센트)에서만 농촌인구의 긍정적 감정 점수가 도시인구의 점수보다 훨씬 높았다(〈표 4.1〉). 그런데 삶에 대한 평가 측정값과 달리, 충분한 정보를 입수할 수 있는 절반의 국가(150개국 가운데 75개국)에서 도시와 시골 사이의 통계적으로 유의미한 차이가 없었다. 이것은 전 세계 도시-농촌의 긍정적 감정의 차이가 전 세계 도시-농촌의 삶에 대한 평가의 차이보다 더 작다는 것을 시사한다.[57] 마지막으로, 부정적 감정(〈그림 4.2〉의 그래프 C)의 경우 전 세계 도

---

57 우리는 삶에 대한 평가에 근거를 둔 도시-농촌 차이와 긍정적 감정에 근거를 둔 도시-농촌

시인구(24.8퍼센트)가 농촌인구(27.8퍼센트)에 비해 설문조사 전날 걱정, 슬픔, 화를 덜 경험한 것으로 나타났다. 가장 큰 도시-농촌의 차이는 남아시아(8.1퍼센트)와 남유럽(4.7퍼센트)에서 찾을 수 있다. 일반적으로 부정적 감정에 대한 도시-농촌의 차이는 도시-농촌의 삶에 대한 평가 차이와 도시-농촌의 긍정적 감정에 대한 차이보다 더 작은 경향이 있다. 조사한 150개국 가운데 93개국(62퍼센트)에서 부정적 감정에 큰 차이가 없었지만, 37개국(25퍼센트)에서 도시인구는 농촌인구보다 부정적 감정의 점수가 훨씬 낮았다.

〈그림 4.3〉은 〈그림 4.1〉의 이론적 제안에 대한 실증증거를 제공한다. 곧, 도시의 행복 이익이 감소하고 결국 이 이익은 경제발전(1인당 국내총생산) 수준이 상승함에 따라 도시의 불이익으로 전환된다는 것이다.[58] 전반적으로, 사람들은 농촌지역에서보다 도시지역에서 더 행복하지만, 이는 (고도로 발전한) 선진국에서는 일반적으로 적용할 수 없다.

3) 도시-도시 주변과 농촌 주변-도시의 행복 차이

도시-농촌의 행복 차이 이외에도, 우리는 도시와 도시 주변 그리고 농촌 주변과 도시의 웰빙 차이도 조사했다. 이들 조사 대부분의 결과는 〈온라인 부록 C〉, 〈온라인 부록 D〉, 〈온라인 부록 E〉에서 찾을 수 있다. 도시 주변 인구의 삶에 대한 평가(52.9퍼센트), 긍정적 감정(73.9퍼센트)과 부정적 감정(25.7퍼센트) 점수는 도시인구 점수보다는 낮고 농촌인구 점수보다는 높다. 도시 주변 인구가 도시인구보다 훨씬 더 높은 수준의 행복을 보인 국가는 거의 없다. 동시에, 도시 주변과 도시의 차이는 두드러지지 않는다. 우리는 삶에 대한 평가 측정을 한 국가의 43퍼센트, 긍정적 감정

차이 사이의 양의 상관관계(0.44)를 발견했다.
[58] 우리는 삶에 대한 평가의 평균을 1인당 국내총생산으로 대체해도 비슷한 차이를 발견했다. 이들 결과는 요청하면 이용할 수 있다.

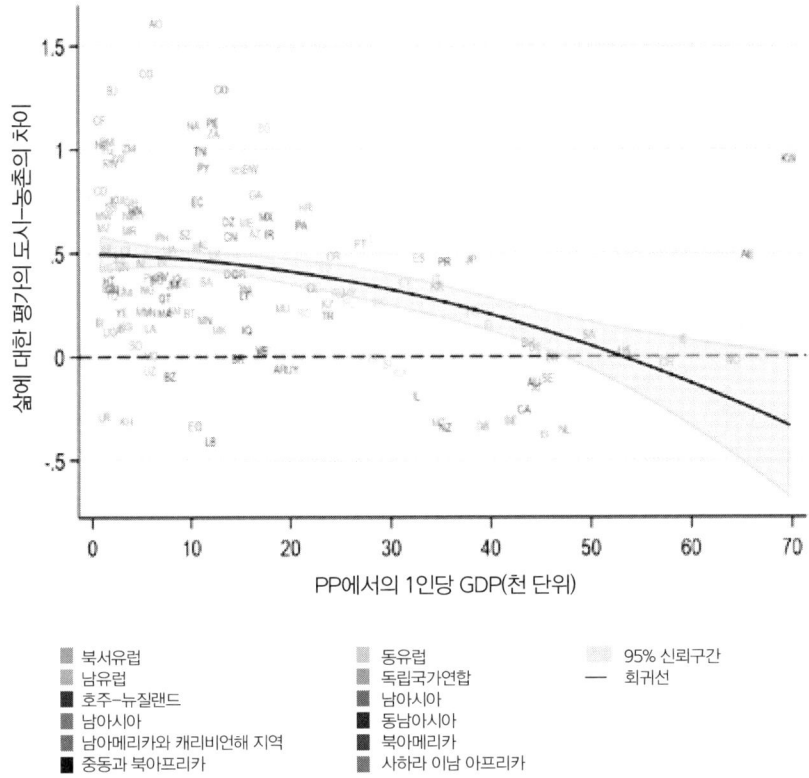

〈그림 4.3〉 국가의 1인당 소득별 삶에 대한 평가의 도시-농촌의 차이

* 설명: N=149개국. 그림들은 표본추출 가중치와 인구 가중치를 사용한 가중평균이다. 통제변수는 사용하지 않는다. 국가 표본은 1인당 국내총생산에서 이상치인 룩셈부르크를 제외하고는 〈그림 4.2〉와 같다. R^2 =0.25. 이차항은 유의미하지 않다(t=1.16).

을 측정한 국가의 65퍼센트와 부정적 감정을 측정한 국가 63퍼센트에서는 유의미한 차이를 찾지 못했다. 따라서 이 장의 나머지 부분에서는 도시-농촌의 차이에 주로 중점을 둔다.

4) 도시화의 대안적 정의

우리의 결과와 데이크스트라와 파파디미트리우(Dijkstra and Papadimitriou)의 대

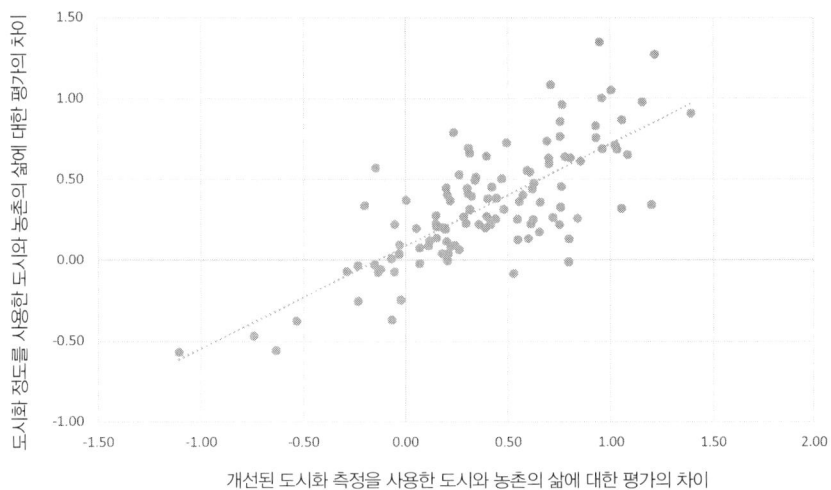

〈그림 4.4〉 2016~2018년 도시화 정도와 알려진 도시화 정도를 사용한 도시와 농촌의 삶에 대한 평가의 차이

* 설명: 상관계수=0.75; R^2=0.57; 표본가중치는 국가의 평균을 측정하는데 사용했다. 이 그림은 루이스 데이크스트라(Lewis Dijkstra)가 기꺼이 제공했다. 국가 표본은 〈그림 4.3〉과 같다.

안적인 도시화 측정(《세계 행복보고서 2020》의 부록을 보라)을 비교한 것은 〈그림 4.4〉와 〈온라인 부록 F〉에 있다. 대안적 도시화는 2016년에서 2018년까지 115개국에 대해서만 자료를 얻을 수 있다는 점에 주목하라. 전체적으로, 우리는 알려진 도시화 측정방법을 사용해 만든 국가들의 도시-농촌의 삶에 대한 평가 차이와 도시화 측정방법의 객관적 정도를 사용한 국가들의 도시-농촌의 삶에 대한 차이 사이의 강력한 상관관계(0.75)를 발견했다. 동시에, 이 개선된 도시화 측정방법을 사용하면 도시-농촌의 차이는 약간 더 작아지고 몇몇 나라에 대해서는 도시-농촌의 차이가 사용된 측정방법에 따라 다르다. 예를 들어, 아이보리 코트디부아르의 경우, 알려진 도시화 측정방법을 사용해 만든 도시-농촌의 삶에 대한 평가 차이는 0.79이지만, 도시화 측정방법의 객관적 정도를 사용한 도시-농촌의 삶에 대한 평가 차이는 겨우 0.13이다. 도시화 측정방법의 정도가 더 긴 기간과 더 많은 나라에 대해 입수할 수 있다면, 향후 연구는 이들 차이의 근본 원인을 조사해야할 것이다.

5) 시간에 따른 도시-농촌의 행복 차이

〈그림 4.1〉은 시간이 경제성장과 상관관계가 있는 한, 농촌인구와 도시인구의 상대적 웰빙에 대한 시간적 패턴을 나타낸다. 여기서 고려한 짧은 12년 동안 도시-농촌의 행복의 차이에 대한 시간 추세를 관찰할 수 있을까? 기존 문헌은 서구세계에 주로 초점을 맞췄고,[59] 도시에 사는 사람과 시골에 사는 사람의 평균 행복의 차이가 시간에 따라 상당히 안정적이라는 것을 보여 주었다. 세계의 다른 부분의 발전 상황을 조사하기 위해, 우리는 2006년에서 2018년까지 갤럽세계조사 자료를 활용해 2006~2011년 동안의 자료를(2011년 이전에 설정된 국가가 더 제한적이기 때문에 강건한 기초선 수준을 얻기 위해) 하나의 관측치로 통합했다. 삶에 대한 평가, 긍정적 감정과 부정적 감정에서 도시 빼기 시골의 차이의 추세(〈온라인 부록 G의 〈그림 G1〉을 보라)를 고려하면 다음과 같은 주요 결론을 도출할 수 있다.

- 삶에 대한 평가, 긍정적 감정의 도시-농촌 차이는 지난 10년 동안 전 세계적으로 동일하게 유지되었지만, 도시지역에 사는 사람들은 부정적 감정을 덜 보고하는 경향이 있다.

- 도시지역에 사는 사람들은 (삶에 대한 평가와 긍정적 감정에서) 북유럽과 서유럽의 농촌지역, (삶에 대한 평가와 부정적 감정에서) 사하라 이남의 아프리카의 농촌지역, (부정적 감정에서) 남아시아, 중동과 북아프리카의 농촌지역에 사는 사람들에 비해 상대적으로 더 낫다.

---

59 예를 들어, Berry & Okulicz-Kozaryn(2009); Hoogerbrugge & Burger(2019).

- 동시에, 농촌지역에 사는 사람은 긍정적 감정에서 동유럽의 도시지역에 사는 사람들에 비해 상대적으로 더 낫다.

- 농촌인구가 삶에 대한 평가에서는 상대적으로 더 낫지만, 도시인구는 부정적 감정을 덜 보고한 동아시아, 호주와 뉴질랜드, 그리고 북아메리카에서는 혼재된 증거를 찾을 수 있다.

- 세계적 규모에서, 도시 주변에 사는 사람이 농촌지역에 사는 사람에 비해 부정적 감정에서 상대적으로 더 낫는 것을 예외로 한다면, 도시와 도시 주변의 차이, 도시 주변과 농촌의 행복 차이는 일반적으로 안정성을 보였다. 이들 결과는 〈온라인 부록 G(〈그림 G2〉와 〈그림 G3〉)〉에 제시했다.

- 나라별 시간 추세는 〈온라인 부록 H〉에 제시했다.

6) 도시-농촌 행복 수수께끼

이 장의 두 번째 절에서는 국가의 도시지역과 농촌지역 사이의 행복에 상당한 차이가 있고, 이들 차이가 국가의 발전 수준에 따라 다르다는 것을 보았다. 그런데 국내에서 행복의 지리적 차이가 나타나는 정확한 원인을 찾아내기는 힘들다. 한편으로, 지리적 차이는 도시-농촌의 생활환경의 질적 차이나 국가 내 특정지역에서 생활하는데 따르는 행복 이익과 불이익 사이의 불균형 때문에 나타날 수 있다. 다른 한편, 특정지역의 낮은 행복 수준은 또한 도시지역과 농촌지역이 다양한 유형의 사람들을 끌어들이고 있는 것과 같은 선택효과와 구성효과로 설명할 수 있다. 이 점에서, 도시-농촌의 행복 차이는 '사람 기반' 요인으로 설명할 수 있을 것이다.

높은 도시 생활수준의 상대적 중요성을 살펴보려 우리는 사하라 이남의 아프리카에서 도시와 농촌의 행복 측정 차이를 설명하기 위해 여러 요인에 기반을 둔 블라인더-오악사카 분해법(Blinder-Oaxaca decomposition)[60]을 사용한다(〈온라인 부록 I〉). 갤럽세계조사를 활용해, 우리는 다음의 '사람' 요인과 지역의 '장소' 요인을 고려한다(정확한 변수의 정의에 대해서는 〈온라인 부록 I의 〈표 11〉을 보라).

사람 요인:
- 경제상황: 연간가구소득, 소득 만족도와 고용상태
- 경제에 대한 낙관: 경제상황에 대한 낙관
- 교육: 교육연수
- 건강: 건강문제와 아픈 경험
- 사회적 자본: 사회적 지원과 시민참여
- 안전: 안전과 피해자에 대한 감정
- 인구학적 특성: 연령, 성, 배우자 유무, 자녀 유무
- 이주: 태어난 국가나 다른 지역
- 국가조건에 대한 인식: 제도의 질, 부패와 인식된 자유

장소 요인:
- 지역: 수질과 대기 질: 지역 수질과 대기 질의 만족도
- 지역: 공공기반시설: 기반시설, 대중교통, 양질의 의료서비스와 지역교육체계에 대한 만족도
- 지역: 주택의 구입능력: 지역에 보고된 주택구입능력

---

60 Blinder(1973)와 Oaxaca(1973)를 보라. 이 분해분석을 통해 우리는 결과변수에서 집단의 차이를 조사할 수 있었는데, 이 분석은 주관적 웰빙에 대한 연구에서 최근에 사용되었다(예를 들어, Helliwell & Barrington-Leigh, 2010; Becchetti et al., 2013; Arampatzi et al., 2018).

- **지역: 작업환경**: 지역의 경제조건과 직업시장 상태
- **지역: 공동체에 대한 애착**: 지역에 머무르는 성향과 지역에 대한 만족도
- **지역: 다양성**: 지역이 소수자가 살기에 좋은 장소다.
- **기타**: 우리는 도시-농촌의 행복 차이를 유발할 수 있는 국가와 연도에 대한 고정효과를 통제한다.

사람 요인과 장소 요인 모두는 변수집단을 포함하고, 이들의 결합된 통계적 유의성을 알려준다. 사람 기반 효과와 장소 기반 효과를 구분하려 했지만, 두 효과는 늘 분리될 수 있는 것은 아니다. 예를 들어, 도시지역에서 더 높은 소득과 더 낮은 수준의 실업률은 도시의 높은 숙련과 재능을 가진 사람의 집중뿐 아니라 더 좋은 일자리 기회(선택 효과 및 구성효과)의 결과일 수 있다. 마찬가지로, 우리는 사회적 자본과 안전에 대한 느낌을 사람에 기반을 둔 것으로 간주하지만, 이들 요소 가운데 적어도 일부는 위치에 얽매여 있다고 주장할 수 있다.[61]

우리는 데이터 집단에 있는 두 가지 극단에 초점을 맞춘다. 먼저, 우리는 사하라 이남의 아프리카의 도시 행복을 고려한 다음 서구세계(서유럽, 북아메리카, 호주와 뉴질랜드)로 관심을 돌린다. 우리는 세계의 다른 부분에서 도시-농촌의 행복 차이가 나타나는 근본 원인을 간략하게 개관하며 결론을 맺는다.

3. 사하라 이남 아프리카의 도시 행복

사하라 이남 전체 인구의 63퍼센트인 8억 5,400만 명이 농촌지역에 살고 있는 아프리카는 현재 도시화가 가장 덜 이루어진 대륙이며 농촌인구가 도시인구보다 많

---

61 Volker & Flap(2007); Hoogerbrugge & Burger(2018).

은 유일한 대륙이다.[62] 이것이 아프리카의 도시화율이 연간 3.5퍼센트로 가장 빠른 이유 가운데 하나이며, 아프리카의 도시화율은 1950년 대략 27퍼센트에서 2015년 40퍼센트로 상승했고 2050년에는 60퍼센트에 이를 것으로 예상된다.[63] 농업부문은 사하라 이남의 아프리카에 살고 있는 많은 사람들에게 여전히 지배적인 생계수단이다. 그런데, 도시인구의 빠른 증가로 경제적 기회가 자극받고 있으며 더 많은 사람들이 우수한 기반시설과 관련 서비스에 더 많이 접근할 수 있게 되었다.

아프리카 국가들은 2050년쯤 인구가 두 배가 될 것이고 이 증가의 80퍼센트 이상은 도시에 발생할 것이다. 아프리카의 가장 큰 도시, 나이지리아의 라고스는 현재와 2030년 사이에 시간당 77명이 늘어날 것으로 예상된다.[64] 2025년까지 인구 100만 명 이상의 거주자를 가진 아프리카 도시는 남아메리카의 두 배인 100개가 될 것이다. 이미 아프리카인의 70퍼센트는 30세 미만이며, 이는 인구의 약 20퍼센트, 노동력의 40퍼센트, 실업자의 60퍼센트를 차지한다. 사하라 이남의 아프리카는 도시 확장에 대한 준비가 되어 있지 않으며, 많은 아프리카 정부는 농촌-도시 이주를 제한하려 한다.

---

62 (우리의 논문에서 SSA나 다양한 아프리카로 줄여 씀) 사하라 이남의 아프리카에는 다음의 국가가 있다. 앙골라, 베냉, 부르키나파소, 부룬디, 카메룬, 중앙아프리카공화국, 차드, 코모로스, 콩고 브라자빌, 콩고 킨샤사, 지부티공화국, 에티오피아, 가봉, 잠비아, 카나, 기니, 아이보리 코스타, 케냐, 레소토, 리베리아, 마다가스카, 말라위, 말리, 모리타니아, 모리셔스, 모잠비크, 나미비아, 니제르, 나이지리아, 르완다, 세네갈, 시에라리온, 소말리아, 남아프리카공화국, 남수단, 수단, 스와질란드, 탄자니아, 통고, 우간다, 잠비아, 짐바브웨.

63 UN-DESA(2014); 빠른 도시화에도 아프리카는(5년 내 아시아의 도시인구가 농촌인구를 앞설 것이라 예상되는 것에 비해) 앞으로 20년 동안 도시로 분류되는 인구의 절반 이상을 가질 것으로 예상되지 않는다.

64 2010년에서 2015년까지 유엔경제사회국(United Nations Department of Economic and Social Affairs)이 수집한 자료에 따르면, 르완다는 매년 3.69퍼센트로 가장 높은 도시인구의 연간평균증가율을 기록했다. 부르키나파소는 연간 3.03퍼센트 증가율로 라오스에 이어 세 번째를 차지했다. 이런 빠른 성장에도, 이 두 아프리카 국가들은 대체로 농촌이 더 많다 - 르완다인의 28퍼센트, 부르키나파소인의 29퍼센트만이 도시지역에 살고 있다.

내부 이주는 아프리카에서 도시화의 상당 부분을 차지하며 대부분의 도시 성장은 대도시가 아니라 중소도시에서 발생할 것으로 예상된다.[65] 그런데, 예외 지역도 있기 때문에,[66] 이주는 사하라 이남의 아프리카에서 도시 성장의 주요 결정요인이 아니다. 대신에, 젊은 인구와 높은 출산율에 따른 자연증가가 주요 동력이다.[67] 게다가, 대도시는 이 성장의 원인이 아니다. 오히려 아프리카가 경험하고 있는 도시화는 기존 소규모 거주지의 점진적인 증가와 중형도시의 성장, 그리고 도시 지도의 지속적인 재편 때문이다.[68]

아프리카에서 도시화의 속도는 사하라 이남의 아프리카의 행복 지도를 이해하는 데 수많은 어려운 문제를 제기한다. 갤럽세계조사는 농촌/도시의 경계를 공식적으로 다시 그리는 것이 아니라 응답자들이 자신이 사는 지역, 곧 도시, 도시 주변이나 농촌에 대한 스스로 보고하는 형식의 평가에 의존한다. 이들 주관적 평가에 근거를 두고 우리는 도시와 도시 주변으로 분류하는 지역에 사는 사람들이 내린 삶에 대한 더 높은 평가를 발견하려 한다.

아프리카 시골의 발전을 가로막는 아주 실질적인 장애물(예를 들어, 음식, 식수와 건강과 같은 기본적인 필요욕구의 부족)이 있으며 확대되는 도시는 가난에서 벗어날 수 있는 경제적 기회를 제공한다.[69] 도시는 일자리, 서비스, 편의시설, 사회경제적 이동, 자유와 행복을 위한 장소로 늘 여겨졌고, 이는 기대, 희망과 '도시의 약속'과 관련이 있다.[70] 동시에, 농촌에서 도시로 이주는 예를 들어 남아프리카공화국의 사례에서 기록된 것처럼 가족과 떨어져 있는 데 따른 정서적 비용, 잘못된 기대, 열망 증가의 결과로 주관적 웰빙의 감소와 관련이 있는 경우가 많다.[71]

---

65 Teye(2018).
66 Mulcahy & Kollamparambil(2016).
67 Teye(2018).
68 Teye(2018).
69 Teye(2018).
70 Guneralp et al.(2018).

〈그림 4.5〉 사하라 이남의 아프리카 도시의 삶에 대한 평가는 왜 농촌보다 높을까?
도시-농촌의 격차를 설명하는 사람 기반 요인과 장소 기반 요인에 대한 설명

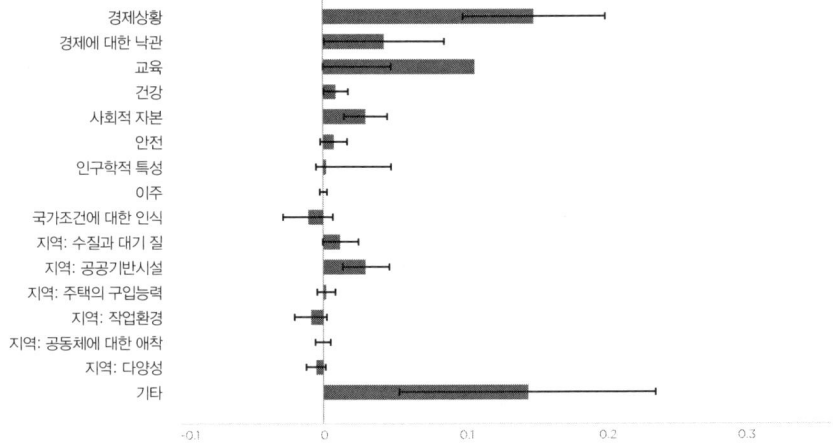

* 설명: 그림들은 표본추출과 모집단의 가중치를 사용해 가중치가 부여된 것이다. N=95,758명. 수평선은 95퍼센트 신뢰범위를 보여준다.

1) 사하라 이남의 아프리카에서 도시의 삶에 대한 평가는 왜 더 높을까?

아프리카인이 도시에 대해 갖는 높은 기대는 아프리카의 도시 거주민이 표현한 긍정적 정서와 놀라울 정도로 높은 삶에 대한 평가 모두를 설명하는데 도움이 준다. 〈그림 4.5〉는 2014년에서 2018년까지 95,758개의 관측치에 근거를 둔 사하라 이남의 아프리카에 대한 블라인더-오악사카 분해를 보여 준다. 도시지역과 농촌지역의 삶에 대한 평가의 차이 0.71점 가운데 0.50점(71퍼센트) 이상은 사람 특성과 장소 특성의 차이에 의해 통계적으로 설명할 수 있다. 도시-농촌 차이와 관련한 지배 요인은 고학력 인구(0.11점)와 관련이 있는 도시의 더 나은 경제상황(0.15점)이다. '기타' 요인(0.15점)은 특히 더 가난한 아프리카 국가가 평균적으로 농촌이 더 많고 덜 행복하다는 것을 반영한다. 도시에 유리한 기타 요인은 더 높은 수준의 경제에 대한 낙관

---

71 Mulcahy & Kollamparambil(2016).

⟨표 4.3⟩ 사하라 이남의 아프리카 도시생활과 농촌생활에 대한 비교

	도시	농촌
소득(국제달러)	7,919	3,786
% 현재 소득으로 사는데(아주) 어렵다	52	67
% 생활수준이 더 나아지고 있다	53	47
% 실업률	11	7
% 고등교육 비율(9년 이상)	65	36
% 대중교통 만족도	57	41
% 기반시설 만족도	50	37
% 지역교육 만족도	61	56
% 지역건강 만족도	53	43
% 의지할만한 친구 수	76	70
시민참여지수(0~100)	37	33
% 건강문제	23	29
% 어제 아팠던 경험	32	36

* 설명: 평균은 표본추출과 인구의 가중치를 사용한 가중평균이다. N=95,758명.
** 자료: Gallup World Poll.

(0.04점), 더 나은 공공기반시설(0.03점), 더 높은 수준의 사회적 자본(0.03점)과 더 나은 건강(0.01점)이다. 이들 요인을 고려한 도시-농촌의 차이는 ⟨표 4.3⟩에서 볼 수 있다. 이들 기타(집단) 변수는 5퍼센트 수준에서 모두 통계적으로 유의미하지 않다.[72]

사하라 이남의 아프리카의 긍정적 감정과 부정적 감정에 대한 블라인더-오악사카 분해를 재추정하면, 우리는 다소 비슷한 결론을 얻었지만, 이 결론에서는 건강과

---

[72] 블라인더-오악사카 분해분석이 설명할 수 없는 부분은 0.71점의 차이 가운데 나머지 0.2점의 차이로 설명되며, 변수뿐 아니라 도시지역과 농촌지역 사이의 추정된 상관계수값의 체계적인 차이 때문일 수 있다. 도시-농촌 차이를 설명하는 모든 관련 요인(예를 들어, 교통과 여행 만족도)이 이 모형에 포함되지 않았고 모든 개념은 갤럽세계조사에서 이용할 수 있는 변수(예를 들어, 사회적 자본에 대해서는 외로움 지표가 빠졌다)를 완벽하게 포착하지 못했다. 행복과 관련이 있는 상대적으로 중요한 요인이 도시지역과 농촌지역 사이에서 변할 수 있지만, 우리는 시골에 비해 도시에서 다르게 가치가 부여된 주택구입능력만 찾아냈다.

지역사회에 대한 애착이 더 중요한 기능을 하고 교육이 도시와 농촌의 차이를 설명하는 데 덜 중요한 기능을 한다. 이들 결과는 〈온라인 부록 J〉에서 찾을 수 있다.

사하라 이남의 아프리카의 도시-농촌의 행복 차이가 사람 영향이나 장소 영향으로 유발되는지의 여부는 확인하기 어렵지만, 블라인더-오악사카 분해를 재추정하고 지역의 장소 요인(수질과 대기의 질, 공공기반시설, 주택구입능력, 일자리 환경, 다양성과 공동체에 대한 애착)만을 포함하면, 우리는 지역 요인이 도시-농촌의 행복 차이의 겨우 8퍼센트만 설명한다는 것을 발견했다. 동시에, 우리는 사람이 사는 거주지의 객관적 특성이 아니라 부분적으로 사람 기반 특성에 의존하는 실제 특징에 대한 주관적인 인식만을 가진다.

2) 사하라 이남의 아프리카에서 도시생활과 삶에 대한 평가 사이의 이질적인 관계

각기 다른 종류의 사람들은 서로 다른 종류의 생활환경에 가장 적응하기 때문에 사람들은 반드시 같은 방식으로 장소 특성을 평가하지 않는다.[73] 이것은 장소 거주와 사람에 대한 평가가 맺는 관계에 대한 우리의 이해를 복잡하게 만든다. 사하라 이남의 아프리카에 대해서 우리는 사회의 몇몇 집단이 도시보다 시골에서 더 나은 생활을 하는지의 여부를 조사했다. 우리는 모든 주요 사회 인구학적 집단이 도시에 살 때 삶에 대한 평가 수준이 더 높다는 것과 이것은 〈그림 4.6〉의 조절분석에서 볼 수 있듯이 더 높은 교육을 받은 사람들에서 특히 두드러진다는 것을 발견했다. 교육 수준이 낮은 많은 사람들이 사하라 이남의 아프리카 도시에서 어려움을 겪고 있지만 상대적으로 말하면 여전히 도시에서 더 나은 생활을 한다.

---

[73] Plaut et al.(2002).

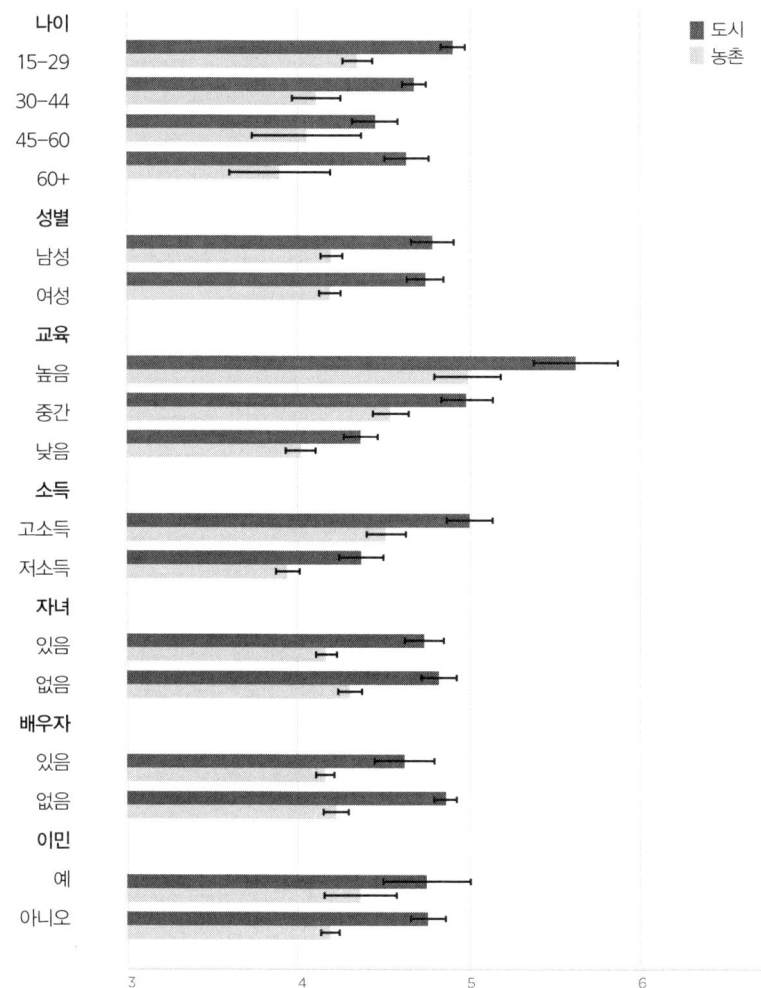

〈그림 4.6〉 사하라 이남의 아프리카의 하위집단별 도시-농촌의 행복 차이

* 설명: 추정치는 국가 수준에서 통합한 강건한 표준오차를 가진 개별 수준 최소자승 회귀분석에서 도출했다. 연령의 경우, 삶에 대한 평가는 도시 더미, 연령집단, 도시 연령집단, 국가와 연도에 대해 회귀 분석했다. 동일한 모형구조는 가구에서 잠재적인 소득원을 추가 통제로 포함된 15세 이상 가구원이 있는(가구)소득을 제외한 기타 사회 인구학적 변수에 사용했다. 그림들은 표본 추출 가중치와 인구 가중치를 사용해 가중치를 주었다. 표본 크기는 하위집단마다 다른 94,765명에서 102,342명이다. 수평선은 95퍼센트 신뢰범위를 보여준다.

4. 서구세계에서의 도시 불행

도시계층에 따른 행복 차이와 관련해 북유럽과 서유럽, 북아메리카와 호주-뉴질랜드 국가들의 명확한 특징은 도시에 사는 대다수 사람들의 더 높은 평균 행복 수준뿐 아니라 마찬가지로 농촌지역에 사는 사람들의 높거나 때때로 더 높은 행복 수준이다.[74] 이 두 가지 결과의 병치는 대도시 중심지 대부분이 계속해서 사람들을 끌어 들이고 자국의 부를 불균형적으로 창출한다는 사실과 함께 '도시의 역설'(the urban paradox)이란 용어를 붙인 이유다.[75]

많은 개발도상국과 달리, 선진국에서는 농촌인구의 절대 크기나 상대 크기가 훨씬 작고 2018년에서 2050년까지 35퍼센트까지 더 하락할 것으로 예상된다.[76] 북유럽과 서유럽, 북아메리카와 호주-뉴질랜드의 농촌지역은 인구가 적고 이마저도 줄

---

74 그런데, 호주-뉴질랜드에서 사람들 대부분은 도시 주변지역에 살고 있다는 것을 유의해야만 한다. 따라서 도시 주변-도시의 차이와 도시 주변-농촌의 차이가 있다.

75 우리가 사용한 '도시의 역설'이란 용어는 독창적인 것은 아니다. 이 용어는 동학적 성장과 사회적 배제를 동시에 대조하는 데도 사용된다. 예를 들어, 웰빙과 직접 관련된 일련의 힘에 대하 경제개발협력기구(OECD)는 이렇게 말한다. "경제개발협력기구 회원국의 도시지역 대부분은 주요 부문과 국민경제의 중심과 관련이 있는 부와 고용의 높은 집중을 특징으로 하는 듯하고, 또한 도시지역은 아주 많은 실업자 거주민이 집중해 있는 경향이 있다." 그들의 지적처럼, 부는 일자리를 창조하는데 충분히 전달되지 않으며 고용과 고용의 증대는 도시에 대체로 높지만, 농촌지역도 실업자이거나 비경제활동인 사람(이나 비공식 경제에서 일하는 사람)이 불균형하게 포함되어 있다. 또한 https://www.oecd.org/urban/roundtable/45159707.pdf, 191쪽을 보라.

76 United Nations(2019, 18쪽). 이에 비해, 저개발지역의 농촌인구는 1950년 14억 명에서 2018년 31억 명으로 64년 동안 두 배 이상 줄곧 늘어났다(같은 책). 유엔은 2018년 '선진지역'은 9억 9,000만 명이 거주하는 반면, 저개발지역은 32억 3,00만 명으로 세 배 이상 거주하고 있다고 지적한다(『세계도시화전망(World urbanisation prospects)』, 〈표 11〉, 9쪽). 그리고 2018년에서 2030년까지 예상증가율은 저개발지역의 2.03이나 4.41배 빠른 것에 비해 '선진지역'은 겨우 0.46퍼센트다. 그럼에도 10년 이내인 2030년까지 저개발지역의 도시비율은 선진지역의 81.4퍼센트에 비해 56.7퍼센트에 불과할 것이다(United Nations, 2019, 〈표 1.3〉, 11쪽).

어들고 있을 뿐 아니라 농촌지역에 사는 사람들은 이제 개발도상국에 사는 사람들에 비해 매우 다양한 형태의 일을 수행한다. '농촌' 일의 대부분은 비농업 분야며 도시만큼 높은 수준의 보수를 받는다. 농촌인구는 또한 도시의 복잡한 교통 기반시설과 밀접하게 연결되어 있어 도시의 긍정정인 영향을 '빌려 쓸' 수 있으며, 농촌지역에서는 더 이상 유급노동을 하지 않는 사람들이 종종 상대적으로 많은 퇴직소득, 실업이나 장애혜택의 지원을 받는다.

〈그림 4.1〉의 B단계로 설명한 '도시의 역설'은 근본적으로 변경된 직업구조와 주변 농촌지역의 생활수준에 따른 대도시 성장과 관련한 불평등 모두로 대부분 설명할 수 있다.[77] 한편, 그들과 비교되는 대도시는 높은 수준의 불평등을 겪고 있으며, 이는 인구의 많은 부분이 도시화의 부정적인 외부성을 받고 있음을 뜻한다.[78] 동시에, 북유럽과 서유럽, 북아메리카와 호주-뉴질랜드 지역이 개발도상국에 비해 상대적으로 대도시가 적기 때문에 도시성장과 관련한 부정적인 외부성은 여전히 제한적일 수 있다.[79] 대신에, 고소득 국가의 도시인구는 중간크기 계급구간에서 한쪽으로 치우쳐 있다.[80] 유럽에서는 도시인구의 2/3가 500,000만 명 미만인 도시에 살지만, 호주-뉴질랜드에서는 도시인구의 대부분이 6개의 중간 규모 도시에 살고 있다.[81]

---

[77] 대안으로, 우리의 경과는 가난한 나라에서는 공간적 불균형이 있지만, 부유한 나라에서는 이 불균형이 이주로 제거된다는 것을 시사한다. 더 구체적으로, 개인이 낮은 효용을 가진 지역에서 높은 효용을 가진 지역으로 이동한다고 주장할 수 있다(Glaeser et al., 2016; Winters & Li, 2017). 사람들이 낮은 효용을 가진 장소에서 높은 효용을 가진 장소로 이동하면, 임금과 주택가격은 공간적 균형에 도달하는 방식으로 조정될 것이다.

[78] OECD(2018).

[79] United Nations(2019)를 보라. 경제개발협력기구 회원국의 절반 정도에서, 국가의 국내총생산의 40퍼센트 이상이 국가의 총지표면의 작은 부분과 국가인구의 높은 비중을 차지하는 모든 지역의 10퍼센트 미만에서 생산된다(OECD, 2010).

[80] United Nations(2019).

[81] 같은 책.

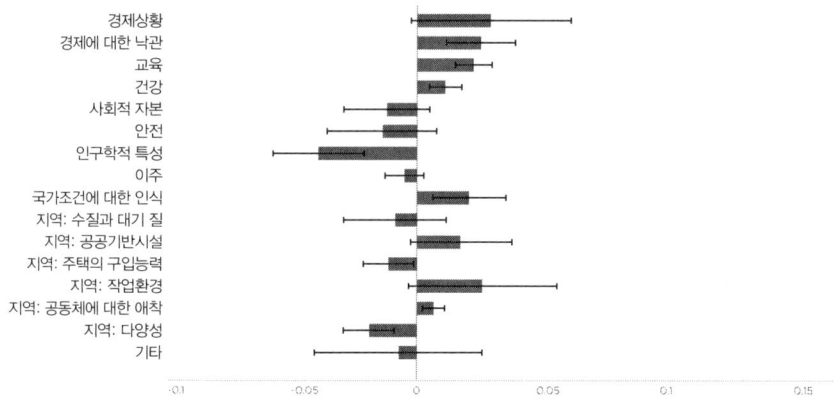

〈그림 4.7〉 서구세계에서 삶에 대한 평가는 왜 더 높을까?
도시-농촌의 차이를 설명하는 사람 기반 요인과 장소 기반 요인에 대한 탐색

*설명: 이 그림은 표본추출과 인구의 가중치를 사용해 가중치를 두었다. N=63,440명, 수평선은 95퍼센트 신뢰범위를 보여준다.

1) 많은 서구의 사람들은 왜 농촌 지역에서 더 행복하게 살까?

〈그림 4.7〉은 2014년에서 2018년까지 63,440개의 관측치에 근거를 둔 서구세계에 대한 블라인드-오악사카 분해를 보여준다. 이 그림은 북유럽과 서유럽과 북아메리카, 호주와 뉴질랜드의 도시 부분과 농촌 부분에서 -0.4점의 삶에 대한 평가 차이를 설명하는 각 변수집단의 기여도를 보여준다. 우리는 농촌지역에서 더 높은 행복점수가 더 높은 수준의 공동체에 대한 애착, 주택구입능력과 더 낮은 1인 가구의 비율로 특히 설명된다는 것을 발견했다.

이들 결과는 영국에 대해 후거부뤼그와 버거가 제시한 증가와 일치한다(〈온라인 부록 K〉를 보라). 도시지역에 사는 사람은 농촌지역의 사람들보다 국가에 대해 더 긍정적이고 더 낙관적이며 건강하고 교육수준이 높지만, 사람들 대부분의 웰빙은 낮다(〈표 4.4.〉를 보라).

분해에 사용했던 변수들은 서구세계의 도시-농촌의 차이를 완벽하게 설명하지

〈표 4.4〉 호주-뉴질랜드의 도시생활과 농촌생활에 대한 비교

	도시	농촌
연간가구소득(국제달러)	92,393	86,410
% 현재 소득으로 사는 데 (아주) 어렵다	13	11
% 생활수준이 더 나아지고 있다	54	49
% 실업률	4	3
% 고등교육 이수	32	21
% 배우자 없음	48	37
% 유용한 주택에 대한 만족도	54	66
% 12개월 내로 이사할 가능성	12	11
% 사는 곳의 만족도	85	87
국가기구지수(0~100)	47	44
% 건강문제	18	22
% 어제 아팠던 경험	26	32

* 설명: 그림들은 표본추출과 인구의 가중치를 사용해 가중치를 부여했다. N=63,440명.
** 자료: Gallup World Poll.

는 못하며(〈또한 〈온라인 부록 L〉을 보라), 더 오래된 공동체, 더 높은 불평등, 교통 혼잡과 일상적인 도시생활과 관련한 스트레스가 많은 사람들이 경험하는 사회적 자본을 낮출 수 있다. 게다가 안전과 보안의 문제는 도시에 사는 사람들의 더 낮은 사회적 자본에 기여할 것이다. 동시에, 동일한 요인 가운데 일부는 도시지역과 농촌지역에서 서로 다르게 평가될 가능성이 있다. 예를 들어, 사회적 자본과 원주민(곧, 비이민자)이 되는 것은 농촌지역의 삶에 대한 평가와 훨씬 더 강한 양(+)의 관계를 가진다. 더 자세한 논의는 이 장의 범위를 벗어나지만, 이런 결과는 서구세계의 도시-농촌 차이를 설명하는 것이 아프리카 사례에서 명백한 것과 다른 요인을 포함할 수 있음을 보여준다.

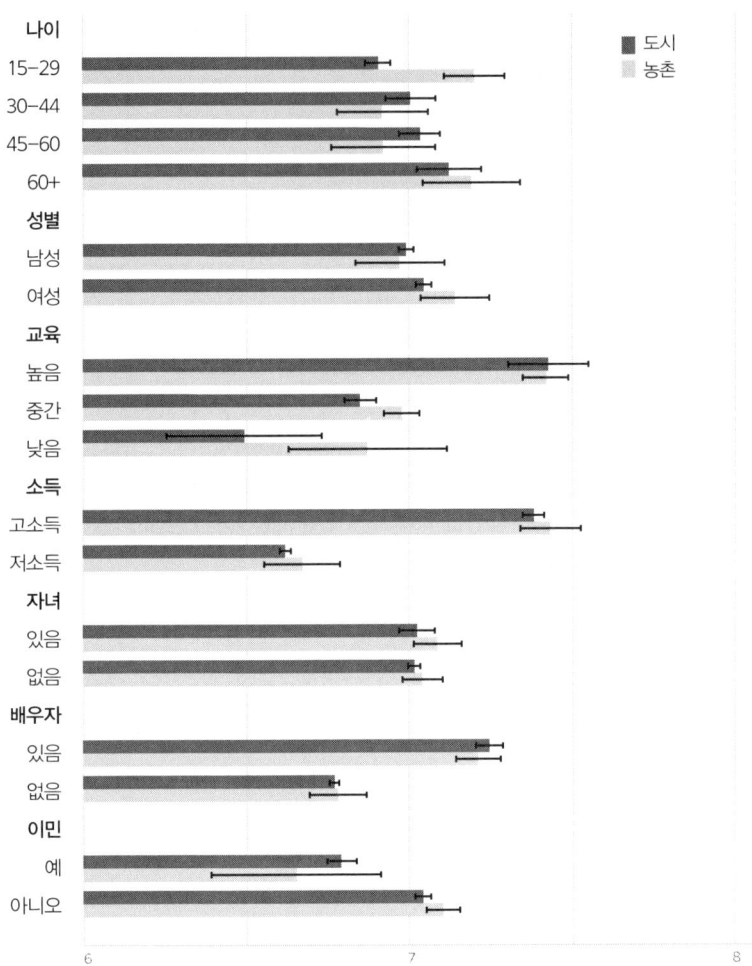

〈그림 4.8〉 북유럽과 서유럽, 북아메리카와 호주-뉴질랜드의 하위집단별 도시-농촌의 행복차이

* 설명: 국가 수준에서 통합한 강건한 표준오차를 가진 추정값은 개별 수준 최소자승 회귀분석에서 도출했다. 연령, 삶에 대한 평가는 도시 더미, 연령집단, 도시 연령집단, 국가와 연도에 대해 회귀 분석했다. 동일한 모형구조는 가구에서 잠재적인 소득원을 추가 통제로 포함된 15세 이상 가구원이 있는(가구)소득을 제외한 기타 사회 인구학적 변수에 사용했다. 그림들은 표본추출 가중치와 인구 가중치를 사용해 가중치를 주었다. 표본크기는 하위집단에서 52,828명에서 64,476명으로 다르다. 수평선은 95퍼센트 신뢰범위를 보여준다.

2) 서구세계에서 도시생활과 행복이 맺는 이질적인 관계

우리는 또한 사회집단이 도시보다 시골에서 더 나은 생활을 하는가를 조사했다 (〈그림 4.8〉을 보라). 대부분의 하위집단은 도시지역과 농촌지역에서 비슷하게 행복하지만, 세 가지 주목할 만한 예외가 있다. 첫 번째 예외는 15~29세의 사람들이 시골 지역에서 평균적으로 훨씬 더 행복하다는 것이다. 실제로 조절분석은 15~29세 연령층이 30~60세 집단에 비해 농촌지역에서 상대적으로 더 행복을 느끼는 경향이 있다는 것을 보여준다. 그런데, 이런 농촌의 행복의 이익은 교육수준에 달려 있다. 곧 낮거나 중간 정도의 교육을 받은 사람들은 도시지역(M=6.86과 M=6.57)보다 농촌지역(M=7.28과 M=7.01)에서 더 행복하며, 해당 연령집단의 고학력자들은 농촌지역(M=6.83)보다 도시지역(M=7.15)에서 훨씬 더 행복하다. 이들 결과는 영국에서 높은 교육을 받은 학생이 도시로 이주하면 행복의 혜택을 경험하지만, 높지 않은 교육을 받은 학생은 도시로 이주하면 부정적인 영향을 경험한다는 문헌의 연구결과와 일치한다(〈온라인 부록 K〉를 보라). 두 번째이자 관련이 있는 예외는 낮거나 중간 정도의 교육을 받은 사람이 일반적으로 도시보다는 농촌에서 더 행복하다는 것이다. 조절 분석은 마찬가지로 낮은 교육을 받은 사람이 중간이나 높은 정도의 교육을 받은 사람에 비해 도시지역에서 상대적으로 행복하지 못하다는 것을 드러내 준다. 셋째, 우리는 국제 이주자들이 도시지역에서 상대적으로 행복하다는 것을 발견했다.

요약하면, 교육의 추구와 성취는 개발도상국과 선진국 모두에서 도시생활을 하려는 주요 유인이다. 특히 대도시는 경제활동과 문화활동의 규모나 범위 모두가 확대됨에 따라 고등교육에 대한 보상의 실현에 필요한 필수적인 기반시설을 제공한다. 고등교육을 받은 사람은 잠재적으로 '수요독점적'(monopsony)[82] 고용 관행에 더

---

[82] '수요독점'이라는 표현은 고용주들이 특히 임금설정권한을 제공하고 과소지불로 이어지는 그들의 잠재적인 피고용자에 대한 구매력을 가지고 있다는 것을 뜻한다.

취약한 '비교환 부문'에서 일하는 낮은 교육을 받은 사람들을 끌어 들인다.[83] 이와 같은 개인서비스에 대한 수요는 소득에 크게 의존하며, 대도시가 숙련자에게 훨씬 더 많은 임금을 지불하기 때문에, 교육받은 인력에 대한 서비스 비율은 소규모 도시 거주지보다 높다. 그렇지만, 저임금을 받기 위해 지역에서 일해야 하는 경제적 과제는 일이 가까운 거주지 가격의 상승에 맞닥뜨리며 많은 서비스 노동자가 긴 통근시간을 견뎌야 하는 결과를 낳는다. 그 결과 행복의 격차는 어느 정도는 통근거리가 길어질수록 가족과 여가와 함께 양질의 시간이 줄어들고 소득이 낮아 점차 상업화하는 환경에서 사회적 범위가 제한되기 때문에, 대도시의 사회적 상호작용 수준에 대한 교육과 소득의 결합효과로 인해 더 확대된다. 교육받은 사람들은 더 나은 급여를 받고 살 곳에 대해 훨씬 더 넓은 선택을 할 수 있기 때문에, 그들은 직장에 더 가깝게 살 수 있을 뿐 아니라 지리적으로 군집화해 주관적 웰빙을 향상시키는 사회연결망을 강화할 수 있다.

3) 세계의 다른 지역의 도시 행복 차이의 탐구

도시-농촌의 행복 차이에 대한 분석에서, 우리는 두 극단의 사례로 사하라 이남의 아프리카와 서구세계에 중점을 두었다. 그렇다면, 이들 두 지역은 세계의 다른 지역과 어떻게 비교할 수 있을까? 조사된 두 사례의 고유성에 대한 기본 착상을 얻기 위해, 우리는 동유럽(《온라인 부록 〈그림 L1〉》)에서 중동과 북아프리카(《온라인 부록 〈그림 L8〉》)에 이르는 세계의 다른 지역에 대한 블라인더-오악사카 분해를 실시했다. 모든 지역은 (추가 연구가 필요한) 고유한 특성이 있지만 다음과 같은 몇 가지 일반 결론을 끌어낼 수 있다.

- 일반적으로, 사람 요인은 장소의 질에 대한 경험으로 측정한 장소 요인보다 도

---

[83] Morrison et al.(2006).

시-농촌의 차이를 더 명확하게 설명한다. 장소 요인은 제한적으로만 중요하며 차이의 1/3 이상을 설명한다(《온라인 부록 〈표 L1〉》).

• 경제상황과 교육은 세계 대부분의 지역에서 도시-농촌의 차이를 설명하는 중요한 요인이다.

• 농촌-도시의 차이에 대한 본질과 원인과 관련해서 서구세계는 예외다. 북유럽과 서유럽, 북아메리카와 호주-뉴질랜드에서는 이런 차이가 훨씬 작을 뿐 아니라 도시와 농촌의 차이를 설명하는 요인도 다르다. 이는 도시로 이주하는 고등교육을 받은 사람을 크게 선호하지만 이들에게 서비스를 제공하는 대다수에게 지속적인 영향을 끼치지 않는 상대성 때문에 나타난다. 이와 달리 인구통계와 지역사회에 대한 애착은 북유럽과 서유럽, 북아메리카와 호주-뉴질랜드 이외 국가의 도시-농촌 차이에 대해 덜 중요한 설명 요소다.

5. 결론 및 연구 과제

이 장에서 우리는 전 세계의 도시-농촌의 행복 차이를 조사했다. 기존 연구의 연장선상에서 우리는 도시인구가 평균적으로 더 높은 수준의 행복을 보상받는다는 점에서 농촌인구보다 더 행복하다는 것을 발견했다. 삶에 대한 평가 측정에서 차이가 두드러지지만, 우리는 삶에 대한 평가, 긍정적/부정적 감정과 같은 다양한 웰빙 측정에서 강건한 결과를 얻었다.

우리가 발견한 차이는 주로 높은 생활수준과 특히 고등교육을 받은 사람들의 도시에 대한 더 나은 경제전망으로 설명할 수 있다. 동시에, 이런 장소와 사람 효과의 상대적 중요성은 국가마다 다를 수 있으므로 사례연구 접근방법이 필요하다. 이 장에서 웰빙의 도시-농촌 차이는 발전수준에 크게 의존하는 것으로 나타났으며, 〈그림 4.1〉은 더 발전된 서구세계의 도시화 경험이 도시의 웰빙의 평균 수준보다 더 낮은 수준으로 이어질 수 있음을 시사한다. 세계의 다른 지역과 달리 북유럽, 서유럽, 북아메리카, 호주-뉴질랜드에서 상대적으로 훨씬 적은 농촌인구는 도시인구보다 평균 수준의 웰빙이 높았다. 이것은 고등교육을 받은 거주자의 비율이 더 높은 대도시 지역에도 고등교육을 받은 사람들이 여전히 소수라는 사실로 어느 정도는 설명할 수 있다. 비교해 보면, 교육을 받지 못한 훨씬 더 많은 사람들은 소득에 비해 도시생활비가 더 높고, (대부분이 학생인) 저소득층의 독신자 비율이 더 높으며, 주택소유주에 대한 접근성 감소, 긴 통근거리를 비롯한 다양한 이유로 발생하기 때문에, 이 경험은 더 낮은 수준의 웰빙을 준다. 이 결과는 우리가 이미 도시의 역설에 대해 알고 있는 것과 일치하지만 이런 형태의 지역적 차이는 추가 연구를 필요로 한다.

이와 관련해 우리의 연구는 또한 일부 집단이 도시의 이익을 더 잘 누릴 수 있으며 다른 집단보다 도시의 부정적인 영향에 덜 노출된다는 것을 보여주었다. 교육 수준이 낮거나 소득이 낮은 사람들은 불량한 도시 환경에서 벗어날 수 있는 수단이 훨씬 적다. 이 연구에서, 우리는 사하라 이남의 아프리카와 북유럽과 서유럽, 북아메리카와 호주-뉴질랜드 모두에서, 도시 행복의 이익이 저학력자보다 고학력자에게 훨씬 더 크다는 것을 발견했다. 이와 관련한 향후 연구는 어떤 특정한 생활환경이 특정 사람들에게 가장 적합한지를 더 구체적으로 조사해야 하며, 특히 생활양식에 관심을 기울여야 한다. 서구세계에서 특히 중요한 것은 실제 주택비용이 높고 도시의 교육수준이 낮기 때문에 통근거리가 길어지고 가족과 함께하는 시간과 여기가 줄어들며 매우 가까운 환경에서 **상대적** 소득효과가 결합된다는 점이다. 이것은 상대적으로 작은 농촌인구 기반에서 선택적으로 이주한 결과라기보다는 대규모 대도시 내에서 발생하는 불이익이다.

갤럽세계조사를 통해 주관적 웰빙의 도시-농촌의 차이에 대한 지형을 이해하는 데 상당한 진전을 보았지만, 몇 가지 해결되지 않은 문제가 남아 있다. 첫 번째는 주관적 웰빙을 측정하는 방식에 대한 도시-농촌 차이의 민감성과 관련이 있다. 이 장에서 조사한 세 가지 측정-삶에 대한 평가, 조사 전날 떠올린 긍정과 부정의 경험은 거의 10년 전에 관찰된 것처럼, 평균적으로 국가 안에서 뿐 아니라 국가마다 다르다.[84] 바꿔 말해, 다양한 차원의 웰빙이 작동하는 방식에 대한 장소적 특성의 차이뿐 아니라 발전수준의 특성의 차이가 있으므로 추가 분석이 필요하다.

둘째, 행복과 관련해, 장소의 영향은 그곳에 사는 사람들에 달려 있으며 그 반대의 경우도 마찬가지다. 장소적 특성을 가진 표본에서 나온 행복에 대한 어떤 표현도 장소의 실제 특징, 그 특징에 대한 주관적 인식, 장소와 사람의 특성에 따라 둘의 차이가 결합효과를 반영할 것이다. 이들 상호작용에 대한 우리의 평가와 주관적 웰빙 측정에 따라 어떻게 달라지는지에 대한 평가는 사례연구 접근방법으로 시작해 면밀한 분석이 필요하다. 이와 관련해 이 장에서 앞서 말했듯이 향후 연구는 이《세계행복보고서》의 부록에 제시된 것과 같이 객관적인 도시화 측정을 사용할 수도 있다. 이와 같은 객관적 측적의 사용은 '장소의 도시화'(농촌 마을을 뒤덮은 도시)와 '사람의 도시화'(사람들이 도시로 이동) 사이에 중요한 차이가 나타나는 아프리카와 중국의 '도시화'를 이해하는데 특히 관련이 있다. 세계의 이 두 지역에서, 도시화의 성장을 설명하는 것은 공식적으로 농촌지역을 도시로 재분류한 것이다. 바꿔 말해 이들 국가의 수많은 사람들이 이동하지 않고 도시화된다.[85]

관련된 세 번째 쟁점은 장소 자체의 의미다. 예를 들어 도시와 농촌과 같은 장소를 묶는 방식은 종종 매우 임의적이다.[86] 게다가, 장소는 고립해 존재하지 않고 서로 배태되어 있으며(국가의 지역 내 도시 및 마을), 이런 계층적 클러스터링의 맥락에서 장소의 기능에 대한 이해는 다단계모델의 정기적인 적용에서 도움을 받을 수 있다. 다

---

84 Deaton(2013), 52쪽.
85 예를 들어 Chen et al.(2015)과 Teye(2018)을 보라.
86 Sheppard & McMasters(2004).

른 세계조사를 활용한 몇몇 선구적인 연구에 근거를 두면[87] 현재의 갤럽세계조사 표본에 대한 다단계 모형화를 할 수 있는 여지는 여전히 많다.

이 장에서 공간으로 인해 우리가 탐구하지 못했던 네 번째 특징은 평균 행복 수준과 행복의 차이가 맺는 관계다. 평균 주관적 웰빙을 증가시키지 않더라도,[88] 경제성장이 주관적 웰빙의 불평등과 반비례한다는 논문을 다른 국가로 확장할 수 있는 여지는 많다.[89] 국가 내 웰빙의 불평등과 국가 발전수준 사이에는 일반적으로 받아들여지는 음(-)의 관계가 있지만, 갤럽세계조사 자료에 대한 기존 작업을 확장할 여지도 있다.[90]

도시의 역설에 대한 우리의 논의는 또한 다섯 번째 문제, 곧 사회경제적 불평등이 공간적 웰빙에 끼치는 영향을 강조한다. 웰빙은 지형을 공간 분류와 적용이라는 두 가지 과정의 결과로 가정한다. 둘 다 주로 가계가 이용할 수 있는 자원의 영향을 받으며 시장은 누가 어디에서 어떤 조건으로 살지를 주로 결정하지만,[91] 웰빙의 내부 지형은 국가 자체와 국가의 발전 수준의 특성에 크게 달려있다.[92] 이런 분류와 적응 과정에 더 많은 관심이 필요하다.

여섯 번째로, 도시 내의 행복 지형을 이해하는 데 있어 도심지에 가까운 거주지를 둘러싼 경합은 소득과 통근거리 사이에 음(-)의 관계를 낳았다.[93] 그 결과, 접근성 경쟁은 웰빙의 공간적 분포에 대해 개척을 많이 해야 할 분야다. 이런 이유로 우리는 도시크기의 비선형적인 웰빙 결과를 이해하는데 도움이 될 것이므로, 갤럽세계조사의 질문에 통근시간에 대한 질문을 추가하는 것이 권고한다.

---

87 Bonini(2008); Schyns(2002); Deeming & Hayes(2012); Novak & Pahor(2017).
88 Jorda & Sarabia(2015).
89 Ifcher & Zarghamee(2016).
90 Helliwell et al.(2017).
91 Haller & Hadler(2006).
92 Behrens & Robert-Nicoud(2014).
93 Christian(2012).

우리의 연구에서 나온 마지막 요점은 성격과 유전적 요인의 기능과 이것이 웰빙에 끼치는 영향이다.[94] 갤럽세계조사는 성격 유형에 대한 자료를 수집하지 않기 때문에 개인의 이런 속성은 사람들의 행복과 거주지가 맺는 관계에 대한 이해를 통제하지 못하고 있다.[95] 예를 들어 외향적인 사람은 내향적인 사람들과 다른 유형의 환경에서 성장하며, 도시는 신경증 환자에게 살기 좋은 곳일까? 향후 연구에서 이와 관련한 질문은 중요하다.

---

94 E.g. Lynn & Stell(2006).
95 Rentfrow et al.(2008); Rentfrow(2010).

참고문헌

Albouy, D. (2008). Are big cities really bad places to live? Improving quality-of-life estimates across cities Working Paper National Bureau of Economic Research

Alirol E., Getaz, L., Stoll, B., Chappuis, F.and Loutan, L. (2011). Urbanisation and infectious diseases in a globalised world. *The Lancet Infectious Diseases* 11(2): 131-141.

Alonso, W. (1973). Urban zero population growth. *Daedalus*, 102(4), 191-206.

Arampatzi, E., Burger, M., Ianchovichina, E., Röhricht, T., & Veenhoven, R. (2018). Unhappy development: Dissatisfaction with Life on the Eve of the Arab Spring. *Review of Income and Wealth*, 64, S80-S113.

Aslam, A., & Corrado, L. (2012). The geography of well-being. *Journal of Economic Geography*, 12(3), 627-649.

Ballas, D. (2008). Geographical modelling of happiness and well-being. Paper presented at the BURISA 177.

Ballas, D., & Tranmer, M. (2012). Happy people or happy places? A multilevel modeling approach to the analysis of happiness and wellbeing. *International Regional Science Review*, 35, 70-102.

Becchetti, L., Massari, R., & Naticchioni, P. (2013). The drivers of happiness inequality: suggestions for promoting social cohesion. *Oxford Economic Papers*, 66(2), 419-442.

Behrens, K. & Robert-Nicoud, F. (2014). Survival of the fittest in cities: urbanisation and inequality. *The Economic Journal*, 124, 1371-1400.

Berry, B. J. L., & Okulicz-Kozaryn, A. (2009). Dissatisfaction with city life: a new look at some old questions. *Cities*, 26, 117-124.

Berry, B. J. L., & Okulicz-Kozaryn, A. (2011). An urban-rural happiness gradient. *Urban Geography*, 32(6), 871-883.

Berry, S., & Waldfogel, J. (2010). Product quality and market size. *The Journal of Industrial Economics*, 58(1), 1-31.

Blinder, A. S. (1973). Wage discrimination: reduced form and structural estimates. *Journal of Human Resources*, 8(4), 436-455.

Bonini, A. N. (2008). Cross-national variation in individual life satisfaction: effects of national wealth, human development, and environmental conditions. *Social Indicators Research*, 87, 223-236.

Botzen, K. (2016). Social capital and economic well-being in Germany's regions: an exploratory spatial data analysis. *Region*, 3(1), 1-24.

Brereton, F., Clinch, P., & Ferreira, S. (2008). Happiness, geography and the environment. *Ecological Economics*, 65, 386-396.

Broersma L and Van Dijk J. (2008). The effect of congestion and agglomeration on multifactor productivity growth in Dutch regions. *Journal of Economic Geography*, 8(2), 181-209.

Burger, M. J., Meijers, E. J., & Van Oort, F. G. (2014). Regional spatial structure and retail amenities in the Netherlands. *Regional Studies*, 48(12), 1972-1992.

Burger, M., Hendriks, M., Marlet, G., Van Oort, F., Ponds, R., & Van Woerkens, C. (2017). De geluksatlas [The Happiness Atlas], *Atlas voor Gemeenten 2017*, Chapter 1. Nijmegen: VOC Uitgevers

Cantril, H. (1965). *The Pattern of Human Concerns*. New Brunswick, NJ: Rutgers University Press.

Cardoso, R., Meijers, E., Van Ham, M., Burger, M., & de Vos, D. (2019). Why bright city lights dazzle and illuminate: A cognitive science approach to urban promises. *Urban Studies*, 56(2), 452-470.

Chen, J., Davis, D. S., Wu, K., & Dai, H. (2015). Life satisfaction in urbanising China: the effect of city size and pathways to urban residency. *Cities*, 49, 88-97.

Christian, T. J. (2012). Automobile commuting duration and the quantity of time spent with spouse, children, and friends. *Preventative Medicine*, 55, 215-218.

Clark, W. A. V., Yi, D., & Huang, Y. (2019). Subjective well-being in China's changing society. PNAS.

Cummins, R. A., Davern, M., Okerstrom, E., Lo, S. K., & Eckersley, R. (2005). Report 12.1. Australian Unity Wellbeing Index. Special report on city and country living. Melbourne: The School of Psychology and Australian Centre on Quality of Life, Deakin University.

Dang, Y., Chen, L., Zhang, W., Zheng, D., & Zhan, D. (2020). How does growing city size affect residents' happiness in urban China? A case study of the Bohai rim area. *Habitat International*, 102120.

Deaton, A. (2015). *The Great Escape: Health, Wealth, and the Origins of Inequality*. New Jersey: Princeton University Press.

Deeming, C. & Hayes, D. (2012). Worlds of welfare capitalism and wellbeing: A multilevel analysis. *Journal of Social Policy*, 41, 811-829.

Dunlop. S., Davies, S., & Swales, K. (2016). Metropolitan misery: why do Scots live in 'bad places to live?'. Regional Studies, *Regional Science*, 3(1), 717-736.

European_Commission. (2013). Quality of life in cities Flash Eurobarmeter 366. Luxembourg: Belgium: The European Union.

Easterlin, R. A., Angelescu, L., & Zweig, J. S. (2011). The impact of modern economic growth on urban-rural differences in subjective wellbeingwell-being. *World Development*, 39(12), 2187-2198.

Faggian, A., Olfert, M. R., & Partridge, M. D. (2011). Inferring regional well-being from individual revealed preferences: the 'voting with your feet'approach. Cambridge Journal of Regions, *Economy and Society*, 5(1), 163-180.

Glaeser E. (2011). *Triumph of the City*. Basingstoke and Oxford: Palgrave Macmillan.

Glaeser E, Gottlie JD and Ziv O. (2016). Unhappy cities. *Journal of Labor Economics*, 34(2), S129-S182.

Glaeser E. & Sacerdote, B. (1999). Why is there more crime in cities? *Journal of Political Economy* 107(6), S225-S258.

Guneralp, B., Lwasa, S., Masundire, H., Parnell, S., & Seto, K. C. (2018). Urbanisation in Africa: challenges and opportuntiies for conservation. *Environmental Research Letters*, 13, 1-8.

Haller, M. & Hadler, M. (2006). How social relations and structures can produce happiness and unhappiness: An international comparative analysis. *Social Indicators Research*, 75, 169-216.

Harris, J. R. and Todaro, M. D. (1970). Migration, unemployment and development: a two sector analysis. *American Economic Review*, 60, 126-142

Helliwell, J. F., & Barrington-Leigh, C. P. (2010). Measuring and understanding subjective well-being. *Canadian Journal of Economics*, 43(3), 729-753.

Helliwell, J. F., Huang, H. & Wang, S. (2017). The social foundations of world happiness. In: Helliwell, J., Layard, R. & Sachs, J.(eds.) *World Happiness Report 2017*. New York: Sustainable Development Solutions Network.

Helliwell, J., Layard, R., & Sachs, J.(Eds.). (2012). *World Happiness Report*. New York: The Earth Institute, Columbia University.

Helliwell, J., Layard, R., & Sachs, J.(Eds.). (2013). *World Happiness Report 2013*. New York: UN Sustainable Development Solutions Network.

Helliwell, J., Layard, R., & Sachs, J. (2015). *World Happiness Report 2015*. New York

Sustainable Development Solutions Network.

Hoogerbrugge, M. M., & Burger, M. J. (2018). Neighborhood-based social capital and life satisfaction: the case of Rotterdam, the Netherlands. *Urban Geography*, 39(10), 1484-1509.

Hoogerbrugge, M. M. & Burger, M. J. (2019). The urban happiness paradox. Evidence from the United Kingdom. Working Paper, Erasmus University Rotterdam.

Ifcher, J. & Zarghamee, H. (2016). Inequality of happiness: evidence of the compression of the subjective- distribution with economic growth. In: Basu, K. & Stiglitz, J. E.(eds.) *Inequality and Growth: Patterns and Policy. Vol 1. Concepts and analysis*. New York: Palgrave macmillan.

Jorda, V. & Sarabia, J. M. (2015). Wellbeing distribution in the globalisationera: 30 years of convergence. *Applied Research in Quality of Life*, 10, 123-140.

Kahneman, D. (2011). *Thinking, Fast and Slow*. Macmillan.

Kahneman, D., & Deaton, A. (2010). High income improves evaluation of life but not emotional well-being. *Proceedings of the national academy of sciences*, 107(38), 16489-16493.

Lagas, P., van Dongen, F., van Rin, F., & Visser, H. (2015). Regional quality of living in Europe. *Region*, 2(2), 1-26.

Lenzi, C., & Perucca, G. (2016a). Are urbanised areas source of life satisfaction? Evidence from EU regions. *Papers in Regional Science*, 97(S1), S105-S122.

Lenzi, C., & Perucca, G. (2016b). Life satisfaction in Romanian cities on the road from post-communism transition to EU accession. *Region*, 3(2), 1-22.

Lenzi, C., & Perucca, G. (2019). Subjective well-being over time and across space. *Scienze Regionali*, 18(Special issue), 611-632.

Loschiavo, D. (2019). Big-city life(dis) satisfaction? The effect of living in urban areas on subjective well-being(No. 1221). Bank of Italy, Economic Research and International Relations Area.

Lu, C., Schellenberg, G., Hou, F., & Helliwell, J. F. (2015). How's life in the city? Life satisfaction across census metropolitan areas and economic regions in *Canada Economic Insights*(pp. 11). Ottawa: Statistics Canada.

Lynn, M. and Steel, P. (2006). National differences in subjective wellbeing: the interactive effects of extraversion and neuroticism. *Journal of Happiness Studies*, 7, 155-165.

MacKerron G. and Mourato S. (2009). Life satisfaction and air quality in London. *Ecological*

Economics 68(5): 1441-1453.

Meijers, E. J., & Burger, M. J. (2017). Stretching the concept of 'borrowed size'. *Urban Studies*, 54(1), 269-291.

Morrison, P. S. (2007). Subjective wellbeing and the city. *Social Policy Journal of New Zealand*, 31(July), 74-103.

Morrison, P. S. (2020). Wellbeing and the region. *Handbook of Regional Science*(forthcoming). Berlin: Springer.

Morrison P. S. (2011). Local expressions of subjective well-being: The New Zealand experience. *Regional Studies* 45(8): 1039-1058.

Morrison, P. S. (2018). Resolving the urban paradox: subjective wellbeing, education and the big city. *Promotion of quality of life in the changing world. 16th annual meeting of the International Society for Quality-of-Life Studies*. The Hong Kong Polytechnic University, Kowloon, Hong Kong.

Morrison, P.S., Papps, K. & Poot, J. (2006). Wages, employment, labour turnover and the accessibility of local labour markets. *Labour Economics*, 13, 639-663.

Morrison, P.S. & Weckroth, M. (2017). Human values, subjective wellbeing and the metropolitan region. *Regional Studies*, 52, 325-337.

Mulcahy, K., & Kollamparambil, U. (2016). The impact of rural-urban migration on SWB in South Africa. *The Journal of Development Studies*, 52(9), 1357-1371.

Novak, M. & Pahor, M. (2017). Using a multilevel modelling approach to explain the influence of economic development on the subjective well-being of individuals. *Economic research-Ekonomska Istraživanja*, 30, 705-720.

Oaxaca, R. (1973). Male-female wage differentials in urban labor markets. *International Economic Review*, 693-709.

Okulicz-Kozaryn A. (2015). *Happiness and Place: Why Life is Better Outside of the City*. New York: Palgrave Macmillan.

Okulicz-Kozaryn, A., & Valente, R. R. (2019). No urban malaise for Millennials. *Regional Studies*, 53(2), 195-205.

OECD (2010). *Trends in Urbanisation and Urban Policies in OECD countries: What Lessons for China?* Paris: OECD Publishing.

OECD (2014). *How's Life in Your Region? Measuring Regional and Local Well-being for Policymaking*. Paris: OECD Publishing.

OECD (2018). *Divided Cities: Understanding Intra-urban Inequalities*. Paris: OECD

Publishing

Piper, A. T. (2014). Europe's capital cities and the happiness penalty: an investigation using the European Social Survey. *Social Indicators Research*, 123(1), 103-126.

Pittau, M. G., Zelli, R., & Gelman, A. (2010). Economic disparities and life satisfaction in European regions. *Social Indicators Research*, 96, 339-361.

Plaut, V. C., Markus, H. R., & Lachman, M. E. (2002). Place matters: Consensual features and regional variation in American well-being and self. *Journal of Personality and Social Psychology*, 83(1), 160.

Rentfrow, P. J. (2010). Statewide differences in personality: toward a psychological geography of the United States. *American Psychologist*, 65, 548-558.

Rentfrow, P. J., Gosling, S. D. & Potter, J. (2008). A theory of the emergence, persistence, and expression of geographic variation in psychological characteristics. *Perspectives on Psychological Science*, 3, 339-369.

Saghir, J., & Santoro, J. (2018). Urbanisation in Sub-Saharan Africa. *Centre for Strategic & International Studies*(CSIS), April, 1-7.

Scharf T., & De Jong Gierveld J. (2008). Loneliness in urban neighbourhoods: An Anglo-Dutch comparison. *European Journal of Ageing*, 5(2): 103-115.

Schwanen, T., & Wang, D. (2014). Well-being, context, and everyday activities in space and time. *Annals of the Association of American Geographers*, 104(4), 833-851.

Schyns, P. (2002). Wealth of nations, individual income and life satisfaction in 42 countries: A multilevel approach. *Social Indicators Research*, 60, 5-40.

Sheppard, E. & McMasters, R. B. (2004). *Scale and Geographic Inquiry: Nature, Society, and Method*, Cornwall, Blackwell Publishers.

Shields, M., & Wooden, M. (2003). Investigating the role of neighbourhood characteristics in determining life satisfaction Melbourne Institute Working Paper, no 24/03. Melbourne: Melbourne Institute of Applied Economic and Social Research.

Smarts, E. (2012). Well-being in London: measurement and use. GLA Economics Current Issues Note 35. London: Mayor of London.

Sørensen, J. F. (2014). Rural-urban differences in life satisfaction: Evidence from the European Union. *Regional Studies*, 48(9), 1451-1466.

Teye, J. (2018). Urbanisation and migration in Africa. Paper presented at the Expert Group Meeting, United Nations Headquarters.

UN-DESA (2014). World urbanization prospects, the 2011 revision. Population Division,

Department of Economic and Social Affairs, United Nations Secretariat(2014).

United Nations (2019). *2018 Revision of World Urbanization Prospects*. New York: UN

Valdmanis, V. G. (2015). Factors affecting well-being at the state level in the United States. *Journal of Happiness Studies*, 16, 985-997.

Veenhoven, R. (2000). The four qualities of life. *Journal of Happiness Studies*, 1(1), 1-39.

Veenhoven, R. (1994). How satisfying is rural life?, In J. Cecora(ed.), *Changing Values and Attitudes in Family Households, with Rural Peer Groups, Social Networks and Action Spaces*, Bonn, Germany: Society for Agricultural Policy and Rural Sociology, pp. 4-52.

Veenhoven, R., & Berg, M. (2013). Has modernization gone too far? Happiness and modernity in 141 contemporary nations. *International Journal of Happiness and Development*, 1(2), 172-19

Völker, Beate, & Flap, Henk. (2007). Sixteen million neighbors. A multilevel study of the role of neighbors in the personal networks of the Dutch. *Urban Affairs Review*, 43(2), 256-284.

Winters, J. V., & Li, Y. (2017). Urbanisation, natural amenities and subjective well-being: Evidence from US counties. *Urban Studies*, 54(8), 1956-1973.

World Bank. (2009). World development report 2009. Reshaping economic geography. Washington DC: The International Bank for Reconstruction and Development/The World Bank.

제5장

환경의 질과 행복*

크리스티안 크레켈(Christian Krekel)** · 조지 맥케런(George MacKerron)***

제5장은 자연 환경의 각기 다른 측면들이 어떻게 주관적 웰빙에 영향을 미치는지를 검토한다. 이 장의 전반부에서는 갤럽월드폴(Gallup World Poll)의 행복 측정치와 함께 OECD 국가들의 자연 환경 데이터를 활용하여 분석을 하고, 후반부에서는 런던 사람들에서 추출한 표본이 실시간으로 보고하는 자료를 활용하여 그들의 활동 및 그들을 둘러싸고 있는 지역 환경의 특징에 따라 그들의 감정이 어떻게 변하는지를 본다.

---

* 이 장은 UN《세계 행복보고서 2020》제5장(Chapter 5. How Environmental Quality Affects Our Happiness)을 박찬영 교수(목포대 행정학과, world_khan@naver.com)가 번역한 것이다.
** 런던경제대학(LSE) 조교수
*** 서섹스대학교 부교수, 심리기술회사(Psychological Technologies; PSYT) 공동창립자 겸 최고기술경영자

1. 서론

2018년 8월 20일 스웨덴의 그레타 툰베리(15세)는 학교에 가지 않는 대신 시위(strike)를 시작하였다. 스웨덴 의회 선거가 있던 9월 9일까지 그녀는—모든 평일의 수업시간 동안—스웨덴 의회 건물 앞에 서서 정부의 탄소 배출 감축 조치를 요구하였다. 기후를 위한 그녀의 학교 등교 거부는 곧 전 세계로 알려졌다. 2019년 3월 15일 128개국 140만 명의 청년들이 그들의 정부에게 기후변화 대응을 요구하기 위하여 **미래를 위한 금요일**(Fridays for Future)이라는 현수막을 들고 가두시위에 나섰다.[1]

한 달 뒤인 4월 15일 모든 연령대 및 배경을 가진 수많은 시위자들이 영국 기후변화 대응 단체인 **멸종저항**(*Extinction Rebellion*)에 의하여 조직된 시위에서 런던의 주요 랜드마크들을 점거하였는데, 이는 열흘 넘게 도시에 광범위한 혼란을 가져왔고 그 결과 천 명이 넘는 사람들이 체포되었다.[2] 전 세계의 80곳이 넘는 도시들과 호주, 캐나다, 프랑스, 스웨덴을 포함한 국가들에서도 운동가들이 가두시위에 나섰다. 5월 26일 녹색당들은 많은 유럽연합 회원국들의 기성정당들을 앞지르면서 유럽의회선거에서 역대 최상의 결과를 얻었다.[3] 기후변화 및 환경보호가 그들이 내세운 캠페인의 주요 주제였다.

우리의 자연 환경을 어떻게 보호할지, 그리고 특히 기후변화의 원인과 결과에 어떻게 대처할지는 분명히 이 시대의 가장 중요한 이슈 중 하나이다. 이는 범세계적 운동, 풀뿌리 운동 및 투표 행태뿐만 아니라 가장 높은 국가적·국제적 수준의 정책에도 반영되어 있다.

시위자들의 요구에 대응하기 위하여 영국 정부는 2019년 5월 1일 **기후비상사태**(climate emergency)을 선언하였다.[4] 암스테르담, 밀란, 뉴욕시, 샌프란시스코, 시드

---

1   Guardian(2019a)을 참조할 것.
2   Guardian(2019b; 2019c)을 참조할 것.
3   Guardian(2019d)을 참조할 것.

니를 포함하는 대규모 메트로폴리탄 지역뿐만 아니라 아일랜드, 캐나다, 프랑스에서도 선언이 곧 뒤이었다.

그동안에 세계은행(World Bank)과 같은 주요 국제기관들은 환경과 천연자원관리에 대하여 재원의 투입을 상당히 증가시켜왔다. 2018 회계연도에 국제부흥개발은행(International Bank for Reconstruction and Development; IBRD)—대부분 중간 소득 국가들에 돈을 빌려주는 세계은행그룹의 기관—이 환경에 투입한 금액은 대략 104억 달러(2017 회계연도에 비하여 44% 증가)였는데, 이는 분야별로는 가장 높은 재원이 투입된 것이었다(도시와 농촌 개발이 86억 달러로 그 뒤를 이음). 가장 가난한 국가들에 무이자대출 및 보조금을 주는 국제개발협회(International Development Association; IDA)는 재원투입이 58억 달러에서 95억 달러로 심지어 더—65%—늘어났다.[5] 유럽부흥개발은행(European Bank for Reconstruction and Development; EBRD)에서는 2018 회계연도에 투자의 36%가 녹색경제로 향했고 2020년에는 이 비율을 40%로 올리려는 목표를 갖고 있다.[6] 민간부문을 포함한 다른 기관들은 그들의 사업이 어떻게 환경에 영향을 미치는지를 평가하고 환경보호를 기업의 사회적 책임(corporate social responsibility; CSR)에 포함시킴으로써 주요 국제기관들을 따라가고 있다.

이 장은 자연 환경이 우리의 행복에서 담당하는 주요 역할에 대하여 커지는 관심을 반영한다. 우리가 어떻게 느끼는지 그리고 삶을 어떻게 평가하는지를 환경의 질이 어떻게 구체화하는지에 대하여 살펴보는 것은 **세계 행복보고서 시리즈**에서는 최초이다. 이 장은 환경의 질 및 공해, 기후변화 등의 요인에 따른 전 세계적이고 국지적인 환경의 질의 변화뿐만 아니라, 원래부터 주어진 부존자원 및 시간에 따른 부존자원의 변화에 의하여 결정되는 자연 환경에 초점을 맞춘다.

사람들에게 있어 환경의 중요성은 전 세계에서 일반적인 것으로 보인다. 160개가

---

4   Guardian(2019e)를 참조할 것.
5   World Bank Group(2018).
6   European Bank for Reconstruction and Development(2019).

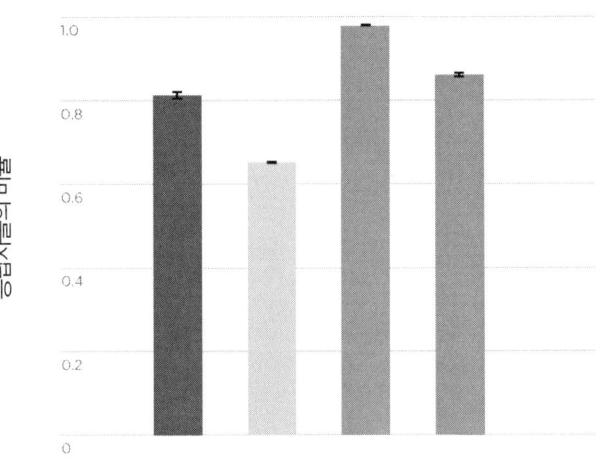

〈그림 5.1〉 환경에 대한 전 세계의 입장

■ 성장보다 환경을 우선순위에 둔다
■ 환경보호에 대하여 만족한다
■ 기후변화를 위협으로
■ 기후변화는 삶을 더 힘들게 한다

주(註): 도표에 표시된 평균은 각각의 질문에 동의한 응답자들의 비율을 나타낸다. 경제성장보다 환경보호가 우선되어야 하는지를 묻는 문항은 2009년부터 2011년까지 사용된다. 환경을 보존하려는 국가의 노력에 만족하는지를 묻는 문항은 2006년부터 2018년까지 사용된다. 기후변화가 자신 혹은 자신의 가족에 위협으로 인식되는지를 묻는 문항은 2007년부터 2010년까지 사용된다. 기후변화가 삶을 더 힘들게 하는지를 묻는 문항은 2007년부터 2010년까지 사용된다. 신뢰구간은 95%이다.
출처: 다년간의 갤럽월드폴

넘는 국가들에서 매년 실시되어 국가를 대표하는 설문조사인 갤럽월드폴에서, 응답자들은 환경에 대한 그들의 입장에 대하여 정기적으로 답변한다. 〈그림 5.1〉은 설문항목 중 일부에 대한 그들의 응답을 보여준다.[7]

---

[7] 갤럽월드폴의 설문문항에는 실시된 연도와 지역적 범위의 관점에서 차이가 있다. 환경보호 대 경제성장에 관한 문항은 2009년부터 2011년까지 영연방, 동남아시아, 남아시아, 동아시아 및 라틴아메리카에서 사용되었다. 환경을 보존하기 위한 노력에의 만족에 관한 문항은 2006년부터 2018년까지 모든 지역에서 사용되었다. 개인 또는 한 가족에 대한 위협으로서의 지구온난화에 관한 문항은 2007년부터 2010년까지 모든 지역에서 사용되었다. 기후변화의 결과로 삶이 더 힘들어지는 지에 관한 문항은 2007년부터 2010년까지 유럽, 영연방,

선택지가 주어졌을 때, 응답자들의 62%는 경제성장보다 환경보호에 우선순위를 매기겠다고 말한다. 자신이 속한 국가가 환경을 보존하기 위하여 투입하는 노력에 만족한다는 응답자들은 절반에 불과하다.[8] 특히, 응답자들의 74%는 지구온난화가 그들 및 그들 가족에게 매우 내지 다소 심각한 위협이라고 인식하고, 65%는 기후변화가 그들의 삶을 더 힘들게 할 것으로 믿는다.

사람들에게 있어 자연 환경의 중요성은 국가를 대표하는 가구(세대)설문조사에서 확실해진다. 예컨대, 그들의 웰빙과 삶의 만족에 환경보호가 얼마나 중요한지를 물었을 때, 독일 사회경제패널연구(German Socio-Economic Panel Study; SOEP)의 응답자들 중 88%는 '중요하다' 또는 '매우 중요하다'고 평가한다. 환경보호에 대하여 염려하는지를 물었을 때, 72%가 '다소 내지 매우 염려한다'고 표명한다. 이와 비슷하게, 70%는 기후변화의 결과에 대하여 '다소 내지 매우 염려한다'고 표명한다.[9]

환경이 사람들의 웰빙에 어떠한 영향을 미치는지는 학술연구의 대상 또한 되어 왔다. 주관적 웰빙의 지표들을 포함하는 데이터셋이 최근 점점 더 많이 이용가능해져 왔고 환경적 요인의 외적, 객관적 지표들과—보통 매우 정밀한 지리적 수준에서—이제 합쳐질 수 있다. 늘어나는 추세의 연구들은 사람들의 감정 및 삶에 대한 평가가 그들의 환경에서 환경적 요인들에 어떻게 의존하는지를 보여주기 위하여

동남아시아, 남아시아, 동아시아, 라틴아메리카, 중동 및 사하라 이남의 아프리카에서 사용되었다. 이들 항목 중 일부는 최신이 아니긴 하나, 기후변화와 같은 이슈들이 점차 현저해짐에 따라 사람들에게 환경의 중요성이 시간에 따라 대체로 커진다는 것을 합리적으로 주장할 수 있다. 따라서 과거의 응답은 오늘날의 잠재적 응답에 대한 하한치로 해석될지 모른다.

8 환경에 대하여 진술된 입장은 친환경 행태로도 이해된다: 응답자들의 62%는 가정에서 물을 덜 쓰려고 노력했다고 진술하고, 45%는 환경에 유해하다고 알려진 일부 제품들을 쓰지 않았다고 진술하며, 28%는 작년에 자발적으로 재활용을 했다고 진술한다. 이렇게 진술된 입장과 행태는 물론 어느 정도는 사회적 선망 편향(social desirability bias)의 영향을 받는다.

9 웰빙과 만족에 대한 환경의 중요성에 관한 문항이 가장 최근에 사용된 것은 1999년이었다. 환경보호와 기후변화에 대한 걱정에 관한 문항이 가장 최근에 사용된 것은 2016년이었다.

이러한 데이터를 잘 활용한다. 환경적 요인들의 예로는 지리,[10] 자연자본,[11] 기온과 강수량,[12] 토지피복(land cover),[13] 대기오염,[14] 소음공해,[15] 사회기반시설[16] 또는 자연재해의 위험을 포함한 자연재해[17]가 있다.[18]

환경과 행복 간 관계에 대한 학문적 관심은 크게 두 방향으로 나누어져 왔다: 첫째, 환경이 사람들의 주관적 웰빙에 어떻게 영향을 미치는지에 대한 순수한 관심이 있어 왔다. 공적이면서 보통 시장가격이 존재하지 않는 무형의 재화인 환경적 요인의 가치를 금전적으로 매기기 위하여 주관적 웰빙의 지표들을 사용하는 작업들도 행하여져 왔다.[19] 삶의 만족―경험된 효용의 측정치[20]―에 대한 환경적 요인의 영향을 소득의 영향으로 교환하는 이 접근법은 **경험에 따른 선호 평가법**(experienced-preference valuation)으로 일컬어져 왔다.[21] 둘째, 친환경적 행태가 사람들의 주관적 웰빙에 어떻게 영향을 미치는지에 대한 관심이 널어났으며, 그리고 이에 따라 사람들의 감정상태가 어떻게 더 환경친화적인 방식으로 행동하는지에 이르도록 효과적으로 영향력을 미칠 수 있는지에 대한 관심이 늘어나고 있다.

뒤이어 우리는 먼저 국가 간 원래부터 주어진 부존자원과 환경의 질의 차이를 살

---

10 Brereton et al.(2008).
11 Engelbrecht(2009).
12 MacKerron & Mourato(2013).
13 Smyth et al.(2008); Ambrey & Fleming(2011); Kopmann & Rehdanz(2013); MacKerron & Mourato(2013); Ambrey & Fleming(2014); Krekel et al.(2016); Kuehn et al.(2017); Bertram et al.(2020).
14 Rehdanz & Maddison(2008); Lüchinger(2009); Levinson(2012); Ferreira et al.(2013); Ambrey et al.(2014); Zhang et al.(2017a, 2017b).
15 van Praag & Baarsma(2005); Rehdanz & Maddison(2008); Weinhold(2013).
16 Krekel(n.d); Krekel & Zerrahn(2017); von Möllendorff & Welsch(2017).
17 Lüchinger & Raschky(2009); Goebel et al.(2015); Rehdanz et al.(2015).
18 Berlemann(2016).
19 Welsch(2007); Frey et al.(2010).
20 Kahneman et al.(1997).
21 Kahneman & Sugden(2005); Welsch & Ferreira(2013).

펴보고 이를 국가 수준에서의 행복 차이에 연관시킴으로써, 우리의 자연 환경이 우리의 행복을 어떻게 형성하는지를 국제 비교 차원에서 먼저 연구한다. 환경에 대한 OECD 및 세계은행의 공식 통계와 결합된 국가를 대표하는 갤럽월드폴 설문조사 데이터를 최대한 활용한다. 이 장의 두 번째 부분에서는 런던의 사례를 활용하여 대도시의 국지적인 환경의 질과 행복을 연구함으로써 "주제를 세부적으로 검토"한다. 첫 번째 부분과 유사한 환경적 요인를 살펴보면서도 지리적 수준에서는 개인별로 인접한 환경 수준까지 훨씬 더 정밀하게 들어간다. 여기서 우리는 사용자들에게 낮 시간 동안의 행복에 대한 느낌을 보고하도록 무작위로 물으면서 응답의 정확한 시각 및 응답자들의 정확한 지리적 위치를 기록하는 스마트폰 앱인 매피니스(Mappiness)의 데이터를 활용한다. 그리고 응답들은 특정 시점에 응답자들이 인접한 환경의 환경적 요인과 연계된다.

2. 자연 환경은 우리의 행복을 어떻게 형성하는가: 전 세계로부터의 근거

자연 환경이 우리의 행복을 어떻게 형성하는지에 대한 근거를 보여주기 전에, 먼저 한 걸음 뒤로 물러나서 우리는 왜 애당초 자연이 행복에 영향을 미칠 것으로 기대하는지를 묻는다. 여기에는 아마도 서로 겹치는 세 가지 이유가 있다.

첫째, **생명애**(*biophilia*)는 인간과 생물학적 진화로 인하여 발생한 특수한 서식지 또는 다른 생명체 간 본능적이고 밀접한 연관이 있다는 가설을 말한다. 여기서 자연은 우리의 진화적 기원에 의하여 형성된 행복에 **직접적인** 긍정적 영향을 미친다.[22] 녹색의 자연 환경에 노출되는 것이 정신적인 웰빙을 향상시킨다는 것을 시사하는 심리

22　Wilson(1984).

학적 근거가 실로 있다.[23] 이 기제에는 스트레스 감소,[24] 긍정적인 감정의 증대,[25] 인지력 회복,[26] 그리고 자기조절에의 긍정적인 효과 등이 포함된다.[27]

둘째, 녹색의 자연 환경은, 정신적 또는 신체적 건강과 장수를 개선하고 그렇게 함으로써 행복을 향상시키는 공적이고 개방된 공간 제공을 통하여, 예컨대 신체적 운동이나 사회적 상호작용과 같은 특정 행태를 촉진함으로써, **간접적인 긍정적 영향**을 미칠 수 있다. 건강에 주는 녹색의 자연 환경 혜택은 여러 문헌들에 의해 잘 뒷받침되고 있다.[28] 아래의 두 기제 모두에 대하여 의학 및 역학(疫學)의 문헌적 근거가 있다. 즉, 자연 환경은(전체 인구 사이에서 고르지 않게 분배될 수 있는[29]) 건강에의 혜택을 가져다주는 신체활동을 촉진하면서,[30] 동시에 사회적 상호작용을 촉진한다.[31] 친구들, 친척들, 또는 배우자와 어울리는 것은 행복의 결정요인 중 가장 강력하다.[32]

셋째, 녹색의 자연 환경은 호흡기·심혈관 질환 및 높아진 스트레스 수준과 연관된 대기오염이나 소음공해와 같은 특정한 환경적 스트레스 요인이 없기 때문에 더 나은 환경의 질을 가질지 모른다. 동시에, 경치가 좋은 데에 따른 쾌적함이나 휴양을 위한 토지피복과 같은 환경재를 제공해줄 수도 있다. 두 가지 모두 행복에 간접적인 영향을 주나, 스트레스 요인은 사람들에게 현저할 때 걱정을 유발함으로써 아마 **직접적인** 영향도 줄 수 있다.

---

23 Guite et al.(2006); O'Campo et al.(2009); Annerstedt et al.(2012).
24 Wells & Evans(2003); Agyemang et al.(2007); Gidlöf-Gunnarsson & Öhrström(2007); Nielson & Hansen(2007); Stigsdotter et al.(2010).
25 Ulrich(1983, 1984); Ulrich et al.(1991).
26 Berman et al.(2008).
27 Hartig et al.(2003); Karmanov & Hamel(2008); van den Berg et al.(2010).
28 de Vries et al.(2003); Maas et al.(2006); Maas et al.(2009).
29 34번째 각주. Takano et al.(2002); Potwarka et al.(2008).
30 33번째 각주. Maas et al.(2008); Richardson et al.(2013).
31 Leslie & Cerin(2008).
32 Kahneman et al.(2004).

녹색의, 건강한, 그리고 행복한

녹지에 짧게 노출되는 것만으로도 사람의 건강과 웰빙을 유발할 수 있는 (salutogenic) 효과를 드러내기에 충분하다. 전형적 연구인 Ulrich(1984)는 1972년과 1981년 사이에 펜실베이니아 교외 병원에 있는 수술환자의 회복기록을 조사하였다.[33] 일부 환자들은 자연이 보이는 방에 – 전적으로 우연히 – 배정되었고, 다른 환자들은 벽돌로 된 방에 배정되었다. 자연이 보이는 방에 배정된 환자들은 수술 이후 병원에 머무른 기간이 더 짧았고, 간호일지에 부정적인 견해가 더 적었으며, 약을 덜 요구하였다. Ulrich et al. (1991)는 후속 실험에서 120명의 대상자들에게 먼저 스트레스를 주는 영화를 보게끔 한 다음 각기 다른 자연 및 도시 환경의 영상을 접하게 함으로써, 자기보고식 정서적·생리적 상태를 측정하였다.[34] 저자들은 대상자들이 도시 환경보다는 자연 환경에 노출되었을 때 스트레스 회복이 더 빠르고 온전했음을 발견한다. 이 기제에는 더 긍정적인 기질의 감정 상태로의 변화, 생리적 활동 수준에서의 긍정적인 변화가 포함되고, 이 변화들은 지속적 주의(sustained attention)에 의하여 달성된다. Kaplan(2001)은 각 가정의 창문에서 보이는 자연 환경을 연구함으로써 전체 인구를 대상으로 한 실제 상황에서 위 분석을 반복하였고, 눈에 보이는 인근의 자연이 웰빙에 미치는 긍정적인 효과를 확인하였다.[35] 흥미롭게도 사람들은 이러한 효과들을 예상하지 않는다: Nisbet & Zelenski(2011)는 자연 환경에서 더 많은 시간을 보냄으로써 그들의 웰빙을 극대화하는 것에 어쩌면 실패하여, 웰빙에 미치는 자연의 혜택을 체계적으로 과소평가하는 것을 보인다.[36]

자연 환경 및 자연 환경의 질이 전 세계에 걸친 우리의 행복에 어떻게 영향을 미

---

33 Ulrich(1984).
34 Ulrich et al.(1991)
35 Kaplan(2001).
36 Nisbet & Zelenski(2011).

치는지를 연구하기 위하여, 먼저 세계 전체 성인 인구의 99% 이상을 포함하면서 매년 160개국 이상에서 실시되는 설문조사인 갤럽월드폴의 데이터를 사용한다. 데이터는 연간 국가별 도농지역을 모두 포함하는 대략 1,000명을 포함한다. 이 광범위한 범위를 고려했을 때, 전 세계에 걸쳐 환경의 질이 우리의 행복에 어떻게 영향을 미치는지를 연구할 수 있다.

주요한 결과물은, 맨 바닥에는 0이 맨 꼭대기에는 10이 표시된 사다리에 본인이 있다고 상상을 해보라고 묻는 문항인 소위 **인생 사다리**(Cantril ladder)에서 얻어진 응답자들의 삶에 대한 평가이다. 0은 가능한 최악의 삶 그리고 10은 가능한 최선의 삶을 각각 대변한다.[37] 주관적 웰빙을 인지하고 평가하는 측정치인 **삶에 대한 평가**에 더하여, 경험에 따른 측정치인 **긍정적, 부정적 정서**도 살펴본다.[38] 이 항목들은 응답자들에게 과거의 감정적 경험에 대하여 묻는 일련의 네-아니오 질문으로 구성된다. 긍정적인 정서로는 응답자들이 행복감과 즐거움의 감정을 경험했는지, 그리고 그들이 미소를 짓고 많이 웃었는지가 포함된다. 부정적인 정서로는 응답자들이 슬픔, 걱정, 그리고 분노의 느낌을 자주 경험했는지가 포함된다. 우리는 문항들을 평균함으로써 긍정적이고 부정적인 정서의 지수들(0과 100 사이)을 만든다.

사람들의 행복을 그들을 둘러싸고 있는 자연 환경과 관련시키기 위하여, 표본을 OECD 국가들에 한정하고 다양한 데이터 출처로부터―국가 수준에서 측정된―각기 다른 환경적 요인들의 유형에 관하여 국제적으로 비교가 가능한 데이터를 구한다.[39] 먼저, 1인당 인공적으로 배출된 일산화황(SO), 산화질소(NO), 미세먼지 농도(PM10과 PM2.5), 일산화탄소(CO), 그리고 非메탄계 휘발성유기화합물(OC)을 포

---

[37] Cantril(1965).
[38] 달리 명시되어 있지 않다면, 행복과 주관적 웰빙의 용어를 교환이 가능한 의미로 사용한다.
[39] 이 국가들은 호주, 오스트리아, 벨기에, 캐나다, 칠레, 체코, 덴마크, 에스토니아, 핀란드, 프랑스, 독일, 그리그, 헝가리, 아이슬란드, 아일랜드, 이스라엘, 이태리, 일본, 라트비아, 리투아니아, 룩셈부르크, 멕시코, 네덜란드, 뉴질랜드, 노르웨이, 폴란드, 포르투갈, 러시아, 슬로바키아, 슬로베니아, 대한민국, 스페인, 스웨덴, 스위스, 터키, 영국 그리고 미국이다.

함하는 OECD 환경 데이터베이스로부터 대기오염에 관한 데이터를 구한다.[40] 다음으로, 세계은행의 1인당 산림면적에 관한 데이터를 활용한다.[41] 마지막으로, 월별 평균뿐만 아니라 섭씨 최저·최고 기온 및 mm 기준 월별 평균 강수량을 포함하는 세계은행의 기후변화지식포털(Climate Change Knowledge Portal; CCKP)의 기후와 관련된 환경적 요인에 관한 데이터를 구한다.[42] 표본은 대부분의 환경적 요인에 대하여 2005년부터 2015년까지의 기간을 포함한다.

우리는 사람들의 행복과 그들을 둘러싸고 있는 자연 환경과의 관계를 설명하기 위하여 다중회귀분석을 이용한다. 더 구체적으로 말하면, 삶에 대한 평가 또는 긍정적·부정적 정서로써 측정된 행복을 종속변수로, 각각의 환경적 요인 유형을 설명변수로 하고, 국가 간 사회적 및 경제적 발전의 차이를 걸러내기 위한 다양한 통제변수들을 함께 반영한다. 국가 간 차이는 환경적 요인의 차이를 통하여 행복과 직간접적인 연관이 있을지 모른다. 예컨대, 더 높은 수준의 경제발전은 행복에 직접적이고 긍정적인 효과를 갖는 더 높은 소득과 연관이 있을지 모른다. 그러나 동시에, 더 높은 수준의 경제발전은 결국 행복에 부정적인 효과를 갖는 더 활발한 경제활동에 따른 더 심한 대기오염과 연관이 있을지 모른다. 따라서 행복에 관한 환경적 요인의 효과를 따로 떼어내기 위하여, 응답자들의 광범위한 사회인구학적 특성과 경제적 여건을 통제한다. 이에 더하여 국가 수준의 다양한 특성 특히 인구수준 및 인구밀도뿐만 아니라 1인당 GDP를 통제한다.[43] 마지막으로 전체적이고 지역에 특화된 시간의 추세뿐만 아니라 고정된 지역적 특성을 따로 걸러내기 위하여 국가들이 위치한 지역, 연도 및 지역-연도 간 상호작용을 통제한다. 강건(robust) 표준오차는 국가들

---

40 OECD(2020).
41 세계은행(a).
42 세계은행(b).
43 개인 수준의 통제변수에는 연령, 성별, 결혼상태, 건강, 교육, 고용상태, 가계소득, 그리고 가구원 및 어린이의 수가 포함된다. 국가 수준의 통제변수에는 인구수준 및 인구밀도뿐만 아니라 1인당 GDP가 포함된다.

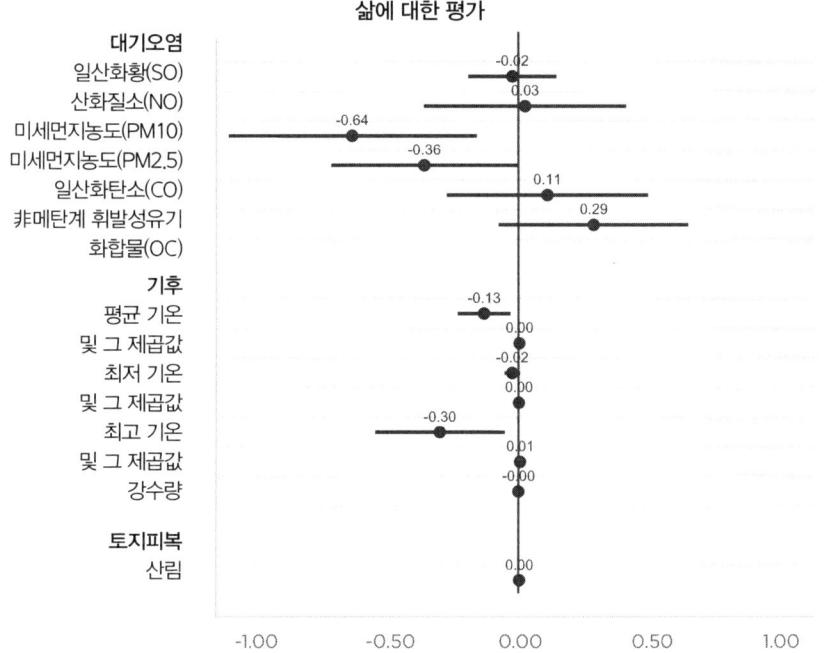

〈그림 5.2〉 전 세계에서 환경의 질이 어떻게 삶에 대한 평가에 영향을 미치는가

주(註): 도표에 표시된 계수값은 개인, 가계 및 국가 수준의 통제와 함께 삶에 대한 평가를 종속변수로 각각의 환경적 요인을 설명변수로 회귀분석한 개별 모형들로부터 얻는다. 신뢰구간은 95%이다.
출처: 2005년부터 2015년까지의 갤럽월드폴; OECD 환경 데이터베이스; 세계은행 및 세계은행의 기후변화지식포털.

내의 관측치들 간 상관관계를 설명하기 위하여 국가 수준에서 군집(cluster)되어 있다. 그리고 왜도(skewness)를 줄이기 위하여 대기오염 측정치에 자연로그를 취하는 반면, 다른 모든 환경적 요인들은 원래의 단위로 둔다. 〈그림 5.2〉는 주요한 결과물로서 삶에 대한 평가에 관한 결과를 보여준다.

전 세계에 걸쳐 노출의 대리변수로 1인당 연간 수준에서 측정된 미세먼지농도가 사람들이 그들의 삶을 어떻게 평가하는지에 관하여 대체적으로 부정적인 효과가 있다는 것이 드러난다: PM10(더 큰 미립자) 및 PM2.5(더 작은 미립자) 모두 전반적인 삶에 대한 평가를 유의미하게 감소시킨다. 두 오염물질 모두 5% 유의수준에서 통

계적으로 유의미하다: 그러나 그들 간의 차이는 유의미하지 않은 것으로 나타난다. PM10의 1인당 연간 1%의 증가(평균 수준에서 약 150그램)는 0–10 등급의 전반적인 삶에 대한 평가를 0.0064점 가량 감소시킨다. PM2.5의 1인당 연간 1%의 증가(평균 수준에서 약 60그램)는 0–10 등급의 전반적인 삶에 대한 평가를 0.0036점 가량 감소시킨다. 삶의 평가에 관한 대기오염의 부정적인 효과는 주관적 웰빙 문헌들에 잘 정리되어 있다.[44] 대부분의 경우 오염물질들은 정서를 유의미하게 바꾸지 못하는데, 이는 사람들의 자신들의 삶을 전반적으로 평가하는 것이, 매일의 기분을 보고하는 것보다, 특히 미세먼지농도와 같은 대기오염에 더욱 민감하다는 것을 말해준다.

표본의 성분별 효과(갤럽월드폴은 미세먼지농도 문제가 더 일반적일지 모르는 도시 지역을 과대추출한다)에 더하여, 미세먼지농도의 강한 효과 크기는 상대적으로 무취이고 눈에 덜 띄는 다른 대기 오염물질들에 비했을 때 상대적으로 더 두드러진 데에 따른 것일지 모른다. 미세먼지농도는 최근에 언론 및 정치적 아젠다에서 대단하게 다루어져 왔다. 특히 도심 지역과 디젤차 금지에 있어 미세먼지농도의 한계치를 넘는 것에 중점을 두는 논의에서 그래왔는데, 이것이 어쩌면 미세먼지농도가 두드러진 것에 기여한다. 미세먼지에 대한 이러한 간접적이고도 걱정연관적(worry-related) 효과에 더하여, 건강에 관한 미세먼지농도의 부정적인 영향이 많이 연구되어 왔는데, 이는 삶에 대한 전반적인 평가 점수를 떨어뜨리는 것에 대한 직접적인 원인이 될 수도 있다.[45]

다음으로 기후를 살펴본다. 월별 평균, 최저 및 최고 기온의 비선형적 효과를 설

---

44 Rehdanz & Maddison(2008); Lüchinger(2009); Ferreira et al.(2013); Ambrey et al.(2014). 이 연구들의 대부분은 서로 밀접하게 연관된 개념들인 '삶에 대한 평가' 대신 '삶의 만족'을 살펴본다. 삶의 만족에 관한 문항들은 모든 것을 고려했을 때 응답자들에게 현재 그들의 삶에 얼마나 만족하는지를 일반적으로 묻는다. 삶에 대한 평가와는 달리, 삶의 만족은 사회적 비교의 성향이 더 약한데, 이것이 환경적 요인들을 덜 중요한 것으로 만들 것이다. 따라서 이 장에서는 삶에 대한 평가 및 삶의 만족 모두 동일한 근본적 개념을 언급한다고 가정한다.

45 Anderson et al.(2012); Rohr & Wyzga(2012).

명하기 위하여 회귀식에 온도 자체 및 그 제곱항을 모두 포함한다. 월별 평균·최고 기온은 삶에 대한 전반적인 평가를 5% 유의수준에서 유의미하게 감소시킨다; 월별 최저 기온은 사람들이 어떻게 그들의 삶을 전반적으로 평가하는지에 대하여 덜 중요한 것으로 보인다. 기온과 삶에 대한 평가 간의 비선형적 관계에 대한 일부 근거가 있으나, 제곱항은 다소 작고 10% 유의수준에서만 통계적으로 유의미한 것으로 나타난다. 대체로 이는 더 온화한 기후에 대한 선호를 암시한다. 기온과는 대조적으로, 월별 평균 강수량은 삶에 대한 평가에 별로 중요하지 않은 것으로 보인다. 삶에 대한 평가에 관한 기후의 영향 역시 잘 연구되어 있다.[46]

토지피복 그리고 특히 1인당 자연산림면적에 대해서라면 국가의 산림면적은 사람들이 그들의 삶을 어떻게 평가하는지에 관하여 유의미한 영향을 주지 않는 것으로 나타난다. 매일의 삶에 대하여 어떻게 느끼는지에 관하여도 영향을 주지 않는 것으로 나타난다. 마지막으로, 도시에 사는지 여부에 따라 환경적 요인이 사람들의 행복에 영향을 미치는지를 연구하였으나, 유의미한 차이는 발견하지 못하였다: 대부분의 점수 추정치들은 매우 유사하고, 차이가 존재한다고 해도 거의 유의미하지 않은 것으로 드러난다.

지금까지 우리는 국가 수준에서 측정된 환경적 요인들을 각 국가에 거주하는 설문조사 응답자들의 행복에 연계함으로써 전 세계에서 우리의 환경이 우리의 행복에 어떻게 영향을 미치는지를 봐왔다. 그러나 모든 사람들이 같은 방식으로 환경에 노출되지 않는다. 그리고 우리의 점수 추정치들은 그 영향이 모든 사람에게 즉각적으로 미치는 것인양 암묵적인 가정을 하고 있으나 그럴 것 같지는 않다. 예컨대, 대기 오염물질이 국가 도처에 골고루 섞여 있다고 가정을 해왔어야 했으나, 이에 반하여 예컨대 미세먼지농도는 주요 도로와 같은 그 근원으로부터의 거리에 따라 크게 달라진다. 따라서 우리의 인근환경과 우리의 행복을 연계하기 위해서는 더 정교한 분석이 요구된다. 이 유형의 분석은 다음 장에서 이어진다.

---

46 Maddison & Rehdanz(2011); Murray et al.(2013); Lucas & Lawless(2013).

자연의 땅, 경치, 그리고 행복

자연에 더 가깝게 사는 사람들이 더 행복한가? 백만 개가 넘는 고유한 지리적 위치 데이터표시지점(data point)을 제공하는 스마트폰 앱 매피니스의 이만 명이 넘는 사용자들의 행복을 표본추출하고, 영국 생태학·수문학 센터의 2000년 토지피복지도로부터의 토지피복에 관한 데이터를 활용한 MacKerron과 Mourato는 인구가 조밀한 도시 지역에 비하여 야외와 자연 서식지에 있을 때 영국에 사는 사람들이 가장 큰 행복을 보고한다는 것을 발견한다.[47] 특히 해양 및 연안 지역; 산지, 광야 및 황야지; 그리고 삼림 지대와 가까울 때 가장 행복하다. Kopmann과 Rehdanz는 이러한 양(+)의 관계가 유럽 31개국에서 유효하고 사람들이 "극단적인" 땅의 배치(allocation)보다는 "균형이 잡힌" 땅의 배치(즉, 자연의 토지피복이 더 다양한 상태)을 선호한다는 것을 보인다.[48] 자연의 땅과 행복 간의 양(+)의 관계에 대한 중요한 경로는, 더 많은 특정한 자연 풍경에 대한 선호에서 스스로를 드러내 보일 수 있는 자연에 대한 사람들의 깊은 선호일지 모른다. 사실, 경치가 주는 인상을 평가하기 위하여 20만 개가 넘는 영국 사진에 대한 평가를 크라우드소스한 데이터 및 기계 학습 알고리즘을 사용한 Seresinhe와 그 동료들은 나무로 더 뒤덮인 지역뿐만 아니라 해안, 산, 그리고 천연운하의 더 경치가 좋다고 평가된다는 것을 보여준다.[49] 그러나 경치는 오로지 자연환경에만 국한되는 것 같지는 않고 건조(建造)환경과도 관련될 수 있다.[50]

---

47 MacKerron & Mourato(2013).
48 Kopmann & Rehdanz(2013).
49 Seresinhe et al.(2017).
50 Seresinhe et al.(2017; 2019).

3. 지역적 환경의 질과 거대도시에서의 행복: 런던의 사례

이제, 국가 수준의 평균적인 행복을 평균적인 환경의 특성과 연계하는 매우 일반적인 접근에서, 개인들의 '순간적인' 행복을 그들 인근 환경의 특성과 연계하는 매우 특정적인 접근으로 넘어간다. 이 같은 이동을 통하여 국가들을 살펴보기보다는 단일의 큰 도시(런던)로 지리적 초점을 좁히고, 웰빙을 전 세계에 걸친 평가적 측정치보다는 순간적인 쾌락(hedonic)으로 좁혀서 다룬다.[51]

웰빙에 관한 데이터의 출처는 **매피니스 연구이다**.[52] 이 데이터는 행복에 대한 반복적인 자기보고와 정확한 타임스탬프 및 GPS 위치와 함께 일부 주요한 통제변수들을 끌어내는, 스마트폰 앱을 활용하여 2011년부터 2018년까지 영국에서 수집된 패널데이터셋이다. 전체의 데이터셋은 자발적으로 응답한 66,000명으로부터의 대략 450만 개 응답으로 구성되는데, 우리는 대런던(Greater London)에 위치한 약 13,000명의 응답자로부터의 대략 50만 개 응답으로 제한한다. 표본은 자체적으로 추출되었고 따라서 표본 전체로서 국가를 대표하지 못한다(예컨대, 평균적인 응답자는 평균적인 시민에 비하여 다소 더 젊고, 더 부유하며, 교육을 받고 있거나 고용 중일 공산이 더 높다). 그럼에도 불구하고 데이터의 크기 및 풍부함은 행복과 환경 간의 연계를 특히 설득력 있게 다룰 수 있도록 해준다.

응답의 위치 및(또는) 시각을 활용하여 이러한 웰빙 데이터셋에 몇몇의 환경 데이터셋을 합친다. 모든 환경적 특성은 하나 이상의 이항(二項, binary)변수로 처리된다 (예컨대, 기온은 섭씨 0도부터 25도 사이를 5도 구간으로 나눈다).[53]

---

51 기후 및 대기의 질과 같은 환경적 특성은 시시각각 달라지고, 개인들은 보통 하루에 새로운 환경으로 여러 번 이동하기 때문에, 인생 사다리와 같이 장기적 관점에서 평가된 문항에의 응답은 이 맥락에서 유용한 정보를 주지 않는다.
52 MacKerron & Mourato(2013, n.d.)
53 일반적으로 우리의 웰빙과 환경 변수들 간의 관계가 지닌 기능적 형태에 관한 뚜렷한 사전적(prior) 기대치가 없다: 선형이거나 대수(對數)이거나 2차식일 수도 있고, 임계효과를 보

기후와 일광 – 기후는 당연히 중요한 환경적 특성이고, 다른 특성들을 고려했을 때 핵심적인 통제변수를 대변하기도 한다. 예컨대, 기후 상황은 공기 중의 오염물질 농도 및 야외와 자연 환경에서 시간을 보내려는 개인의 선택 모두에 영향을 미칠 수 있다. 영국 기상청 통합데이터아카이브(UK Met Office Integrated Data Archive System; MIDAS)의 데이터를 사용함으로써, 입수가 가능하면서 응답시각과 가장 가까운 순간에 응답위치에서 가장 가까이 있는 기상관측소가 발표한 기후 상황을 각각의 응답과 연계한다.[54] 기온, 풍속, 강수량, 햇볕 및 운량(雲量) 데이터를 포함하고, 응답이 이루어진 일자, 시각 및 위치에서 일광이 있었는지도 계산한다.[55]

대기의 질 – 현재 그리고 데이터셋이 포함하는 기간 동안 대런던의 대기오염농도는 비교적 높다. 예컨대, 2014년에 감시하던 69곳 중 39곳에서 이산화질소(NO_2)가 유럽연합 목표치를 위반한 것으로 나타났다.[56] 이는 건강과 사망률에 상당한 영향을 미친다.[57] 우리는 런던대기품질네트워크(London Air Quality Network; LAQN)가 제공한 과거 매시간의 'Nowcast' 오염물질 농도 추정치와 함께, 런던대기배출원조사 (London Atmospheric Emissions Inventory; LAEI)[58]로부터의 2008년·2010년 및 2013

일 수도 있으며, 기타 등등. 상당히 큰 표본이라는 점에서 우리는 값의 분포범위가 주는 영향을 따로따로 식별하는 이항 또는 '가(dummy)'변수를 모든 환경적 특성에 대하여 지정해 줌으로써 이 문제를 다룬다. GPS 위치는 기껏해야 약 ±5미터의 정확도 수준에서 보고되고, 정도는 다를지언정 모든 환경 데이터는 오류(noise)를 포함하고 있거나 불완전하다. 데이터에서의 오류가 지닌 영향은 우리가 0의 방향으로 개선하고자 하는 어떠한 효과인지에 상관없이 그 효과에 편의(bias)를 가한다.

54 영국 기상청(2006a; 2006b). 시간별 측정치를 제공하고 웰빙 데이터가 포함하는 기간에 대하여 최소 90%의 보고율을 갖는 기상관측소의 자료만 활용한다. 이로써 영국 전체에 거쳐, 일조시간의 경우 33개 관측소의 자료 그리고 다른 모든 변수들의 경우 125개 관측소의 자료에만 국한된다. 기후 데이터의 결측으로 인하여 상실된 응답의 수는 300개 미만이다.
55 R StreamMetabolism 도서관의 미국 해양대기청(NOAA) 일출/일몰 계산을 활용한다 (Sefick, 2009).
56 Mittal et al.(2014).
57 Walton et al.(2015).
58 자세한 사항은 https://data.london.gov.uk/air-quality에서 이용이 가능하다.

년 오염물질 농도 지도를 활용한다. 이렇게 결합된 데이터는 20미터 구획(grid cell) 내의 그리고 각 응답별로 적절한 일시에 대한 이산화질소 및 PM10을 추산할 수 있게 해준다.[59] 모든 대기의 질 변수에 대하여 추정치의 분포 중 하위 25%~상위 25%까지인 절반을 기준으로 삼고 매우 낮음(최하위부터 하위 5%까지), 상당히 낮음(하위 5%~25%), 매우 높음(최상위부터 상위 5%까지) 및 상당히 높음(상위 5%~25%)을 가리키는 이항변수를 만든다.

소음 – 매피니스 설문조사에 응답하는 동안 전화기의 마이크를 사용하여 소음 수준이 측정되었다. 소음 수준의 상위 사분위 및 하위 사분위를 나타내는 이항변수가 포함된다. 이는, 교통 소음도 더 클 때 높을 것으로 예상되나 반면 각각의 경우(음악, 대화, 새소리 등)에 있어서 소음의 어떠한 출처가 측정되고 있는지를 구별할 수 없는 중대한 위험(caveat)을 안고 있는 대기오염과 관련하여, 중요한 통제사항일 수 있다.

녹지공간 – 영국 육지측량부(Ordnance Survey)의 공공(Open) 녹지공간 데이터셋을 활용함으로써 공원과 경작 대부지(시민 농장, allotment)와 같은 녹지공간 내로부터의 응답이 확인되었다.[60] 가로수가 있는 지역 내의 응답은 유럽환경청(European Environment Agency) 유럽도시지도(European Urban Atlas) 데이터의 가로수 지층(Street Tree Layer)을 통하여 인식되었다.[61]

---

59 LAQN에서 권고한 바와 같이, 각 응답에 대하여 적절한 20미터 구획에 최신 LAEI 지도의 연평균 농도를 적용한 다음 규모 요인을 곱하고 보충 파라미터를 더하는데, 질문에 있는 일시·오염물질의 종류 및 기본도(base map)를 위하여 규모 요인과 보충 파라미터 모두 Nowcast에서 찾아본 것이다. 대기 오염물질의 여타 종류는 웰빙과 매우 관련이 있을지 모른다: 예컨대, PM2.5는 PM10에 비하여 좋지 않은 건강상태(health outcome)와 더 강하게 관련될지 모르고, 지방정부 수준에서의 이전 연구는 PM2.5가 삶의 만족과 부정적으로 관련되어 있다는 것을 보였다(Dolan & Laffan, 2016). 그러나 매피니스 응답의 주요 기간에 대하여 도시 전역에 걸쳐 지도화될 수 있는 형태로 이용이 가능한 것은 이산화질소 및 PM10 둘 뿐이다.
60 공공 녹지공간 데이터셋은 다음 분류로 구성된다: 공공공원이나 정원, 놀이터, 골프코스, 스포츠구역이나 경기장, 교회 경내나 묘지, 그리고 경작 대부지나 공동 재배 공간(Ordnance Survey, 2018).

수공간(Blue Spaces): 연못, 호수, 운하 및 강 – 최고수위선에 고정된 잉글랜드와 웨일즈의 외곽선을 활용함으로써 간만(干滿)이 있는 템즈강 구간(tidal River Thames)에의 근접성을 나타내는 이항변수가 만들어졌다.[62] 첫 번째 변수는 응답자가 강 위 또는 강으로부터 10미터 이내—다리, 배 또는 둑 위일 것 같은—에 있다는 것을 나타내는 반면 두 번째 변수는 응답자들이 강둑 어느 하나로부터 10 내지 50미터 내에 있다는 것을 나타낸다. 우리는 또한 육지 측량부의 공공 강 데이터셋을 활용하여 운하에의 근접성을 위한 이항변수를 만드는데, 이는 각 수로의 중심선으로부터 20미터 내의 응답들을 식별한다.[63] 마지막으로, 생태학·수문학 센터(CEH)의 호수 포털 데이터를 활용하여 연못 및 호수에의 근접성을 표시하는 두 개의 이항변수를 만든다.[64] 템즈강 변수들처럼 이 변수들은 응답이 수역(water body)으로부터 10미터 이내 또는 둑으로부터 10 내지 50미터 내에서 기록되었는지를 나타낸다.

매피니스 및 다른 공간 데이터를 사용하여 앞 부분에서와 유사한 다중회귀모형을 추정하는데 그 규모는 다르다. 이 회귀식에서 각 데이터표시지점은 특정한 순간에 개인이 보고한 행복이고, 이용이 가능한 다른 데이터를 참고하여 보고된 것을 설명하고자 한다.

환경적 요인의 영향을 다른 영향들로부터 분리하기 위하여, 순간의 행복에서의 시간적 변화를 설명하기 위한 많은 더미변수가 포함된 다양한 통제변수를 포함시킨다.[65] 응답자들이 현재 무엇을 하고 있는지; 누구와 함께 있는지; 집인지 직장인

61　European Environment Agency(2016).
62　간만이 있는 템즈강 구간은 런던 중앙부를 통과하여 리치몬드 공원(Richmond Park)을 지나 테딩턴갑문(Teddington Lock)까지 이어진다. 경계에 관한 데이터는 영국 통계청(Office for National Statistics(2011)으로부터 (구하였음).
63　운하에 대한 위성사진을 면밀히 검사해보면 대체로 적당한 운하의 폭은 20미터임을 시사한다. 공공 강 데이터셋은 다른 내륙의 강들을 포함하나, 런던에서 이들의 대부분은 지하로 흐르고 따라서 웰빙 수준에 영향을 미친다고 예측할 수 없다.
64　Hughes et al.(2004).
65　시간에 대한 통제변수로는 연도, 월, 크리스마스 기간(12월 24일부터 31일까지), 요일, 공휴

지 다른 곳인지; 실내인지 실외인지 차량 안인지와 같이 응답자들의 선택을 지시하는 통제변수들도 포함한다. 이에 더하여 모든 모형은 개인 고정효과를 통제한다. 평균적인 매피니스 사용자가 대략 6주간 참여한다는 점을 고려하면, 이 고정효과들을 연령, 성별, 결혼상태, 고용상태, 성격 등과 같은 개인 특유의 특성에 대한 적절한 통제변수로 간주한다. 개인 고정효과를 통제하는 것은 모형이 데이터에서 개인 내의 (within-person) 변화만을 활용한 추정을 한다는 것을 의미하고, 이는 각기 다른 환경에서 각기 다른 개인들의 선택으로 인한 효과를 배제하는 것에 도움이 된다.[66] 마지막으로 대런던을 형성하는 983곳의 MSOA(Middle Layer Super Output Areas) 각각에 대한 지역 고정효과를 포함한다.[67] 이 덕분에, 지역별로 달라진다는 점에서는 다를 바 없는 수많은 가능성 있는 상관물(예컨대, 중앙 對 교외 지역, 또는 부동산 가치) 대신에 환경적 특성의 효과를 순수하게 골라내는 것의 신뢰를 높인다. 표준오차는 그에 상응하게 군집되어 있다.[68]

주관적 웰빙에 관한 환경적 영향을 분석함에 있어 핵심적인 쟁점은 자신들이 시간을 보내는 환경에 대하여 개인이 선택을 한다는 점이다. 이러한 선택은 그들 현재

일, 낮 시간(주중과 주말 또는 공휴일 각각에 대하여)이 있고, 앱을 지속적으로 사용함에 따라 주관적 웰빙에 상승추세가 있기 때문에 동일한 개인에 의한(3차 다항식으로서의) 과거 응답 횟수도 통제한다.

66 다시 말해서, 녹지공간이 긍정적인 효과를 준다는 결과가 나온다면 어떠한 사람이 녹지공간에 노출됐을 때 그렇지 못했을 때보다 평균적으로 기분이 나아진다고 이야기할 수 있다. 반대로, 고정효과를 포함하지 않고 다른 수준의 오염이나 녹지공간을 갖는 지역으로부터 응답하는 사람들이 개인적 특성도 다르다면(그럴 것 같음), 응답 환경에 따른 웰빙에서의 어떠한 식별된 차이라도 그러한 환경에서 시간을 보내는 사람들 부류 간의 차이에 부분적으로 기인해왔던 것일 것이다.

67 5,000명에서 15,000명 사이의 인구를 갖는 2011년 MSOA를 활용한다(Office for National Statistics, n.d.).

68 표준오차는 동일한 개인으로부터의 관측치 간 상관관계를 설명하기 위하여 개인 수준에서 군집되어 있다. 개인들 내에서 배속되지(nested) 않은 지역 고정효과도 포함되었는데, 그럼에도 불구하고 표준오차는 Correia(2017)의 방법론을 활용하여 개인 및 지역 수준 모두에서 군집되어 있다.

의 웰빙 및(또는) 현재의 환경적 특성에 달려있을지 모르기 때문에, 인과관계를 추정하는 일은 힘들다.[69] 기준이 되는 모형에는 우리가 보유한 모든 환경적 특성이 포함되는데, 환경적 특성을 더 직접적으로 겪는다는 점에서 응답자들이 야외에 있을 때에만 적용한다. 이 모형의 결과는 〈그림 5.2(5.3에 대한 오기(誤記)인 것으로 보임 - 역자 註)〉에 제시되어 있다. 순간의 행복이 0-100 등급으로 기록되어 있음에 주목하라 (앞서 본 0-10 등급인 인생 사다리와는 다르게).

야외의 녹지공간이나 수공간에 있는 것이 유의미한 행복증진의 전조가 됨을 알 수 있다. 공원과 경작 대부지와 같은 공공 녹지공간으로부터의 응답이 그렇지 않은 응답에 비하여(모든 통제변수를 고려했음에도 불구하고) 평균적으로 약 1%p 더 행복하다고 나타난다. 가로수 지역 여부에 따른 응답도 대략 비슷한 차이를 보인다. 템즈 강이나 운하 부근으로부터의 응답도 평균적으로 1.3 내지 2.2%p 차이로 여전히 더 행복하다. 연못과 호수 근처에서 보고된 행복 및 그렇지 않은 행복에는 유의미한 차이가 없다(계수들은 여전히 양(+)의 값을 갖고, (유의미하지 않은 것은) 단순히 표본크기가 비교적 작기 때문에 표준오차가 커서일 수도 있다).

야외에 있을 때의 기후 여건도 실질적이고 직관적인 효과를 가진다. 특히, 계속되는 햇볕은 행복을 2%p 가까이 올리고 섭씨 25도 이상의 기온은 거의 3%p를 올린다.[70] 반대로, 비와(15노트(knot) 이상의) 강풍은 모두 유의미하게 행복에 음(-)의 영

---

[69] 웰빙의 관점에서 예컨대 개인들은 그들 스스로 기운을 내기 위하여 행복하지 않을 때 녹지공간을 찾아가기로 선택할 경향이 더 높을 수 있다. 그러한 경우에서는 녹지공간의 긍정적인 효과가 개인들로 하여금 (녹지공간을) 찾게끔 부추기는 부정적인 환경에 의하여 일부 가려질 수 있다. 또는 환경적 특성을 감안하여 개인은 대기오염이 대체적으로 심할 때 중요한 경험을 하는 동안 도시에서 가장 오염된 지역을 피하려는 선택을 할지도 모른다. 개인이 이와는 다른 식으로 선택해오지 않았을 것이기 때문에 이러한 행동적응(behavioural adaptation)이 웰빙을 감소시킨다고 가정할 수 있다. 그러나 그들의 행동을 수정한 개인이 이제 가장 오염된 지역에 노출되지 않기 때문에, 우리의 분석은 비용(웰빙 감소 - 역자 주)을 가장 오염된 지역에서의 높은 대기오염 수준 탓으로 전적으로 돌릴 수 없을지도 모른다.

[70] 이것이 런던의 날씨라는 것을 상기하라: 섭씨 25도 이상의 기온은 관측치 중 약 1%에서밖

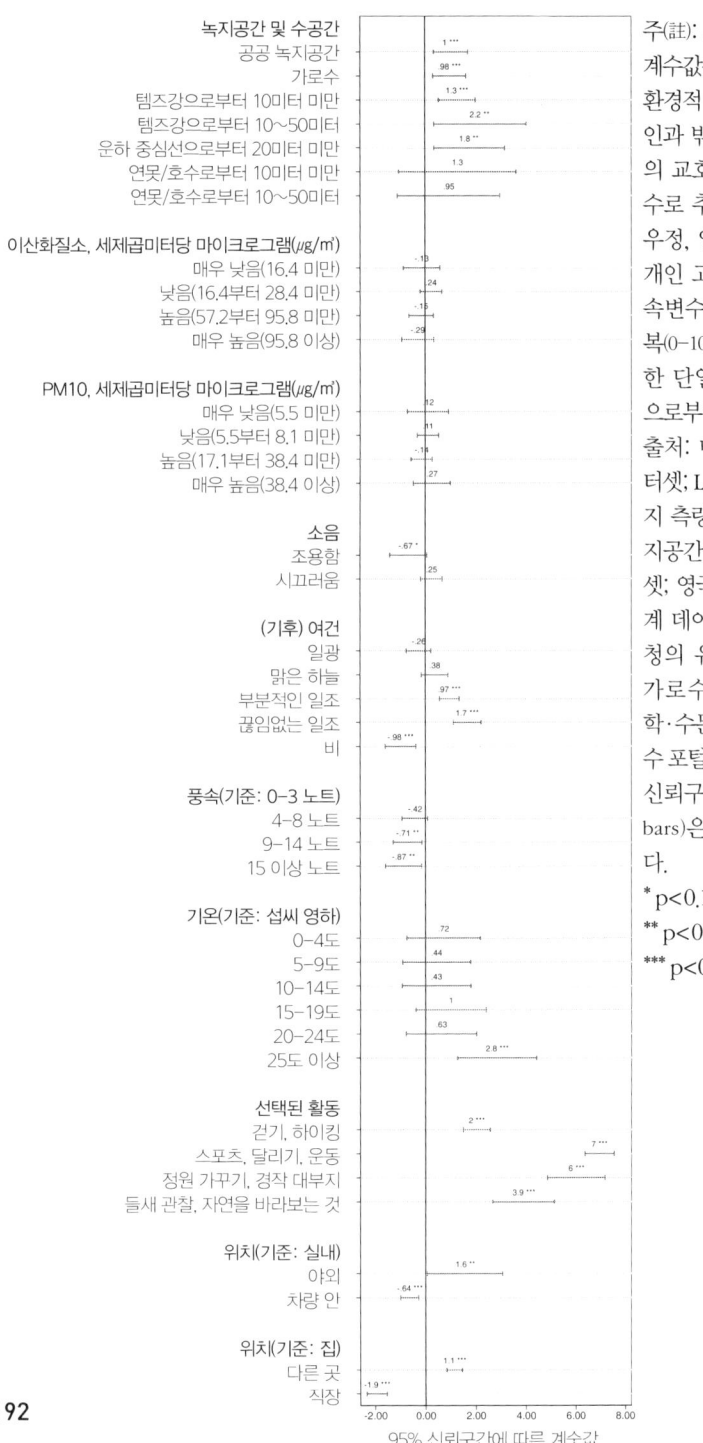

〈그림 5.3〉 대런던의 야외에 있을 때 행복과 환경적 특성과의 연관

향을 주는데, 각각 거의 1%p를 떨어뜨린다.

일반적으로 야외와 자연에서 시도되는 활동들은 가장 큰 효과를 가진다. 걷기나 하이킹은 행복을 2%p 증가시킬 것으로 예측되는 한편, 정원 가꾸기, 자연을 바라보는 것 및 스포츠 활동은 각각 4 내지 7%p를 증가시킨다. 마지막으로, 그냥 밖에 있는 것만으로도 그 자체로뿐만 아니라 앞에서 언급된 환경과의 상호작용으로써 행복과 긍정적인 연관이 있다: 실외에서의 응답은 실내에서의 응답에 비하여 1.5%p 조금 넘게 더 행복하다.

기준이 되는 모형에서는 이산화질소나 PM10 모두 유의미한 효과가 나타나지 않는다. 대기오염이 건강과 사망률에 미치는 영향이 잘 연구되어 있기 때문에, 위 결과를 두고 대기오염이 웰빙에 중요하지 않다는 것을 내비친다고 받아들이면 안되고 차라리 이러한 오염물질이 웰빙에 미치는 효과를 평가함에 있어서 지금의 방법이 효과적이지 않다는 것을 시사한다고 이해해야 한다(아마도 런던에서 보통 관측되는 농도에서는 극심한 영향이 제한적이기 때문에). 조용한 야외의 환경에서 덜 행복하다는 미미한 조짐을 제외하면 응답자의 스마트폰으로 측정된 소음 수준의 영향력은 없다. 그러나 소음은 각양각색의 다양한 과정을 통하여 생겨날 수 있기 때문에 이 결론은 확실하게 해석되지 않는다.

전반적으로, 이 결과들은 도시에 있는 개인들의 행복에 대하여 자연 환경이 갖는 긍정적 특징의 중요성을 지지한다. 녹지공간이나 수공간에 있는 것 또는 다양한 기후 여건은 각각 행복 등급을 1~3%p 향상시키는 것과 관련되어 있다. 매피니스 데이터셋을 활용한 이전 연구에 근거한다면,[71] 이 효과의 크기는 매일의 여가 활동이 행복에 미치는 정도와 대략 같다(1%p는 휴식과 기분 전환 때 나타나는 대략적인 향상의 정

에 발견되지 않고, 이 중 99.9%가 넘는 경우는 30도 미만이다. 따라서 세계의 다른 지역에서 경험되는 더 높은 온도가 행복에 미치는 영향을 평가하기 위하여 필요할 데이터를 갖고 있지 않다.

71 MacKerron(2012).

도이다; 2%p는 씻기과 옷 입기, 또는 먹는 것과 간식 때 나타나는 정도이다; 그리고 3%p는 컴퓨터게임을 할 때나 반려동물과 놀 때 나타나는 정도이다). 이 기준에서 볼 때 환경적 효과의 크기는 의미가 있다. 야외에서의 여가 활동 및 동 활동과 친구·가족과의 교호항을 포함하여 자연 환경이 촉진시키는 여러 **간접적인** 혜택을 통제하기 때문에, 환경이 주는 전체적인 혜택은 심지어 더 클 가능성이 있다. 게다가 효과들은 보통 같이 나타날 수 있어서, 사람들이 녹지공간과 수공간 근처의 야외 및 따뜻하고 화창한 날씨에서 시간을 보낸다면 행복 수준이 더 높아질 것으로 예상할 수 있다.

4. 검토

우리는 전 세계의 사람들이 자연 환경 및 지속적인 웰빙에 대한 자연 환경의 보호, 그리고 우리가 직면하는 광범위한 환경적 위험요소들 중 기후변화에 의하여 제기된 특정 위협의 중요성을 인지하는 것을 보아 왔다. 이 관계에 계량적인 (quantitative) 증거를 제시하는 일은 세 가지의 이유에서 힘들다: 첫째, 개개인들은 특정한 환경적 특성을 찾아내거나 피하는 선택을 할 수 있는데, 이는 그들의 진정한 편익이나 비용을 숨길지 모른다. 둘째, 물리적 환경의 **경험**—대기 오염물질에의 노출과 같은—은 보통 잠시 동안만 이루어지고 국지적이며 따라서 정확하게 포착하기가 어려운 반면, 물리적 환경의 **영향**은 누적적이고 장기적일지도 모른다. 그리고 셋째, 환경 변화는 일반적으로 서서히 일어나고 랜덤하지 않으며 적어도 부분적으로는 예측이 되므로, 자연실험을 찾아보기 어렵다.

이 장에서는 자연 환경의 질과 행복 간 관계의 강도를 추정하는 두 가지의 상반되는 접근법을 따랐는데, 이는 상호보완적인 강점과 약점을 가져다준다. 가장 종합적인 수준에서 우리는 OECD 국가들의(평가적인 & 경험에 의한) 웰빙 수준과 관련된 환경의 질을 분석한다. 기후 및 대기 오염물질 배출은 유의미한 효과를 갖고, 이는 직

녹지공간과 행복

녹지공간은 인근의 거주자들에게 이롭다. 녹지공간이 거주자들의 건강에 미치는 긍정적인 효과를 기록한 입증된 증거 기반이 있다. 그에 더하여, 가정을 둘러싼 녹지공간의 총량과 가구구성원들의 행복 간 유의미한 양(+)의 관계가 있음을 보이는 근거가 늘어나고 있다.[72] 가장 가까운 녹지공간으로부터 더 근접하여 사는 거주자들이 평균적으로 유의미하게 더 높은 삶의 만족을 보고한다. 이는 짐작건대 움직임이 덜 자유로운 노년층 및 아주 가까이에 있는 지역 환경이 비교적 더 중요한 사람들의 경우에 있어 특히 해당된다.[73] 중요한 것은 여타의 생활 환경과 여건과는 달리 녹지공간은 적응(adaptation)으로 인한 쾌락 감소가 거의 없는 것으로 보인다: 녹지공간은 거주에 관한 웰빙에 영구적으로 양(+)의 효과를 갖는 것으로 보인다.[74] 그렇다면 녹지공간의 공급이 종종 부족하다는 것은 불행한 일이다: 예컨대, Krekel과 그 동료들은 독일의 32개 주요 도시 거주자들에게 최적 공급(즉 삶의 만족을 극대화하는 녹지공간의 총량) 의 약 1/3이 부족하다고 입증한다.[75] 도시에서 녹지공간의 총량을 늘리기 위한 비용이 효율적으로 사용될 가능성이 높은 방법은(하락된 삶의 만족과 결부된) 현재 비어 있는 땅을 녹지공간으로 변환하는 것이다. 비어 있는 땅이 없는 빽빽하게 지어진 도시에서는 수직정원(vertical garden)과 같은 건축혁신이 활용될 수 있다.

관적인 방향을 시사한다.

다른 하나의 상반되는 접근법에서는, 런던이라는 단일의 대도시에서 발견되는 환경의 범위 내에서 행복에 대한 개인들의 순간적인 쾌락 경험치를 담은 대규모 패

72　White et al.(2013); Ambrey & Fleming(2014); Bertram & Rehdanz(2015).
73　Eibich et al.(2016).
74　Alcock et al.(2014).
75　Krekel et al.(2016).

널을 분석한다. 데이터와 근본적인 방법론이 꽤 다르기는 하나, 두 번째 분석은 첫 번째 분석을 폭넓게 보강하고 확장한다. 기후의 효과는 유의미하고, 녹지공간 및 수변공간이 자기보고식 행복에 미치는 영향은 강하고 양(+)의 방향이다. 그러나 대기오염이 신체적 건강에 끼치는 피해에 대한 양질의 기록이 늘어남에도 불구하고, 이 방법론을 따를 때 대기오염이 지닌 명확한 부정적 효과를 가려낼 수 없다. 행복에 대한 개인들의 순간적인 경험에 관한 한 대기오염에의 노출은 잠시일 수 있고 반드시 두드러지지는 않아서, 대기오염을 적절히 수량화하기란 어려워 보인다. 국토 횡단적(cross-country) 분석에 관한 한, 결과치는 대기 오염물질의 측정에 따라 민감하게 바뀌고 경제활동 및 발전 수준과 종종 상관관계를 보이는데, 이는(대기오염과 행복 간의) 관계를 혼동하게 할 수도 있다. 그래서 다음에서 언급하는 부분이 향후 연구에서의 중요한 분야가 될 것이다. 즉, 행복에 대한 자연 환경의 전체적이고 인과적인 영향(impact)을 이해하는 데 도움을 줄 모델들을 개선하는 일, 그리고 특히, 기본적 욕구와 신체적 건강상의 영향에 대한 만족으로부터 사회문화적 영향력과 미적(美的)인 또는 정신적인 효과에까지 이를 수 있는(전체적이고 인과적인 영향이 지각되는 수단으로써의) 경로와 기제의 다양성을 이해하는 데 도움을 줄 모델들을 개선하는 일이 그것이다.

참고문헌

Agyemang, C., Hooijdonk, C., Wendel-Vos, W., Lindeman, E., Stronks, K., & Droomers, M. (2007). The association of neighbourhood psychosocial stressors and self-rated health in Amsterdam, The Netherlands. *Journal of Epidemiology and Community Health*, 61(12), 1042-1049.

Alcock, I., White, M. P., Wheeler, B. W., Fleming, L. E., & Depledge, M. H. (2014). Longitudinal Effects on Mental Health of Moving to Greener and Less Greener Urban Areas. *Environmental Science and Technology*, 48(2), 1247-1255.

Ambrey, C. L., & Fleming, C. M. (2011). Valuing scenic amenity using life satisfaction data. *Ecological Economics*, 72, 106-115.

Ambrey, C. L., Fleming, C. M., & Chan, A. Y. C. (2014). Estimating the cost of air pollution in South East Queensland: An application of the life satisfaction non-market valuation approach. *Ecological Economics*, 97, 172-181.

Ambrey, C. L., & Fleming, C. (2014). Public Greenspace and Life Satisfaction in Urban Australia. *Urban Studies*, 51(6), 1290-1321.

Anderson, J. O., Thundiyil, J. G., and Stolbach, A. (2012). Clearing the Air: A Review of the Effects of Particulate Matter Air Pollution on Human Health. *Journal of Medical Toxicology*, 8, 166-175.

Annerstedt, M., Östergren, P. O., Björk, J., Grahn, P., Skärbäck, E., & Währborg, G. (2012). Green qualities in the neighbourhood and mental health - results from a longitudinal cohort study in Southern Sweden. *Public Health*, 12, 337.

Berlemann, M. (2016). Does hurricane risk affect individual well-being? Empirical evidence on the indirect effects of natural disasters. *Ecological Economics*, 124, 99-113.

Berman, M. G., Jonides, J., & Kaplan, S. (2008). The Cognitive Benefits of Interacting With Nature. *Psychological Science*, 19(2), 1207-1212.

Bertram, C., & Rehdanz, K. (2015). The role of urban green space for human well-being. *Ecological Economics*, 120, 139-152.

Bertram, C., Goebel, J., Krekel, C., & Rehdanz, K. (2020). Urban Land Use Fragmentation and Human Wellbeing. *Kiel Working Papers*, 2147.

Brereton, F., Clinch, J. P., & Ferreira, S. (2008). Happiness, geography and the environment. *Ecological Economics*, 65(2), 386-396.

Bryson, A., & MacKerron, G. (2017). Are You Happy While You Work? *Economic Journal*, 127(599), 106-125.

Cantril, H. (1965). *The pattern of human concerns*. Rutgers University Press.

Clark, A. E., Flèche, S., Layard, R., Powdthavee, N., & Ward, G. (2018). *The Origins of Happiness: The Science of Well-Being Over the Life Course*. Princeton University Press.

Correia (2017). 'REGHDFE: Stata module for linear and instrumental-variable/GMM regression absorbing multiple levels of fixed effects'. Statistical Software Components S457874, Boston College Department of Economics. https://ideas.repec.org/c/boc/bocode/s457874.html

de Vries, S., Verheij, R. A., Groenewegen, P. P., & Spreeuwen-berg, P. (2003). Natural Environments - Healthy Environments? An Exploratory Analysis of the Relationship between Greenspace and Health. *Environment and Planning A: Economy and Space*, 35(10), 1717-1731.

Dolan, P., & K. Laffan (2016) "Bad air days: The effects of air quality on different measures of subjective well-being," *Journal of Benefit-Cost Analysis*, 7(1), 147-195.

Eibich, P., Krekel, C., Demuth, J., & Wagner, G. (2016). Associations between Neighborhood Characteristics, Well-Being and Health Vary over the Life Course. *Gerontology*, 62(3), 362-370.

Engelbrecht, H. J. (2009). Natural capital, subjective well-being, and the new welfare economics of sustainability. *Ecological Economics*, 69, 380-388.

European Bank for Reconstruction and Development (2019). *European Bank for Reconstruction and Development, Annual Review 2018*.

European Environment Agency (2016). *Urban Atlas, Street Tree Layer 2012*. European Environment Agency Copernicus Programme. Online: https://land.copernicus.eu/local/urban-atlas/street-tree-layer-stl

Ferreira, S., Akay, A., Brereton, F., Cuñado, J., Martinsson, P., Moro, M., & Ningal, T. F. (2013). Life satisfaction and air quality in Europe. *Ecological Economics*, 88, 1-10.

Frey, B. S., Lüchinger, L., & Stutzer, S. (2010). The Life Satisfaction Approach to Environmental Valuation. *Annual Review of Resource Economics*, 2, 139-160.

Frijters, P., Clark, A., Krekel, C., & Layard, R. (2019). A happy choice: Wellbeing as the goal of government. *Behavioural Public Policy*.

Gidlöf-Gunnarsson, A., & Öhrström, E. (2007). Noise and well-being in urban residential environments: The potential role of perceived availability to nearby green areas.

Landscape and Urban Planning, 83(2-3), 115-126.

Goebel, J., Krekel, C., Tiefenbach, T., & Ziebarth, N. R. (2015). How natural disasters can affect environmental concerns, risk aversion, and even politics: Evidence from Fukushima and three European countries. *Journal of Population Economics*, 28(4), 1137-1180.

Guardian (2019a). *School climate strikes: 1.4 million people took part, say campaigners*, Online: http://www.theguardian.com/environment/2019/mar/19/school-climate-strikes-more-than-1-million-took-part-say-campaigners-greta-thunberg, last accessed 09/07/2019.

Guardian (2019b). *Thousands block roads in Extinction Rebellion protests across London*, Online: http://www.theguardian.com/environment/2019/apr/15/thousands-expected-in-london-for-extinction-rebellion-protest, last accessed 09/07/2019.

Guardian (2019c). *Extinction Rebellion arrests pass 1,000 on eighth day of protests*, Online: http://www.theguardian.com/environment/2019/apr/22/people-arrested-at-london-climate-protests, last accessed 09/07/2019.

Guardian (2019d). *Greens surge as parties make strongest ever showing across Europe*, Online: http://www.theguardian.com/politics/2019/may/26/greens-surge-as-parties-make-strongest-ever-showing-across-europe, last accessed 09/07/2019.

Guardian (2019e). *UK citizens' assembly on climate emergency announced*, Online: http://www.theguardian.com/environment/2019/jun/20/uk-citizens-assembly-on-climate-emergency-announced, last accessed 09/07/2019.

Guite, H. F., Clark, C., & Ackrill, G. (2006). The Impact of the Physical and Urban Environment on Mental Well-Being. *Public Health*, 120(12), 1117-1126.

Hartig, T., Evans, G. W., Jamner, L. D., Davis, D. S., & Gärling, T. (2003). Tracking restoration in natural and urban field settings. *Journal of Environmental Psychology*, 23(2), 109-123.

Hughes, M., Hornby, D. D., Bennion, H., Kernan, M., Hilton, J., Phillips, G., & Thomas, R. (2004). The Development of a GIS-based Inventory of Standing Waters in Great Britain together with a Risk-based Prioritisation Protocol. *Water, Air and Soil Pollution: Focus*, 4(2), 73-84.

Kahneman, D., & Sugden, R. (2005). Experienced Utility as a Standard of Policy Evaluation. *Environmental and Resource Economics*, 32(1), 161-181.

Kahneman, D., Krueger, A. B., Schkade, D. A., Schwarz, N., & Stone, A. A. (2004). A Survey Method for Characterizing Daily Life Experience: The Day Reconstruction

Method. *Science*, 306(5702), 1776-1780.

Kahneman, D., Wakker, P. P., & Sarin, R. (1997). Back to Bentham? Explorations of Experienced Utility. *Quarterly Journal of Economics*, 112(2), 375-405.

Kaplan, R. (2001). The Nature of the View from Home: Psycho-logical Benefits. *Environment and Behavior*, 33(4), 507-542.

Karmanov, D., & Hamel, R. (2008). Assessing the restorative potential of contemporary urban environment(s): Beyond the nature versus urban dichotomy. *Landscape and Urban Planning*, 86(2), 115-125.

Kopmann, A., & Rehdanz, K. (2013). A human well-being approach for assessing the value of natural land areas. *Ecological Economics*, 93, 20-33.

Krekel, C. (n.d). Valuing Energy Infrastructure Externalities Using Wellbeing and Hedonic Price Data: The Case of Wind Turbines. In D. Maddison, K. Rehdanz, & H. Welsch(Eds.), *Handbook on Wellbeing, Happiness and the Environment*. Edward Elgar, forthcoming.

Krekel, C., & Zerrahn, A. (2017). Does the presence of wind turbines have negative externalities for people in their surroundings? Evidence from well-being data. *Journal of Environmental Economics and Management*, 82, 221-238.

Krekel, C., Kolbe, J., & Wüstemann, H. (2016). The greener, the happier? The effect of urban land use on residential well-being. *Ecological Economics*, 121, 117-127.

Kuehn, S., Duezel, S., Eibich, P., Krekel, C., Wuestemann, H., Kolbe, J., Martensson, J., Goebel, J., Gallinat, J., Wagner, G. G., & Lindenberger, U. (2017). In search of features that constitute an 'enriched environment' in humans: Associations between geographical properties and brain structure. *Nature: Scientific Reports*, 7(11920), 1-8.

Leslie, E., & Cerin, E. (2008). Are perceptions of the local environment related to neighbourhood satisfaction and mental health in adults? *Preventive Medicine*, 47(3), 273-278.

Levinson, A. (2012). Valuing public goods using happiness data: The case of air quality. *Journal of Public Economics*, 96(9-10), 869-880.

Lucas, R. E., & Lawless, N. M. (2013). Does life seem better on a sunny day? Examining the association between daily weather conditions and life satisfaction judgments. *Journal of Personality and Social Psychology*, 104(5), 872-878.

Lüchinger, S. (2009). Valuing Air Quality Using the Life Satisfaction Approach. *Economic Journal*, 119(536), 482-515.

Lüchinger, S., & Raschky, P. (2009). Valuing flood disasters using the life satisfaction approach. *Journal of Public Economics*, 93, 620-633.

Maas, J., Verheij, R. A., Groenewegen, P. P., Vries, S., & Spreeuwenberg, P. (2006). Green space, urbanity, and health: How strong is the relation? *Journal of Epidemiology and Community Health*, 60(7), 587-592.

Maas, J., Verheij, R. A., Spreeuwenberg, P., & Groenewegen, P. P. (2008). Physical activity as a possible mechanism behind the relationship between green space and health: A multilevel analysis. *Public Health*, 8, 260-273.

Maas, J., Verheij, R. A., Vries, S., Spreeuwenberg, P., Schellevis, F. G., & Groenewegen, P. P. (2009). Morbidity is related to a green living environment. *Journal of Epidemiology and Community Health*, 63(12), 967-973.

MacKerron, G. (2012). *Happiness and Environmental Quality*. PhD thesis, London School of Economics and Political Science. Online: http://etheses.lse.ac.uk/383

MacKerron, G., & Mourato, S. (2013). Happiness is greater in natural environments. *Global Environmental Change*, 23, 992-1000.

MacKerron, G., & Mourato, S. (n.d.). Mappiness: Natural environments and in-the-moment happiness. In D. Maddison, K. Rehdanz, & H. Welsch(Eds.), *Handbook on Wellbeing, Happiness and the Environmen*t. Edward Elgar, forthcoming.

Maddison, D., & Rehdanz, K. (2011). The impact of climate on life satisfaction. *Ecological Economics*, 70(12), 2437-2445.

Met Office (2006a). *MIDAS UK hourly rainfall data*. NCAS British Atmospheric Data Centre.

Met Office (2006b). *MIDAS UK hourly weather observation data*. NCAS British Atmospheric Data Centre.

Mittal, L., T. Bakerand, & G. Fuller (2014). *London Air Quality Network Summary Report 2014*, Environmental Research Group, King's College London. Online: https://www.londonair.org.uk/london/reports/2014_LAQN_Summary_Report.pdf

Morbidity is related to a green living environment. *Journal of Epidemiology and Community Health*, 63(12), 967-973.

Morton, D., Rowland, C., Wood, C., Meek, L., Marston, C., & Smith, G. (2011). Final report for LCM2007-The new UK land cover map. *NERC/Centre for Ecology & Hydrology Countryside Survey Technical Report*, 11(07).

Murray, T., Maddison, D., & Rehdanz, K. (2013). Do Geographical Variations in Climate

Influence Life-Satisfaction? *Climate Change Economics*, 4(1).

Nielsen, T. S., & Hansen, K. B. (2007). Do green areas affect health? Results from a Danish survey on the use of green areas and health indicators. *Health and Place*, 13(4), 839-850.

Nisbet, E. K., & Zelenski, J. M. (2011). Underestimating Nearby Nature: Affective Forecasting Errors Obscure the Happy Path to Sustainability. *Psychological Science*, 22(9), 1101-1106.

O'Campo, P., Salmon, C., & Burke, J. (2009). Neighbourhoods and mental well-being: What are the pathways? *Health and Place*, 15(1), 56-58.

OECD (2020). *Environment: Air and climate*, Online: https://data.oecd.org/environment.htm, last accessed 08/01/2020.

Office for National Statistics (2011). *2011 Census: Boundary data(England and Wales)*, 2011 Census: boundary data(England and Wales). UK Data Service. SN:5819 UKBORDERS: Digitised Boundary Data, 1840.

Office for National Statistics (n.d.). *Census Geography*. Online: https://www.ons.gov.uk/methodology/geography/ukgeographies/censusgeography

Ordnance Survey (2018). *OS Open Greenspace: Technical specification*, 2018. https://www.ordnancesurvey.co.uk/documents/os-open-greenspace-technical-specification.pdf.

Potwarka, L. R., Kaczynski, A. T., & Flack, A. L. (2008). Places to Play: Association of Park Space and Facilities with Healthy Weight Status among Children. *Journal of Community Health*, 33(5), 344-350.

Rehdanz, K., & Maddison, D. (2008). Local environmental quality and life-satisfaction in Germany. *Ecological Economics*, 64(4), 787-797.

Rehdanz, K., Welsch, H., Narita, D., & Okubo, T. (2015). Well-being effects of a major natural disasters: The case of Fukushima. *Journal of Economic Behavior & Organization*, 116, 500-517.

Richardson, E. A., Pearce, J., Mitchell, R., & Kingham, S. (2013). Role of physical activity in the relationship between urban green space and health. *Public Health*, 127(4), 318-324.

Rohr, A. C., and Wyzga, R. E.(2012). Attributing health effects to individual particulate matter constituents. *Atmospheric Environment*, 62, 130-152.

Sefick S. A. Jr. (2009). Stream Metabolism: A package for calculating single station metabolism from diurnal oxygen curves. CRAN repository. http://CRAN.R-project.org/pack-age=StreamMetabolism

Seresinhe, C., Preis, T., & Moat, H. (2017). Using deep learning to quantify the beauty of outdoor places. *Royal Society Open Science*, 4(7), 170.

Seresinhe, C., Preis, T., MacKerron, G., & Moat, H. (2019). Happiness is Greater in More Scenic Locations. *Nature: Scientific Reports*, 9(1), 4498.

Smyth, R., Mishra, V., & Qian, X. (2008). The Environment and Well-Being in Urban China. *Ecological Economics*, 68(1-2), 547-555.

Stigsdotter, U. K., Ekholm, O., Schipperijn, J., Toftager, M., Kamper-Jorgensen, F., & Randrup, T. B. (2010). Health promoting outdoor environments - Associations between green space, and health, health-related quality of life and stress based on a Danish national representative survey. *Scandinavian Journal of Public Health*, 38(4), 411-417.

Takano, T., Nakamura, K., & Watanabe, M. (2002). Urban residential environments and senior citizens' longevity in megacity areas: The importance of walkable green spaces. *Journal of Epidemiology and Community Health*, 56(12), 913-918.

Ulrich, R. S. (1983). Aesthetic and Affective Response to Natural Environment. In I. Altman & J. F. Wohlwill(Eds.), *Behavior and the Natural Environment. Human Behavior and Environment(Advances in Theory and Research)*. Springer.

Ulrich, R. S. (1984). View through a window may influence recovery from surgery. *Science*, 224(4647), 420-421.

Ulrich, R. S., Simons, R. F., Losito, B. D., Fiorito, E., Miles, M. A., & Zelson, M. (1991). Stress recovery during exposure to natural and urban environments. *Journal of Environmental Psychology*, 11(3), 201-230.

van den Berg, A. E., Maas, J., Verheij, R. A., & Groenewegen, P. P. (2010). Green space as a buffer between stressful life events and health. *Social Science & Medicin*e, 70(8), 1203-1210.

van Praag, B. M. S., & Baarsma, B. E. (2005). Using Happiness Surveys to Value Intangibles: The Case of Airport Noise. *Economic Journa*l, 115(500), 224-246.

von Möllendorff, C., & Welsch, H. (2017). Measuring Renewable Energy Externalities: Evidence from Subjective Well-being Data. *Land Economics*, 93(1), 109-126.

Walton, H., D. Dajnak, S. Beevers, M. Williams, P. Watkiss, & A. Hunt (2015). *Understanding the Health Impacts of Air Pollution in London*, Environmental Research Group, King's College London, for Transport for London and the Greater London Authority. Online: https://www.kcl.ac.uk/lsm/research/divisions/aes/research/ERG/research-projects/HIAinLondonKingsReport14072015final.pdf.

Weinhold, D. (2013). The Happiness-Reducing Costs of Noise Pollution. *Journal of Regional*

Science, 53(2), 292-303.

Wells, N. M., & Evans, G. W. (2003). Nearby Nature: A Buffer of Life Stress among Rural Children. *Environment and Behavior*, 35(3), 311-330.

Welsch, H. (2007). Environmental welfare analysis: A life satisfaction approach. *Ecological Economics*, 62(3-4), 544-551.

Welsch, H., & Ferreira, S. (2013). Environment, Well-Being, and Experienced Preference. *International Review of Environmental and Resource Economics*, 7, 205-238.

White, M. P., Alcock, I., Wheeler, B. W., & Depledge, M. H. (2013). Would You Be Happier Living in a Greener Urban Area? A Fixed-Effects Analysis of Panel Data. *Psychological Science*, 24(6), 920-928.

Wilson, E. O. (1984). *Biophilia*. Harvard University Press.

World Bank Group (2018). *Annual Report 2018: Ending Poverty. Investing in Opportunity*.

World Bank(a). *DataBank*. Online: http://climateknowledgeportal. worldbank.org/download-data, last accessed 08/01/2020.

World Bank(b). *Climate Change Knowledge Portal*. Online: http://climateknowledgeportal.worldbank.org/download-data, last accessed 08/01/2020.

Zhang, X., Zhang, X., & Chen, X. (2017a). Happiness in the air: How does a dirty sky affect mental health and subjective well-being. *Journal of Environmental Economics and Management*, 85, 81-94.

Zhang, X., Zhang, X., & Chen, X.(2017b). Valuing Air Quality Using Happiness Data: The Case of China. *Ecological Economics*, 137, 29-36.

제6장

지속가능한 발전과 인간의 웰빙*

얀-임마뉴엘 드 니브(Jan-Emmanuel De Neve)** · 제프리 삭스(Jeffrey D. Sachs)***

제6장은 지속가능발전목표(Sustainable Development Goals, SDGs)와 갤럽월드폴(Gallup World Poll)이 조사한 행복 측정치 간의 실증적 관계를 검토하는데, 행복의 척도는 주로 이전 장에서 중심적으로 다룬 바 있는 삶에 대한 평가이다.

1. 서론

이 장은 지속가능발전목표(SDGs)와 웰빙(human well-being) 간의 실증적 관계를 탐구한다. 지속가능발전목표(이하 'SDG')는 새천년개발목표(Millenium Development Goals)의 뒤를 이어 2015년에 비준되었고 목표시한은 2030년이다. SDG는 국가 내 경제, 사회 및 환경개발의 다양한 양상을 측정한다. 지속가능한 발전(sustainable

---

* 이 장은 UN 《세계 행복보고서 2020》 제6장(Chapter 6. Sustainable Development and Human Well-Being)을 박찬영 교수(목포대 행정학과, world_khan@naver.com)가 번역한 것이다.
** 옥스퍼드대학교 웰빙연구센터장
*** UN 산하 지속가능발전해법네트워크(SDSN) 대표, 컬럼비아대학교 지속가능발전센터장

development)과 웰빙 간의 관계를 실증적으로 탐구하기 위하여, 우리는 두 가지의 주요 데이터를 결합시킨다. 우리는 대상이 되는 국가들이 SDG를 어느 정도로 달성하였는지를 측정하는 SDG 지수[1]를 사용하고, 아울러 세계 인구의 약 98%를 대표하면서 사람들이 자신들의 삶의 질을 어떻게 평가하는지(이후부터는 주관적 웰빙(subjective well-being, SWB)으로 언급할 것이다)에 관한 사항을 포함한 설문조사인 갤럽월드폴(Gallup World Poll)을 사용한다. 긍정적이고 부정적인 감정에 대한 경험과 같은 주관적 웰빙의 다른 차원에 관한 데이터는, 더 넓게 정의된 주관적 웰빙의 요인들로서 언급되기보다는 명확하게 언급될 것이다. 갤럽월드폴과 SDG 지수 데이터 집합을 결합시킴으로써, 사람들이 자신들의 삶을 경험하는 방식에 지속가능한 발전이 어떻게 관련이 되는지를 실증적으로 탐구하게 해준다.

직관적으로 보면, 지속가능한 발전의 관점에서 진전을 이루는 것은 사람과 지구 모두에게 혜택을 주는 것 같다. 그러나 상세한 실증 연구는, 지속가능성을 달성하기 위하여 요구되는 행동들이 사람들로 하여금 행태를 바꾸게끔 만들고 어쩌면 그들의 웰빙을(최소한 단기에는) 줄이게 할 수도 있는 갈등 상황을 드러내 줄지도 모른다. 사실, 연료에 대한 부가세가 도입되었을 때 프랑스에서는 "노란조끼(yellow vests)"와 같은 대규모 사회 운동이 시작되었다. 연료세는 지속가능한 행태를 더 끌어내는 데에 효과적인 수단으로 고려되는 반면, 이용가능한 대중교통수단이 더 적다는 점을 감안했을 때 주요 도시에서 살지 않는 사람들의 생활양식과 구매력에 추가적인 압박을 가한다. "노란조끼"와 같은 사회 운동과 함께, 기후변화 및 탄소 연료에 대한 우리의 의존을 줄이기 위한 과감하고 즉각적인 조치에 대한 필요성에 경종을 울리는 "멸종저항(Extinction Rebellion)"과 같은 친환경 운동들이 있다. 웰빙에 관한 17개의 SDG를 분석함으로써, 이 장은 지속가능한 발전이 사람과 지구의 이익과 어떻게 부합하는지에 대하여 실증적으로 더 면밀하게 보려고 한다. 또한 환경적으로 지속가능함과 동시에 웰빙의 감소 없이 사회적으로 공평한 성장으로의 진행을 계획

---

1 Sachs et al.(2019)을 참조할 것.

하기 위해서, 복잡한 정책적 노력을 더 필요로 하는 본질적인 갈등 상황의 가능성에 대하여도 더 자세히 조사하려고 한다.[2]

이와 관련된 실증적 연구문제는 웰빙 추구의 관점에서 SDG 각각의 상대적 중요성에 관한 것이다. SDG는 모두 중요하다—그러나 어떤 SDG는 다른 것에 비하여 웰빙과 더 밀접한 관련이 있을 수 있다. 이것을 다루려는 이유는 다양하다. 웰빙을 증진시키는 것과 가장 강력하게 관계된 SDG는 예산 제약이 존재한다면(그리고 웰빙이 정책형성의 목표로 고려되어 있다면) 아마도 우선순위가 매겨질 것이다. 웰빙 측정과 음(-)의 상관관계가 있는 SDG를 증진시키는 일에는 다른 우려들을 완화하기 위하여 복잡한 정책 행동이 더 많이 요구될 공산이 크다. 웰빙 관점에서 SDG를 분석함으로써, SDG의 상대적 중요성이 시간에 따라 그리고 지역적 맥락에 의하여 어떻게 바뀌는지도 보여주고자 한다. 이 장에 보고된 분석은 사람과 지구 모두의 웰빙 증진을 간절히 바라는 세계 곳곳의 정책 담당자들에게 폭넓은 정책 지침을 제공해줄 것이다.

직관에 일치하게도, SDG 지수가 더 높은 국가들은 주관적 웰빙 관점에서 더 나은 경향이 있다—북유럽 국가들은 두 수치 모두 최상위이다. 사실, SDG 지수[3]와 주관적 웰빙 점수 간에는 0.79라는 매우 유의미한 상관계수가 있다. 이것은 시민의 웰빙을 높이려고 할 때 경제발전에 대한 총체주의적 접근이 중요하다는 것을 보여준다. 흥미롭게도, SDG 지수과 주관적 웰빙 간의 관계를 설명하기 위한 최적의 모형은 2차 형식(quadratic form)의 형태를 갖는데, 이는 더 높은 SDG 지수 점수는 SDG 지수가 더 높은 수준에서 더 높은 주관적 웰빙과 더 강한 상관관계를 갖는다는 점을 나타낸다. 이것은 초기 단계에서는 경제성장이 웰빙의 주요 동인(動因)이나 경제

---

2 예컨대 Bennett et al.(2019), Kroll et al.(2019)을 참조할 것.
3 SDG 지수가 3번 목표(건강과 웰빙)에 대한 지표 중 하나인 주관적 웰빙 점수를 제거하기 위하여 수정되었다는 것에 주의할 것. SDG 지수를 구성하는 변수가 많은 상황에서, 주관적 웰빙 변수를 넣든 빼든 어떠한 결과에도 유의미하게 영향을 미치지 않는다는 것을 알려둔다.

발전 주기의 뒤로 갈수록 덜 중요해짐을 시사할 것이다. 달리 말하면, 이 결과는 웰빙 관점에서 **지속가능**한 발전의 한계수익이 증가한다는 의미이다.

지속가능한 발전과 웰빙 간의 경로를 탐색하는 개념적 모형에서는 SDG가 제2장에서 제시된 '웰빙의 결정요인들'(즉, 소득, 사회적 지지, 관대함, 자유, 정부신뢰, 그리고 건강)과 강한 관련이 있음이 드러난다. 그러나 우리는 각각의 SDG마다 주관적 웰빙과 어떠한 상관관계를 갖는지에 대해서는 이질성이 크다고 본다. 사실, 환경 목표 중 일부는 주관적 웰빙과 유의미하게 음(-)의 상관관계를 갖는다. 12번 목표(지속가능한 (책임감 있는) 소비와 생산)과 13번 목표(기후변화 대응)이 그것이다. 게다가 이들의 상관관계에는 유의미한 지역별 차이가 있다. 예컨대, 10번 목표(불평등 완화)는 유럽에서는 주관적 웰빙과 0.71의 상관계수를 갖는 반면 다른 많은 지역에서는 주관적 웰빙과 상관관계가 없다. 이와 같이, 이 분석들은 정책조치에 영향을 미치기 위한 추가적인 연구와 토론을 바라건대 활발하게 해줄 지속가능한 발전과 웰빙 간의 수많은 고유한 갈등 상황을 드러내 보여준다.

이 장은 SDG 지수와 주관적 웰빙 간의 주요 상관관계에 대하여 논의하는 것으로 시작한다. 묘사된 2차 형식의 관계를 분석하고 난 후, 어떠한 국가들이 유의미하게 주된 추세에서 벗어나는지를 보인다. 그 다음에는 SDG 지수가 다른 지수들과 비등하다는 것을 보여주기 위하여, 진전을 평가하는 다른 지수들이 주관적 웰빙과 어떠한 관련을 갖는지도 살펴본다. 두 번째로, SDG 지수를 17가지의 요소 목표로 나누고 웰빙과의 다양한 관계를 분석한다. 여기서 우리는 지속가능한 발전과 웰빙 간의 관계를 보다 심층적으로 파고들 때 나타나는 상충(trade-offs)에 대하여 논한다. 뒤이어 국가들 간 웰빙의 차이(variation)에 가장 크게 기여하는 SDG가 무엇인지를 보여주는 분산분해분석(variance decomposition analysis)을 수행한다. 마지막으로, 웰빙의 결정요인을 살펴보고 SDG가 웰빙에 영향을 미치는 경로로써 결정요인을 분석한다. 개괄적으로 이 장은 각국의 정부가 국민들의 웰빙을 향상시키는 무엇보다 중요한 목표를 점차 제대로 인식함에 따라 SDG가 아주 중요하면서 동시에 복잡한 목표의 집합이라는 것을 보인다.

2. 지속가능한 발전은 웰빙에 도움이 되는가?

분석을 위하여, 우리는 UN의 《세계 행복보고서》(World Happiness Report) 순위 및 동 주제에 대한 대부분의 다른 연구에서 쓰이는 웰빙의 표준 측정치를 사용한다. 설문조사 문항은 응답자들이 현재의 삶을 0(가능한 최악의 삶)에서 10(가능한 최선의 삶)까지의 척도로 평가하도록 되어 있다. 국가들은 각각 유럽, 중동과 북아프리카(MENA), 북미·남미, 사하라 이남의 아프리카 및 구소련 지역 등 속해 있는 지역을 나타내도록 코드화되어 있다. G7 국가들 및 BRICs 국가들뿐만 아니라 아웃라이어(outlier) 국가들 중 일부도 코드가 붙여져 있다.

〈그림 6.1〉은 데이터에 있는 모든 국가들의 SDG 지수 및 주관적 웰빙에 대한 산점도이다. SDG 지수와 주관적 웰빙은 0.79라는 대단히 유의미한 상관계수를 갖고, 흥미롭게도 최적합선(line of best fit)은 선형이 아닌 2차함수 형태이다. 지속가능한 발전의 한계수익 증가 개념은 경제적 직관 및 웰빙의 경제학에 관한 이전의 연구와 부합한다. 국가들이 더 발전할수록, 더 높은 SDG 지수 점수는 더 높은 주관적 웰빙 점수와 관련이 있다. 이것은 경제발전의 정도가 낮은 상황에서 경제활동이 웰빙에 더 중요함을 의미한다. 예컨대 불평등을 다루고 환경의 질을 개선함으로써 추가적인 경제성장이 더 지속가능해지지 않는다면, 국가들이 더 부유해져도 시민들의 웰빙은 나아지지 않는다.

본 연구에서의 주관적 웰빙 측정은 웰빙의 평가적(evaluative) 측정치이다. 그래서 설문조사 응답은 웰빙의 감정적 측정치와 다를 수 있는데 특히 소득이나 발전과 같은 경제적 측정치와 비교했을 때 그러하다.[4] 갤럽월드폴은 "즐거움"과 "미소 또는

---

4 Deaton and Kahneman(2010)을 참조할 것.

<그림 6.1> 지속가능한 발전과 주관적 웰빙

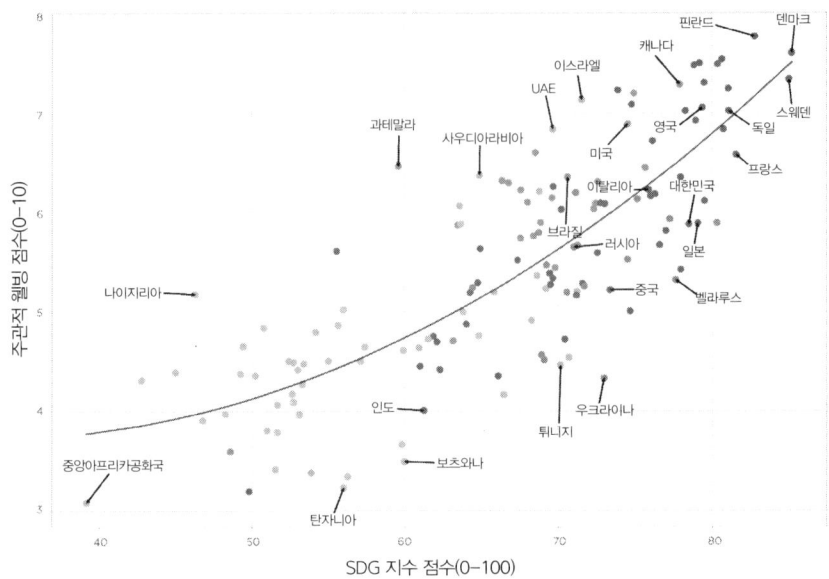

웃음"과 같은 긍정적인 감정뿐만 아니라 "걱정", "슬픔", 그리고 "분노"와 같은 부정적 감정도 측정에 포함한다. 긍정적 감정 경험 지수와 SDG 지수 점수는 통계적으로 유의미한 0.27의 상관계수를 갖는데, 이는 이미 검토된 삶에 대한 평가와 비교했을 때 SDG를 달성하는 것과 긍정적 감정의 경험 간의 실증적 관계는 훨씬 더 약하다는 것을 나타낸다. 부정적 감정 경험 지수의 경우 상관계수는 -0.57로 긍정적 지수에 비하면 관계가 더 강한데, 이는 SDG 관점에서 잘하고 있지 못하는 국가들이 더 많은 부정적 감정을 겪는 국민이 있을 경향도 높다는 것을 시사한다. 전반적으로, 이러한 결과들은 평가적 측정이 웰빙의 감정적 측정보다는 소득, 발전, 그리고 불평등과 같은 경제적 측정과 더 강한 상관관계를 갖는다는 개념과 상통한다.[5]

<표 6.1>은 추세선으로부터 가장 벗어난 국가의 목록을 보여준다. 유의미하게 최적합선보다 위에 위치한 국가들은, 모형에 따르면 SDG 지수에 맞게 점수가 부여될

---

[5] Powdthavee, Burkhauser and De Neve(2017)를 참조할 것.

⟨표 6.1⟩ 모형의 최적합선과 비교했을 때 아웃라이어 국가들

국가	적합선으로부터의 거리(위)	국가	적합선으로부터의 거리(아래)
과테말라	1.73	우크라이나	1.61
이스라엘	1.36	보츠와나	1.24
나이지리아	1.28	탄자니아	1.23
사우디아라비아	1.25	튀니지	1.18
UAE	1.24	벨라루스	1.16
파키스탄	1.22	시리아	1.16
호주	1.19	이란	1.15
멕시코	1.12	르완다	1.14
카타르	1.11	불가리아	1.12
파나마	1.06	이집트	1.10

것으로 기대되는 것에 비하여 행복의 관점에서는 분명히 기대 이상이다. 반대로, 유의미하게 최적합선보다 아래에 위치한 국가들은 SDG 지수에 따른 평균적인 수준이 기대되는 것에 비했을 때 웰빙의 관점에서 기대 이상이다. 이러한 실증 결과들은 이 국가들의 평균적인 웰빙 수준이 왜 추세로부터 상당히 이탈하는지에 대한 흥미로운 질문들을 불러일으킨다. 동 결과는, SDG에 의하여 완전하게 포착되지 않으면서 웰빙을 이끄는 많은 측면들이 있다는 것을 내비치기도 한다.

3. SDG 지수와 다른 발전 지수들은 웰빙을 얼마나 잘 설명하는가?

이 절에서는 SDG 지수가 웰빙과 얼마나 잘 관련이 되는지를 조사한다. SDG 지수[6](SDGI)를 비교하고 대조하기 위하여 인간개발지수(Human Development Index;

---

[6] 이 절에서는 다른 발전 지수들과 비교할 수 있도록 하기 위하여 주관적 웰빙 측정(3번 목표의 일부로서)이 포함된 정정되지 않은 SDG 지수 점수를 사용한다.

〈표 6.2〉 주관적 웰빙에 대한 SDG 지수 및 다른 발전 지수들의 회귀분석[7]

	SWB (1)	SWB (2)	SWB (3)	SWB (4)	SWB (5)	SWB (6)	SWB (7)	SWB (8)	SWB (9)
SDGI	0.790*** (15.63)							0.379** (2.50)	0.368*** (4.23)
GCI		0.812*** (16.05)						0.210 (1.22)	
IEF		0.650*** (10.37)				0.098 (1.08)			
HDI				0.814*** (17.22)			−0.185 (−1.02)		
GPI[13]					0.527*** (7.52)	−0.085 (−1.34)			
EPI					0.786*** (15.44)		0.243** (2.46)	0.243** (2.52)	
GDP PC						0.709*** (12.30)	0.264*** (2.75)	0.321*** (4.69)	
조정된 결정계수(R^2)	0.622	0.657	0.418	0.660	0.273	0.616	0.499	0.702	0.691
관측치 수(N)	149	135	149	153	149	149	152	130	130

주(註): 계수는 표준화된 값임. 괄호 안의 수치는 T-통계량임. *는 10% 유의수준, **는 5% 유의수준, ***는 1% 유의수준을 의미함.

HDI,[8] 경제자유지수(Index of Economic Freedom; IEF),[9] 세계평화지수(Global Peace Index; GPI),[10] 글로벌경쟁력지수(Global Competitiveness Index; GCI),[11] 환경보호지수

---

7 지수 간의 비교를 쉽게 하기 위해서, GPI가 더 많은 평화에 더 낮은 점수를 준다는 점에 착안하여 이 계수는 원래 값에 반대 부호를 반영하여 표시한다.
8 HDI 자료의 출처는 2019년 보고서이다.
9 IEF 자료의 출처는 2019년 보고서이다.
10 GPI 자료의 출처는 2019년 보고서이다.
11 GCI 자료의 출처는 2019년 보고서이다.

(Environmental Protection Index; EPI)[12] 및 1인당 GDP도 포함한다.[13]

〈표 6.2〉는 SDG 지수와 다른 발전 지수들이 주관적 웰빙과 유의미한 양(+)의 상관관계를 갖는다는 것을 보여준다. 주관적 웰빙은 HDI와 가장 높은 상관관계를 보이나, 이 추정치들에 대한 통계적 신뢰구간에 따르면 SDG 지수, GCI, EPI, 그리고 심지어 1인당 GDP의 계수와도 유의미한 차이가 없다는 것을 시사한다. 그러나 IEF와 GPI는 앞에서 언급한 지수들과 비교했을 때 주관적 웰빙과의 유의미한 상관관계가 더 약하게 나타난다.

HDI는 기대수명지수(Life Expectancy Indicators), 교육정도지수(Educational Attainment Indicators), 생활수준지수(Standard of Living Indicators) 등 세 가지의 다른 지수들을 활용함으로써 국가 내의 복지수준을 측정한다. 기대수명지수는 태어난 이후의 기대수명을 나타낸다. 교육정도는 성인문맹률과 총취학률(gross enrolment ratio; GER)로 구성된다. 생활수준지수는 1인당 GDP로 측정된다. HDI를 이루는 이 자료들은 SDG 지수가 측정하는 것과 상당히 겹친다(HDI와 SDG 지수 간의 상관계수는 0.92).

GCI는 다음 12가지가 중심이 되어 구성된다: 제도, 사회기반시설(인프라), 정보통신기술 보급, 거시경제의 안정성, 보건, 기술, 생산물시장, 노동시장, 금융시스템, 시장규모, 기업활력 및 혁신역량. GCI는 SDG 지수 및 HDI와도 유의미하게 겹치는 종합적인 측정치이다. 상관계수는 각각 0.87과 0.92이다.

EPI는 열 개의 쟁점 범주와 두 개의 정책 목표로 편성되는 24개 지표를 갖고 있다. 열 개의 쟁점 범주는 생물다양성·서식지, 숲, 어업, 기후·에너지, 대기오염, 수자원, 농업, 중금속, 수도(水道)·위생, 그리고 대기의 질을 포함한다. EPI는 환경지향적인 SDG보다 그 범위가 훨씬 더 넓은, 자연 환경에 대한 종합적인 측정치이다.

---

12 EPI 자료의 출처는 2018년 보고서이다.
13 1인당 GDP 자료는 2019년 세계 행복보고서(https://worldhappiness.report/ed/2019/)에서 가져왔다.

1인당 GDP 및 IEF도 주관적 웰빙과 정(+)의 상관관계를 가지나, 앞에서 언급한 지수들에 비하면 그 정도가 덜하다. 이는 아마도 경제성장이 웰빙의 많은 동인 중 하나일 뿐이기 때문일 것이다. 결과적으로 IEF는 사회경제적 환경이 경제성장에 얼마나 도움이 되는지를 측정한다.

마지막으로 우리는 GPI와 주관적 웰빙 간 비교적 약한 상관관계에 주목한다. GPI는 국제·국내의 갈등, 범죄, 정치적 불안정성, 인구 10만 명 당 경찰의 수, 그리고 특히 핵과 중무기의 군사력을 반영하는 매우 광범위한 측정치이다. 주관적 웰빙과 GPI 간 상대적으로 낮은 상관관계는, 더 발전된 국가들이 핵 능력을 보유하려는 경향도 더 높은 것에 따른 결과일 수 있고 어쩌면 개발도상국들에 비하여 범죄는 적지 않으면서도 더 큰 경찰력을 갖는 경향이 더 높은 것에 따른 결과일 수 있다. GPI는, 행복한 공동체를 위해서는 먼저 살기에 안전한 환경이 필수라는 상식을 수월하게 측정하는 것에, 적합하지 않은 방법으로 구성된 것 같다.

〈표 6.2〉의 8열은 주관적 웰빙을 종속변수로 하는 하나의 회귀식에 모든 발전 지수들을 설명변수로 포함한 것이다. 앞에서 언급한 바와 같이, 지수들 중 일부는 서로 강한 상관관계를 갖기 때문에 이 다변량 회귀식에는 다중공선성이 존재한다. 이와 같은 탐색적 분석의 결과는 SDG 지수가 EPI 및 1인당 GDP와 더불어 여전히 유의미하다는 것을 시사한다. 다른 검정(test)들은 유의미하지 않은 네 개의 변수들을 제거해도 무방하다는 것을 보여주는데 SDG 지수, EPI 및 1인당 GDP만을 포함한 9열 모형으로도 설명이 충분함을 알 수 있다.[14]

---

14 유의미하지 않은 네 개의 변수들에 대한 F-검정 결과 $F(4,120)=1.85$(p-값은 0.1228)로 나타났는데 이는 네 개의 지수들을 생략해도 된다는 것을 시사한다.

4. 웰빙과 관련된 SDG 분석

이 절에서 우리는 웰빙과 관련하여 SDG를 세부적으로 분석하고 17개의 목표를 따로따로 고려한다. 전반적인 SDG 지수가 웰빙과 강한 상관관계를 갖고 있을지 모르는 반면, SDG 중 일부가 웰빙에 더 또는 덜 도움이 될지도 모른다는 문제는 여전히 해결되어야 한다. 개별적인 SDG와 웰빙 간의 기초적인 일변량 상관관계를 고려한 다음 세계 지역별로도 이 작업을 수행한다. 이 절의 후반부에서는 국가 간 웰빙의 차이(variation)를 설명하는 것에 있어 SDG 각각의 상대적 중요성을 감안하기 위한 분산분해방법을 적용한다. 두 가지의 접근법 모두 SDG가 웰빙과 어떠한 관련을 갖는지에 관한 중요한 이질성을 드러내 보인다.

1) 각각의 SDG는 웰빙과 어떠한 관련을 갖는가?

〈표 6.3〉은 세계 전체적으로 그리고 지역적으로 각각의 SDG가 웰빙과 어떠한 관련을 갖는지를 보여준다. 앞에서 언급한 일반적인 결과로부터 예측된 바와 같이, 대부분의 SDG는 더 높은 웰빙과 강한 양(+)의 상관관계를 갖는다. 동시에, SDG를 세부적으로 분석해봄으로써 각각의 SDG마다 웰빙과의 관련성이 크게 다르다는 것을 발견한다. 사실, 14번 목표(해양생태계), 15번 목표(육상생태계) 및 17번 목표(SDG를 위한 파트너십)는 대개 유의미하지 않다. 눈에 띄는 것은 12번 목표(지속가능한 생산과 소비) 및 13번 목표(기후변화 대응)가 웰빙과 유의미한 음(−)의 상관관계를 갖는다는 것이다.

지역별로 SDG와 웰빙 간의 관계를 살펴볼 때, 각각의 SDG가 각기 다른 맥락에서 어떻게 웰빙과 관련되는지에 관한 이질성의 정도를 더 알아낸다. 그러나 이 자료들을 지역별로 고려하는 것이 관측치의 수를 줄이고 따라서 계수의 정확도 및 유의미한 차이를 언급하기 위한 통계력 모두를 줄인다는 점에 주목하는 것이 중요하다.

〈표 6.3〉 개별 SDG와 웰빙 간(세계 전체적 & 지역적) 상관표

SDG	REGION						
	All	Europe	Former Soviet Union	Asia	MENA	Sub-Saharan Africa	Americas
1번 빈곤퇴치	0.65*	0.49*	−0.03	0.44	0.22	0.50*	0.76*
2번 기아종식	0.62*	0.44	0.30	0.41	0.70*	0.23	0.38
3번 건강과 웰빙	0.77*	0.76*	0.40	0.69*	0.82*	0.15	0.89*
4번 양질의 교육	0.64*	0.48*	0.12	0.55*	0.67*	0.14	0.62*
5번 성평등	0.61*	0.78*	0.55	0.69*	0.75*	−0.29	0.66*
6번 물과 위생	0.73*	0.69*	0.16	0.83*	0.26	0.00	0.61*
7번 깨끗한 에너지	0.69*	0.40	−0.40	0.71*	0.47	0.51*	0.68*
8번 양질의 일자리와 경제성장	0.69*	0.62*	0.68*	0.54*	0.77*	0.34	0.61*
9번 산업, 혁신 및 사회기반시설	0.80*	0.90*	0.36	0.78*	0.92*	0.35	0.62*
10번 불평등 완화	0.32*	0.71*	0.06	0.12	0.01	0.07	−0.08
11번 지속가능한 도시와 공동체	0.61*	0.74*	0.51	0.56*	0.08	0.00	0.77*
12번 책임감 있는 소비와 생산	−0.75*	−0.69*	−0.39	−0.78*	−0.80*	−0.26	−0.51
13번 기후변화 대응	−0.35*	−0.19	−0.19	−0.54*	−0.71*	−0.10	−0.23
14번 해양 생태계	−0.02	0.12	0.44	0.18	−0.14	−0.02	0.28
15번 육상 생태계	0.03	−0.06	0.50	−0.13	−0.24	−0.06	0.09
16번 평화, 정의 및 제도	0.69*	0.85*	0.12	0.72*	0.73*	0.06	0.72*
17번 SDG를 위한 파트너십	0.16	−0.03	−0.28	0.27	0.21	0.04	−0.02
계	0.79*	0.79*	0.37	0.74*	0.55	0.32	0.77*

주(註): *이 1% 유의수준을 의미하는 일변량 상관관계. SDG 지수 방법론에서처럼 지역 평균은 결측값에 쓰임.

〈표 6.1〉에 잘 드러났듯이, 경제발전의 정도가 더 높은 수준에서 SDG 지수와 웰빙 간 더 강한 관계가 있다. 〈표 6.3〉에 따르면 SDG와 웰빙 간의 전반적인 상관관계가 개발도상국이 대부분인 지역에서 상당히 더 낮다는 것을 확실히 알게 된다. 사실 유럽, 아시아 및 북미·남미에서만 SDG 지수와 웰빙 간 통계적으로 유의미한 강한 상관관계를 찾아낸다. 일부 SDG가 다른 SDG에 비하여 웰빙과 더 강한 상관관계를 보이는 차이(variation)가 있음을 SDG를 개별적으로 살펴볼 때 심지어 더 찾아낸다. 지역별 결과에서 주목할 만한 결과의 예로는 '(1) 구소련 국가에서 8번 목표(양질의 일자리와 경제성장)가 지닌 중요한 역할; (2) 유럽과 중동·북아프리카 지역에서 9번 목표(산업, 혁신 및 사회기반시설)가 지닌 상대적 중요성; 그리고 (3) 10번 목표(불평등 완화)는 유럽 국가들에 대해서만 유의미하게 중요한 것처럼 보인다'가 있다.

이러한 지역별 상관관계는 이용가능한 관측치의 수가 상대적으로 적었다는 것을 감안할 때 적절히 주의하면서 받아들일 필요가 있다. 그러나 모아서 본다면 〈표 6.3〉은 SDG가 웰빙과 관계되는 다양하고 복잡한 경로들 및 이 경로들이 어떻게 맥락에 따라 특수한지에 대한 선명한 상황을 묘사한다.

2) SDG와 웰빙 간 상충관계가 있는가?

〈표 6.3〉은 사실 12번 목표(책임감 있는 소비와 생산) 및 13번 목표(기후변화 대응)가 자기보고식으로 측정된 웰빙과 강한 음(−)의 상관관계를 갖는다는 것을 드러낸다. 게다가 이 음(−)의 상관관계는 세계의 각 지역별로도 적용될 수 있는 것 같고 따라서 학문적이고 정책적 관심을 더 많이 받을 만하다.

SDG 지수의 기초를 이루는 지표들을 연구하면 12번 목표(책임감 있는 소비와 생산)가 도시(municipal) 고형(고체) 폐기물, 전자제품에서 발생하고 제품에 기반하며 수입과 연관된 이산화황 배출, 질소 제품 발자국, 수입과 연관된 반응성 질소 배출에서 수출과 연관된 반응성 질소 배출을 뺀 것, 그리고 재활용되지 않는 도시 고형 폐기

⟨표 6.4⟩ 웰빙에 대한 12번 지표 및 13번 지표의 회귀분석(1인당 GDP 통제)

	SWB	SWB
SDG 12 (Responsible consumption and production)	−0.522*** (−4.72)	
SDG 13 (Climate action)		0.108 (1.54)
GDP per capita	0.264** (2.39)	0.783*** (11.12)
Adjusted R^2	0.577	0.520
N	147	147

주(註): 괄호 안의 수치는 T−통계량임. *는 10% 유의수준, **는 5% 유의수준, ***는 1% 유의수준을 의미함.

물에 의하여 결정됨이 드러난다. 이러한 지표들에 근거한다면, 12번 목표는 책임감 있는 생산과 소비의 비율보다는 오히려 소비와 생산을 통하여 만들어진 폐기물의 양과 높은 상관관계를 가질지도 모른다. 경제적으로 발전한 국가들이 더 많은 폐기물을 만들어내면서 동시에 더 높은 수준의 웰빙을 보이는 경향이 있기 때문에, 이는 12번 목표가 웰빙과 왜 그렇게 강한 음(−)의 상관관계를 갖는지를 설명하는 데에 도움이 될 수도 있다. 만약 **책임감 있는 소비와 생산**이 애당초에 더 적은 소비와 생산도 의미하고자 한다면, 책임감 있는 소비와 생산은 웰빙의 관점에서 대개 더 낮은 경제적 맥락과 더 밀접히 연관되려고 할 것이다. 그러나 이는 경제발전의 일반적인 수준을 통제한 상태로 웰빙에 대하여 12번 목표를 회귀분석했을 때 사실이 아닌 것으로 나타난다. ⟨표 6.4⟩가 시사하듯이, 12번 목표는 1인당 GDP를 활용함으로써 측정된 경제발전의 일반적인 수준을 심지어 고려할 때에도 주관적 웰빙과 여전히 음(−)의 상관관계를 갖는다. 따라서 이 분석은 책임감 있는 소비와 생산을 발전시키는 것이 시민들에 의하여 자기보고식으로 측정된(단기의) 웰빙 관점에서 상충된다는 것을 시사한다.

13번 목표(기후변화 대응)는 1인당 에너지 관련 이산화탄소 배출, 인구 10만 명당 수입과 연관된 기술로 보정된(technology adjusted) 이산화탄소 배출, 기후와 연관된 재난의 영향을 받은 사람들, 화석 연료와 연관된 수출에 체화된 이산화탄소 배출, 그리고 생물량(biomass)으로부터의 배출을 제외한 모든 非수송(non-road) 에너지로부터의 유효탄소가격(effective carbon rate)에 의하여 결정된다. 12번 목표의 사례와 마찬가지로 경제적으로 더 발전된 국가들은 더 많이 오염시키면서 동시에 더 높은 웰빙도 갖는 경향이 있다. 여기서의 기후변화 대응은(일반적인 생산 수준을 유지하면서) 이산화탄소 배출을 줄이기 위한 질적인 행동을 의미할 뿐만 아니라, 동 대응은 웰빙의 다른 동인들과 긴장관계에 있을 구조적인 경제 변화로 이어질 생산력의 양적인 감소로부터도 혜택을 입을 것이다. 그러나 12번 목표와는 달리 경제발전의 일반적인 수준을 처리하면 음(-)의 상관관계가 더이상 유의미하지 않게 바뀐다는 것을 알게 된다. 〈표 6.4〉에 드러난 바와 같이, 이것은 기후변화 대응의 기초가 되는 측정치들이 무엇보다도 경제발전의 수준과 강한 상관관계가 있고 결과적으로 웰빙과의 관계를(기후변화 대응 자체만으로 본 것보다 더) 만들어 간다는 점을 시사한다.

더 일반적으로는, 12번 목표나 13번 목표 공히 사람들이 실제로 환경에 대하여 어떻게 가치를 부여하는지를 적절하게 담아내지 못할 수 있다. 〈표 6.2〉에서 볼 수 있듯이 EPI는 주관적 웰빙과 강한 양(+)의 상관관계를 갖는다.[15] 이는 주관적 웰빙이 나쁜 대기의 질에 의하여 부정적인 영향을 받는다는 것, 사람들은 눈에 보일 정도로 더 깨끗한 공기를 위하여 더 많이 지불할 용의가 있다는 것, 그리고 자연에서 보내는 시간이 웰빙을 강화하고 인간성에 필요하다는 것을 다루었던 이전의 연구들[16]

---

[15] 환경보호지수(EPI)는 환경을 지향하는 SDG에 비하여 더 많은 것을 이야기하는 환경에 대한 더 종합적인 측정치이다. 따라서 EPI는 환경, 환경정책 및 웰빙 간의 복잡한 관계를 설명하는 데에 도움이 될지 모른다. EPI의 지표들은 더 넓은 범위의 SDG에 분명히 영향을 미친다: 2번, 6번, 7번 및 11번-15번 목표는 EPI와 같은 데이터(input)를 취한다. 사실, 6번, 7번 및 13번-15번 목표는 EPI의 구성요소들을 가장 대변하는 것들이다. 이들 목표 중에서 6번 및 7번은 주관적 웰빙과 강한 양(+)의 상관관계를 갖는 반면 13번은 적당한 음(-)의 상관관계를 가지며 14번 및 15번은 통계적으로 유의미하지 않다.

[16] 예컨대 Levinson(2012)과 Luechinger(2009)를 참조할 것.

에 의하여 뒷받침된다.[17] 이 연구들의 통찰은 정책들이 요구한 노력들과 웰빙이 양(+)의 상관관계를 꼭 갖는 것은 아닐지라도, 웰빙은 환경정책의 결과물과 양(+)의 상관관계를 갖는다는 것을 내비친다. 대규모로 진행된 한 연구는 이러한 환경의 역설에 대한 가능한 설명을 평가하였는데,[18] '(1) 생태계 악화 시점과 웰빙이 영향을 받는 시점 간에 시차가 있다; (2) 기술과 혁신은 자연으로부터 웰빙을 얼마간 분리시켜 왔다; 그리고 (3) 웰빙은 우리의 생태계에 점차 압력을 가하고 있는 식량 생산과 같은 공급서비스(provisioning services)에 의존한다'가 그럴듯하다는 것을 알아냈다. 이러한 소견은 사람들이 생태계 서비스에 의존함에도 불구하고 생태계 악화가 왜 웰빙에 부정적인 영향을 미쳐오지 않았는지를 설명하는 데 도움이 될지 모른다.

SDG와 주관적 웰빙 간의 상충관계는 서로 다른 SDG 간 상충관계의 결과로서 발생할 수도 있다. 11번, 13번, 14번, 16번 및 17번 목표는 거의 틀림없이 다른 SDG와 상충하고 연관이 없다.[19] 11번 및 16번 목표와 웰빙 간의 강한 양(+)의 관계는 SDG끼리의 상충을 어쩌면 상쇄할 수도 있으나, 정책 담당자들은 현 세대 웰빙과의 음(-) 또는 유의미하지 않은 상관관계로 인하여 13번, 14번 및 17번 목표를 추구하는 것을 더 어렵다고 여길지 모른다. 그러나 말할 필요도 없이, 기후변화 대응의 절박함에 대해서는 미래 세대 웰빙을 보장하기 위하여 정말로 조치가 요구된다.[20]

3) 웰빙과 관련된 SDG의 분산분해분석

이하에서는 국가 간 웰빙의 차이(variance)를 설명하는 데 있어 각각의 SDG가 갖는 상대적 중요성을 탐구하기 위하여 분산분해를 적용한다. "우세분석(dominance

---

17 Williams(2017)를 참조할 것.
18 Raudsell-Hearne et al.(2010)을 참조할 것.
19 Kroll et al.(2019)을 참조할 것.
20 예컨대 Stern(2015; 2018), OECD(2019)를 참조할 것.

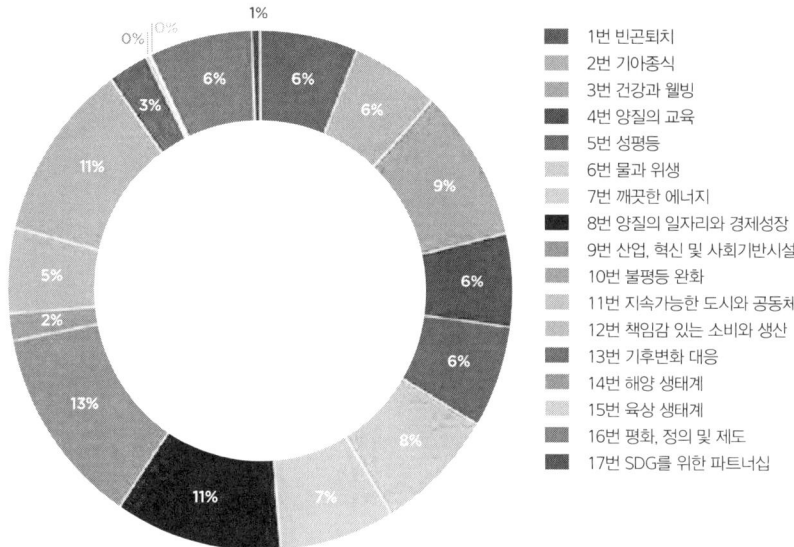

〈그림 6.2〉 국가 간 웰빙의 차이를 설명함에 있어서의 SDG의 상대적 중요성

*12시부터 시계방향으로 1번(빈곤퇴치)-17번(SDG를 위한 파트너십

analysis)"으로 불리는 이 방법은 주어진 예측변수 집합—이 경우 17개의 SDG—에 대하여 웰빙으로 설명된 분산(R^2)에의 상대적 기여를 조사한다.[21] 이러한 분석에서 행해지는 하나의 중요한 가정은 SDG가 국가 간 웰빙의 모든 차이를 설명하도록 만든다는 것이다. 무엇보다도 차이가 존재한다는 것에 전적으로 달려 있는 수많은 중요한 제약도 존재하고, 그럼에도 일부 SDG에 대한 측정치는 크게 다르지 않다. 게다가 데이터에서 이용가능한 149개국(지역별로 보면 더 적음)만을 고려할 수 있기 때문에 관측치의 수에 한계가 있다. SDG 지수 접근에서처럼 우리는 관측치를 상실하기보다는 필요할 때 결측된 SDG 수치에 지역별 수치를 대입한다(impute).[22]

〈그림 6.2〉는 분산분해의 결과를 보여주고 국가 간 웰빙의 차이를 설명함에 있어서 각각의 SDG가 어떻게 기여하는지가 크게 다르다는 것을 시사한다. 이 그림은

---

21 Azen and Budescu(2003)를 참조할 것.
22 지역별 수치의 대입(imputation)은 14번 목표(해양생태계)에서 가장 적절하다(relevant).

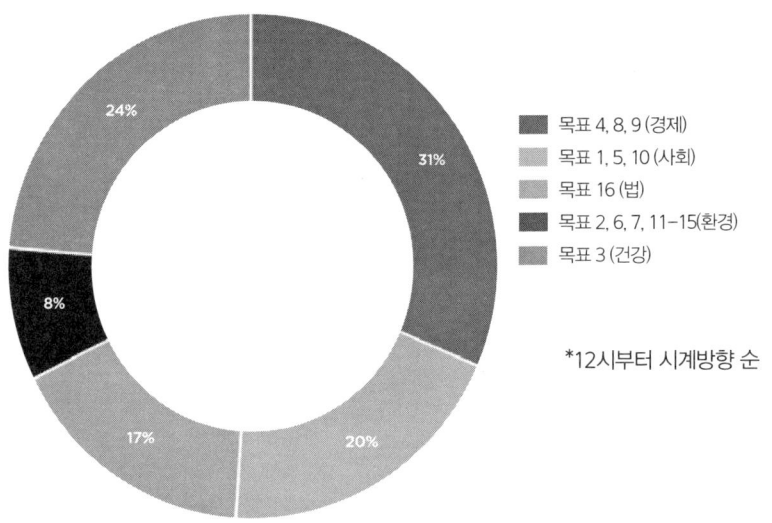

〈그림 6.3〉 국가 간 웰빙의 차이를 설명함에 있어서의 SDG 집단의 상대적 중요성

〈표 6.3〉에서 제시된 상관계수와 밀접하게 닮아있는 상황을 표현한다. 10번, 14번, 15번 및 17번 목표는 전 세계에서 웰빙의 차이를 거의 설명하고 있지 못하는 것으로 드러난 것 같다. 반면에, 가장 큰 설명력을 지닌 SDG는 3번, 8번, 9번 및 12번 목표인 것으로 보인다. 8번 목표(양질의 일자리와 경제성장), 9번 목표(산업, 혁신 및 사회기반시설) 및 12번 목표(책임감 있는 소비와 생산)는 각각 분산의 10% 이상씩을 설명한다. 물론, 앞의 〈표 6.3〉에서 봤던 것처럼(13번 목표뿐만 아니라) 12번 목표는 웰빙과 음(−)의 상관관계를 갖는다는 점에 주목하는 것이 중요하다.

4) 웰빙과 관련된 지역별 SDG 집단(group)의 분산분해분석

이하에서는 SDG를 경제(4번, 8번, 9번 목표), 사회(1번, 5번, 10번 목표), 건강(3번 목표), 법(16번 목표), 그리고 환경(2번, 6번, 7번, 11-15번 목표) 집단으로 분류한다. 먼저 〈그림 6.3〉은 모든 국가 간의 차이를 이러한 SDG 집단이 얼마나 잘 설명하는지에 대한 결과를 보여준다. 〈그림 6.4〉는 지역별 결과이다.

〈그림 6.4〉 지역별 웰빙을 설명함에 있어서의 SDG 집단의 상대적 중요성

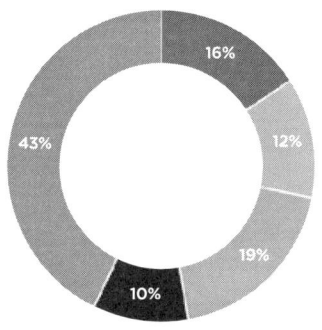

북미·남미 지역별 웰빙분산분해

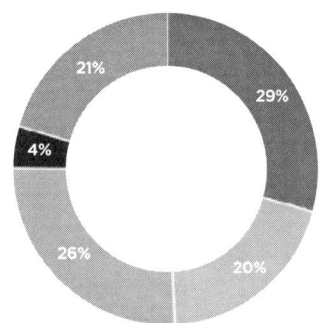

아시아 지역별 웰빙분산분해

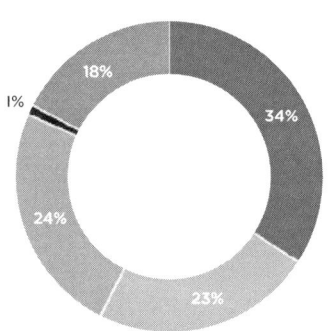

유럽 지역별 웰빙분산분해

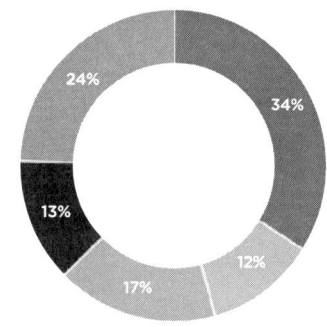

중동·북아프리카 지역별 웰빙분산분해

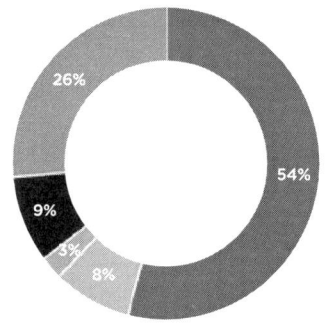

구소련 지역별 웰빙분산분해

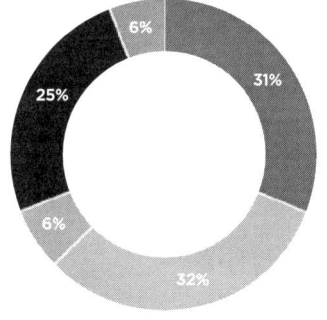

사하라 이남의 아프리카 지역별 웰빙분산분해

지역별 분산분해분석으로부터 얻는 대강의 결론은 세계 전체에 대한 분석의 이면에 많은 지역적 이질성이 숨겨져 있다는 것이고, 지역적 맥락은 어떠한 SDG가 한 지역 내 국가 간 웰빙의 차이를 설명하는 데 가장 중요한지를 만든다. 유럽(국가 수: 33)에서 그리고 특히 구소련의 국가들(국가 수: 15)에서는 웰빙의 지역적 차이를 설명함에 있어 경제 집단이 지니는 엄청난 중요성이 드러난다. 아시아(국가 수: 23)에서는 웰빙의 지역적 차이를 설명함에 있어 경제, 법, 사회 및 건강 집단의 역할이 꽤 균형 잡혀 있다. 북미·남미(국가 수: 23)에서는 웰빙의 지역적 차이를 만드는 데에 있어 건강 집단이 가장 중요한 역할을 한다. 사하라 이남의 아프리카(국가 수: 38)의 경우 지역적 차이를 설명하는 데에 있어 사회 및 경제 집단이 가장 큰 역할을 하나, 환경 집단도 특히 다른 지역들과 비교했을 때 큰 역할을 담당한다. 중동·북아프리카(국가 수: 17)에서는 차이의 대부분을 건강 및 경제 집단이 이끌고 있는 더 균형 잡힌 모습이 나타나나 사회, 법 및 환경 집단도 중요한 역할을 한다.

이와 같은 분산분해분석이 방법론 및 관측치의 수로 인하여 한계가 있다는 사실을 다시 언급하는 것은 중요한 일이다. 그래서 위의 결과들은 탐색적이고 단지 SDG가 웰빙에 어떻게 관련되는지에 관한—그리고 개별적인 SDG와 지역별로 서로 다른 맥락을 살펴볼 때 전체적인(general) 분석이 중요한 이질성을 숨길지도 모른다는 것에 관한—생각과 향후 연구에 자극을 주는 것을 목표로 한다.

5. SDG와 주관적 웰빙의 토대가 되는 간단한 이론

이 절에서 우리는 제2장에서 제시되었던 바와 같이 SDG가 6가지의 웰빙 결정요인을 통하여 어떻게 웰빙을 형성할 수 있는지에 대한 간단한 개념적 모형을 제안한다. 6가지의 웰빙 결정요인은 소득, 사회적 지지, 관대함, 삶에서 선택을 할 자유, 정부와 기업에 대한 신뢰, 그리고 건강한 기대수명이다.

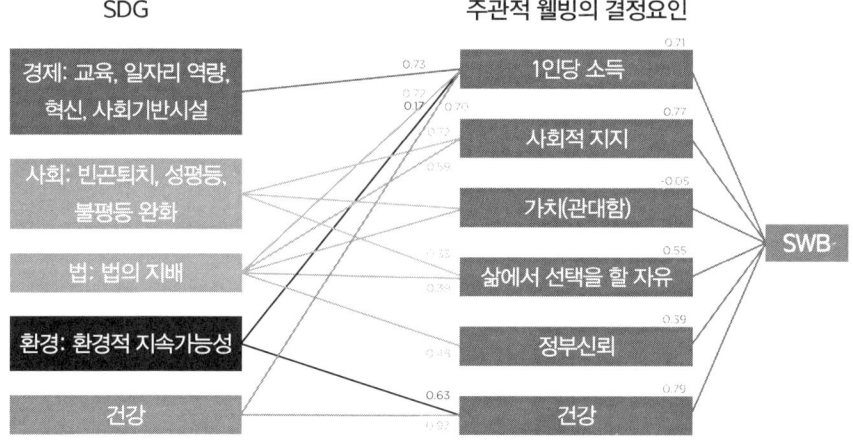

〈그림 6.5〉 SDG가 어떻게 웰빙과 관련되는지에 대한 간단한 경로 모형

모형(그림 6.5)에서의 화살표는 앞서 언급한 5가지의 SDG 집단과 6가지의 웰빙 결정요인 간의 선형관계를 나타낸다. 우리가 믿기에 가장 적절한 경로를 가장 강조하는 관계들을 표현한 것이다. 웰빙의 결정요인 관점에서 웰빙과 가장 강한 상관관계를 보이는 것은 1인당 소득, 사회적 지지 및 건강이다. 이는 직관적으로 받아들일 수 있으나, 이러한 특징들에 대한 좋은 측정치가 있어서 가능한 일이기도 하다. 삶에서 선택을 할 자유 및 정부신뢰는 그 다음이다. 가치(관대함)에 대한 측정치는 유의미하지 않으나 이는 관대함이 측정하기에 매우 어렵다는 점에 기인하는 것 같다고 지적한다.

세 개의 SDG 집단은 1인당 소득와 강한 양(+)의 상관관계를 갖는다. 세 집단은 놀랄 것도 없이 경제적 특징(4번, 8번 및 9번 목표), 법(16번 목표), 그리고 건강(3번 목표)을 담아내는 집단들이다. 환경을 대변하는 목표들(2번, 6번, 7번, 11-15번)도 1인당 소득과 양(+)의 상관관계를 가지나 상관계수가 0.17로 더 낮다는 것에 주목한다. 1인당 소득과 주관적 웰빙 간의 강한 상관관계로 인하여 이러한 경로들은 웰빙에 영향을 미치는 SDG의 매우 중요한 루트이다. 주관적 웰빙의 또 다른 강력한 결정요인인 사회적 지지는 사회적 형평을 대변하는 목표들(1번, 5번 및 10번)과의 강한 양(+)의 상관관계를 갖는다. 직관과는 다르게 이러한 사회 집단과 가치(관대함) 및 삶에서 선택을 할 자유라는 주관적 웰빙 결정요인 간에는 낮은 상관관계가 나타난다. 법의 지배는 사회 집단이 이 세 가지 결정요인(사회적 지지, 관대함 및 삶에서 선택을 할 자유)과 갖는 관계와 유사하다. 마지막으로 건강이라는 결정요인은 건강 집단과의 상관관계가 1에 가깝다. 상관계수가 0.63이라는 점에서 환경 집단도 건강에 꽤 중요함을 알 수 있다.

6. 결론

이 장에서는 SDG 지수와 갤럽월드폴의 자료를 사용하여 SDG와 주관적 웰빙 간의 실증적 관계를 연구하였다. 지속가능한 발전을 달성하는 것과 웰빙에 대한 자기보고식 측정치 간에는 강한 상관관계가 존재한다. 뿐만 아니라 분석은 웰빙 관점에서 지속가능한 발전의 한계수익이 증가함을 내비친다.

SDG 지수를 17개 요소의 목표로 나눈 것은 지속가능한 발전과 웰빙 간 있을 수 있는 상충관계를 분석할 수 있도록 해주었다. 대부분의 SDG가 웰빙과 양(+)의 상관관계를 가진 반면, 12번 목표(책임감 있는 소비와 생산) 및 13번 목표(기후변화 대응)는 주관적 웰빙과 음(-)의 상관관계를 가졌다. 그러나 EPI는 주관적 웰빙과 양(+)의 상관관계를 갖는데, 이는 환경정책에 다다르는 과정은 그렇지 않을 수도 있을지언정 환경정책의 결과물은 주관적 웰빙과 양(+)의 상관관계를 갖는다는 것을 시사한다. 이 결과는 사회에서 중요한 사람들(group)의 주관적 웰빙에 어긋나기 때문에 이러한 분야에서의 정책조치를 시험대에 올려놓는다. 웰빙을 낮추는 것이 현 정부에 대한 지지를 약화시킨다는 것을 감안했을 때[23] 이러한 정책들은 이행하기가 더 어려워진다. OECD에서 내놓은 최근의 보고서는 웰빙의 렌즈를 통한 기후변화 완화를 제

---

23 Ward(2020)를 참조할 것.

안하고 기후변화 대응의 중심에 사람들을 밀어 넣음으로써 이 난제를 다루려고 시도한다.[24]

우리는 SDG와 현 세대의 주관적 웰빙 간의 연계를 연구하였다. 향후 연구는 자기보고식 주관적 웰빙 측정 중 무엇이 미래 세대의 웰빙을 설명하는지까지를 조사하여야 한다. 이것은 12번 목표(책임감 있는 소비와 생산) 및 13번 목표(기후변화 대응)을 고려할 때 특히 관련이 있다. 이러한 정책들을 이행하는 일은 이전 세대의 행태에 의존하는 것으로 드러나 온 세대 간 호혜성을 요구한다.[25] 자기보고식 웰빙 측정 중 무엇이 미래 세대의 웰빙을 포함한 더 장기적인 웰빙의 측면들을 구성하는지까지를 가늠할 수 있는 것은 이쪽 계통의 연구작업에서 특히 중요한 한계이다.

이 연구작업은 국제적인 역학관계를 다루지도 않는다. 한 국가의 지속가능한 발전은 다른 국가들의 희생을 바탕으로 이루어질지도 모르거니와, 국가들의 행동은 다른 국가들의 웰빙에 영향을 미칠는지도 모른다.[26] 게다가 SDG를 웰빙과 연계하는 모형은 일방적인 관계만을 가정한다. 최근의 어떤 연구는 SDG를 다루는 것이 다른 SDG에 연쇄효과(knock-on effects)를 가한다는 것을 보여준다.[27] 아직 논의되지 않아 온 또 다른 역학관계는 사람들의 웰빙이 그 자체로써 발전에 대한 그들 국가의 접근법에 영향력을 행사할 수도 있는 정도이다. 웰빙의 변화는 경제적, 사회적 및 건강에 대한 결과물에 광범위한 효과를 갖는 것으로 기록되어 왔다.[28] 주관적 웰빙의 이러한 객관적인 이로움은 친사회적인 행태를 포함한다. 따라서, 사람과 지구 모두에게 가능하고 지속가능한 발전을 가속화하는 것을 돕는 해법을 만들어내기 위하여 SDG와 주관적 웰빙 연구 및 정책 아젠다를 결합시킬 절박한 필요가 있다.

---

24 OECD(2019)를 참조할 것.
25 Wade-Benzoni(2002)를 참조할 것.
26 Schmidt-Traub et al.(2019)을 참조할 것.
27 ICSU(2017)를 참조할 것.
28 De Neve et al.(2013)을 참조할 것.

참고문헌

Bennett, N.J., Cisneros-Montemayor, A. M., Blythe, J. et al. (2019). Towards a sustainable and equitable blue economy. *Nature Sustainability*, 2, 991-993 doi:10.1038/s41893-019-0404-1.

Azen, R., and Budescu, D. V. (2003). The dominance analysis approach for comparing predictors in multiple regression. *Psychological Methods*, 8, 129-48.

Deaton, A., and Kahneman, D.(2010). High income improves evaluation of life but not emotional well-being. *Proceedings of the National Academy of Sciences*, 107(38) 16489-16493.

De Neve, J-E, Diener, E., Tay, L., and Xuereb, C. (2013). The Objective Benefits of Subjective Well-Being. In Helliwell, J., Layard, R., and Sachs, J.(eds) *World Happiness Report*, New York: Sustainable Development Solutions Network.

Helliwell, J., Layard, R., and Sachs, J. (2019). *World Happiness Report 2019*, New York: Sustainable Development Solutions Network.

International Council for Science(ICSU) (2017). A Guide to "SDG" Interactions: From Science to Implementation. Paris, France: International Council for Science(ICSU).

Kroll, C., Warchold, A., and Pradhan, P. (2019). Sustainable Development Goals(SDGs): Are we successful in turning trade-offs into synergies? *Palgrave Communications*(doi: 10.1057/s41599-019-0335-5).

Levinson, A. (2012). Valuing public goods using happiness data: The case of air quality. *Journal of Public Economics*, 96, 869-880, 2012.

Luechinger, S. (2009). Valuing air quality using the life satisfaction approach. *Economic Journal*, 119, 482-515.

OECD (2019). Accelerating Climate Action: Refocusing Policies through a Well-being Lens, *OECD Publishing*, Paris, https://doi.org/10.1787/2f4c8c9a-en.

Powdthavee, N., Burkhauser, R., and De Neve, J.-E. (2017). Top incomes and human well-being: Evidence from the Gallup World Poll, *Journal of Economic Psychology*, 62, 246-257.

Sachs, J., Schmidt-Traub, G., Kroll, C., Lafortune, G., and Fuller, G. (2019). Sustainable Development Report 2019. New York: *Bertelsmann Stiftung and Sustainable Development Solutions Network*(SDSN).

Schmidt-Traub, G., Moff, H., and Bernlöhr, M. (2019). International spillovers and the Sustainable Development Goals(SDGs): *Sustainable Development Solutions Network*(SDSN).

Stern, N. (2015). Why are we waiting? The logic, urgency, and promise of tackling climate change, MIT Press.

Stern, N. (2018). Public economics as if time matters: Climate change and the dynamics of policy. *Journal of Public Economics*, 162, S.I., 4-17.

Wade-Benzoni, K. A. (2002). A golden rule over time: Reciprocity in intergenerational allocation decisions, *Academy of Management Journal*, 45, 1011-30.

Ward, G. (2020). Happiness and Voting: Evidence from Four Decades of Elections in Europe. *American Journal of Political Science*. https://doi.org/10.1111/ajps.12492

Williams, F. (2017). The Nature Fix: Why Nature Makes us Happier, Healthier, and More Creative, 1st edition, W. W. Norton Company.

Raudsepp-Hearne, C., Peterson, G. D., Tengo, M., Bennett, E. M., Holland, T., Benessaiah, K., MacDonald, G. K., and Pfeifer, L. (2010). Untangling the Environmentalist's Paradox: Why Is Human Well-being Increasing as Ecosystem Services Degrade? *BioScience*, Vol. 60, No. 8.

제7장

노르딕 예외주의
노르딕 국가들이 세계에서 가장 행복한 국가집단에 속하는 이유는 무엇인가? *

프랑크 마르텔라(Frank Martela)** · 벤트 그레베(Bent Greve)*** ·
보 로스스타인(Bo Rothstein)**** · 유노 사-리(Juho Saari)*****

   7장은 노르딕 국가들의 삶이 지닌 몇몇 특징들을 묘사하고 있는데, 이것들은 이 나라들에서의 삶의 평가가 매우 높게 유지되는 이유를 잘 설명해주고 있다. 그런데 이 장은 증거에 의해서 입증되지 않은 채 제안되는 몇몇 다른 설명들에 대해서는 비판적 입장을 견지하고 있다.

---

* 이 장은 《세계 행복보고서 2020》의 제7장(Chapter 7. The Nordic Exceptionalism : What Explains Why the Nordic Countries are Constantly Among the Happiness in the World)을 우한얼(서울대 법학대학원 박사과정 수료, siriusly nate.com)이 번역한 것이다.
** 핀란드 알토대학 경영대 교수
*** 덴마크 로스킬데대학 경영학과 교수
**** 스웨덴 고덴부르크대학 정치학과 교수
***** 핀란드 탐페레대학 사회과학대 교수

1. 서설

2013년부터 지금까지, 《세계 행복보고서》가 출간될 때마다 5개의 노르딕 국가들—핀란드, 덴마크, 노르웨이, 스웨덴, 아이슬란드—은 항상 탑텐(Top 10)에 올랐으며, 이 그룹에 속한 국가들이 2017, 2018, 2019년의 3년 동안에는 1위부터 3위까지를 독차지했다. 분명히 행복도(삶의 평가) 평균 수준에 관한 한 노르딕 국가들은 올바른 일을 하고 있다. 하지만 '노르딕 예외주의'(Nordic exceptionalism) 현상은 시민들의 행복에만 국한되는 것은 아니다. 민주주의와 정치적 권리 상태, 부패의 결여, 시민들 간의 신뢰, 안전감, 사회적 응집성, 젠더 평등, 소득의 평등분배, 인간발전지수(HDI) 및 국가 간 비교 지표 등 그 어느 것을 보더라도 노르딕 국가는 세계에서도 최상위권을 형성하고 있다.[1]

정확히 노르딕 국민들을 그렇게도 예외적으로 자신의 삶에 만족하게 만드는 것은 무엇인가? 이것이 바로 이 7장이 대답하고자 하는 목적이다. 우리는 《세계 행복보고서》의 배후에 있는 기존의 연구들, 이론들 및 자료들을 검토할 것이며, 이를 통해 이들이 이에 대한 가장 유망한 설명으로 제도의 질과 연관된 요인들—즉, 믿을 만한 포괄적인 복지혜택, 낮은 부패, 잘 작동하는 민주주의와 국가 기구들—을 꼽고 있다는 사실을 확인할 것이다. 게다가 노르딕 국민들은 서로에 대한 높은 수준의 사회적 신뢰를 지닐 뿐만 아니라 높은 수준의 자유 및 자율감도 경험하는데, 이는 삶의 만족도를 결정하는 데 중요한 역할을 하고 있다는 것도 확인할 것이다. 그 반면에 우리는 노르딕 국가들의 작은 인구 및 동질성을 통해 행복을 설명하려는 소수의 인기있는 주장을 살펴볼 것이며, 추운 기후 및 자살률 등이 행복에 부정적 역할

---

[1] Greve(2017). 관련된 순위 자료의 출처는 다음과 같다: 민주주의와 정치적 권리 상태(Freedom House, 2019), 부패의 결여(Transparency International, 2019), 시민들 간의 신뢰(Delhey & Newton, 2005), 안전감(Gallup Inc. 2018), 사회적 응집성(Delhey & Dragolov, 2016), 젠더 평등(WEF, 2017), 소득의 평등 분배(OECD, 2019), Human Development Index(UNDP, 2019).

을 한다는 또 다른 소수의 주장도 살펴볼 것인데, 실제로 이들이 주장하는 요인들은 우리가 보기에 노르딕 국가들의 행복에 큰 연관성이 있는 것 같지는 않다.

노르딕 행복에 대한 가능한 설명요인들 대부분은 서로 높은 연관성이 있으며, 자주 서로를 강화시켜 주는 것들이기 때문에, 결과로부터 원인을 구별해내는 일은 여간 어려운 일이 아니다. 게다가 단일한 설명에만 초점을 맞추는 것은 왜곡된 해석을 낳을 수 있다. 예컨대, 제도 및 시민들 간의 신뢰가 폭넓은 사회적 혜택을 구비한 복지국가모델을 형성하는데 비옥한 토양을 제공해주는가? 아니면, 복지국가모델이 시민들을 서로 신뢰하게 만드는 낮은 범죄율과 부패에 기여하는가? 대체로 쌍방향적 영향력 모두가 역할을 한다. 그래서 서로 간에 자기 강화적인 피드백 순환고리를 형성하여 높은 신뢰 수준을 창출하는 동시에 고도로 작동하는 국가사회모델도 창출한다. 우리는 노르딕 국가들의 역사를 간략히 살펴봄으로써 이에 대한 통찰력을 얻고자 하는데, 이는 다른 국가들이 노르딕 국가들로부터 긍정적인 피드백 고리를 점화시키고 시민들의 행복도를 고양시킬 실천적 교훈들을 포착하는데 도움을 줄 것이다. 1809년에 토마스 제퍼슨(Thomas Jefferson)이 말했듯이, "인간의 삶과 행복을 가꾸고 그것의 파괴를 방지하는 것이야말로 좋은 정부의 유일한 첫 번째 정당한 목적이다."[2]

2. 기존 설명들에 대한 검토

지금껏 노르딕 국가들의 높은 행복도를 설명하기 위한 여러 이론이 제시된 바 있으며, 그 중에는 성공적인 근대화,[3] 약자에 대한 보다 나은 부양능력,[4] 높은 수준의

---

2 Miner & Rawson(2006)에서 재인용.
3 Inglehart(2010).
4 Biwas-Diener, Vittersø & Diener(2010).

사회적 자본[5] 등에 관한 것들이 포함되어 있다. 우리는 여기서 노르딕 행복에 대한 가장 중요한 이론들을 검토해볼 것이며, 그것들이 지닌 설명력의 수준에 대해서도 살펴볼 것이다. 이어서 우리는, 각 요소 간 밀접한 관련성과 피드백 체계가 존재한다는 점을 고려하여, 이러한 요소들이 어떻게 상호 연관되어 있는지에 관한 보다 어려운 질문으로 넘어가도록 할 것이다.

1) 날씨, 자살, 소국, 그리고 동질성-노르딕 국가의 행복과 연관된 네 가지 미신 무너뜨리기

노르딕 행복에 관한 가장 가능성 높은 설명을 살펴보기에 앞서, 실제로는 노르딕 행복과 별 연관성이 없음에도 불구하고 대중언론에서 노르딕 행복과 밀접한 관련성이 있는 요소로 간혹 꼽히는 일부 미신을 무너뜨려 보도록 할 것이다.

첫째로, 노르딕 국가들에는 대중적 이미지 차원에서 흔히 행복과 연관되곤 하는 쾌적한 열대성 기후를 가지고 있지 않은 것이 사실이다. 오히려 이와 반대로 노르딕 겨울은 길고, 어두침침하며, 춥기만 하다. 너무 덥거나, 너무 춥거나, 너무 비가 많이 오는 날씨는 삶의 만족도를 떨어뜨리는 등 사람들이 날씨 상태를 삶에 대한 만족도를 평가하는 데 고려한다는 것도 사실이다. 그러나 날씨라는 요소가 미치는 영향력의 크기는 비교적 작은 경향이 있고, 개인의 기대와 계절변화의 양식이라는 요소로 인해 더욱 복잡해지곤 한다. 예컨대, 열대기후에 사는 사람들은 온화한 기후대에서 사는 사람들에 비하여 겨울에 더 행복한 것으로 나타나지만, 봄에는 덜 행복한 것으로 나타난다.[6] 사람이란 평균적인 날씨라는 것에 '적응'하기 마련이고, 그에 따라 특

---

5   Bjørnskov(2003).
6   Connolly(2013); Peng et al.(2016); Rehdanz & Maddison(2005) 참조. 작은 효과의 경우, Tsutsui(2013)을 참조. 젠더 특유의 효과의 경우, Connolly(2013)을 참조. 계절별 패턴의 경우, Peng et al.을 참조.

정한 날씨에 이미 익숙해져버린 사람들에게는 삶의 만족도 차원에서 일반적으로 별다른 영향을 주지 못한다. 따라서 비록 기후변화에 따라 날씨가 따뜻해지는 것에 의해 노르딕 국가들과 같이 추운 국가에 사는 사람들의 삶의 만족도가 약간 증가할 수 있다고 하더라도,[7] 현재까지 드러난 증거에 의하면 날씨가 노르딕 행복의 증가나 감소에는 큰 역할을 취하지 못할 가능성이 높다고 보아야 할 것이다.

둘째로, 노르딕 국가들은 높은 행복도 수치뿐만 아니라 높은 자살률을 가지고 있는 등 모순적인 모습을 보인다는 미신도 있다. 하지만 노르딕 국가들, 그리고 그 중에서도 특히 핀란드가 1970년도와 1980년도에 상대적으로 높은 자살률을 기록하기도 하였으나 그 이후로는 이러한 수치가 급격히 낮아지게 되었고, 현재 노르딕 국가들의 자살률은 유럽 평균에 근접하고 있는 수준이며, 프랑스나 독일, 미국 등과 유사한 수치를 보이고 있다.[8] 비록 노르딕 국가들과 같이 부유한 국가들이 가난한 국가들에 비해 자살률이 높은 경향성을 지니고 있기는 하나,[9] 일반적으로 높은 삶의 만족도를 예측하게끔 해주는 동일한 요소들은 동시에 보다 낮은 자살률을 예측하게끔 해주는 요소들이기도 하다. 예컨대,(비록 정부의 질이 자살보다는 삶의 만족도와 이혼에 더 큰 영향을 미치는 것처럼 보이기는 하나) 보다 높은 사회적 자본 수치와 정부의 질은 보다 높은 주관적 웰빙 수치와 낮은 자살률을 예측하게끔 해주는 요소들이고, 높은 이혼율은 보다 많은 자살과 낮은 삶의 만족도를 예측하게끔 해주는 요소들이다.[10] 이러한 일견 모순적인 양상은 이미 의미를 잃어버린 오래된 자료를 바탕으로 하고 있는 것으로 보이는데,[11] 노르딕 자살률이 특별히 높은 것도 아니고, 동일한 요

---

7 Rehdanz & Maddision(2005)에서 시사된 바 있음.
8 WHO(2018) 및 Eurostat(2018) 참조.
9 Oishi & Diener(2014) 참조.
10 사회적 자본의 증거에 관해서는 Helliwell(2007)을 참조. 이혼율과 거버넌스의 질에 관해서는 Helliwell(2006) 참조.
11 미국 내 주(州)들에 관한 한 유명한 연구에서는 높은 행복도와 높은 자살률의 연관성을 인정한 바 있다. Daly et al.(2011) 참조. 다만, 좀 더 최근의 연구에서는 미국의 주(州)들에서 주관적 웰빙과 자살률 간의 연관성을 발견하지 못하였다. Pednergast et al.(2019) 참조.

소가 동시에 높은 삶의 만족도와 낮은 자살률에 기여하는 이론적 모델에 의해 충분히 잘 예측되고 있기 때문이다.

셋째로, 보다 다양성이 높고 규모가 큰 국가들에 비하여 노르딕 국가들과 같은 작고 동질성 높은 국가들에서 복지사회를 건설하기 쉬울 것으로 가정되곤 한다. 그러나 연구결과 국가 인구의 규모와 삶의 만족도 간에는 긍정적이건 부정적이건 어떠한 연관관계의 존재도 밝혀진 바 없다. 나아가, 작은 국가들이 평균적으로 큰 국가들에 비해 동질성이 높은 것도 아니다.[12] 실제로 스웨덴의 경우 대략 전체 인구의 19%가 국외에서 출생하는 등 요즘 노르딕 국가들은 상당한 다양성을 지니고 있다. 일부 실증적 연구결과에 따르면 민족적 다양성의 증가는 신뢰의 감소와 연관되어 있다. 이는 다민족으로 구성된 사회가 공공재를 창출해내고 공유하는 데에 상대적으로 어려움을 겪는다는 점에 기인하나, Eric Uslaner가 보여주듯, 이러한 신뢰의 감소는 민족적 다양성 그 자체로 인한 것이라기보다는 민족 간 주거지의 분리로 인해 발생하는 것이라고 보아야 한다.[13] 이를 뒷받침하는 추가적인 근거를 제공해주는 다른 연구결과도 있다. 즉, 민족적 다양화가 때로는 보다 적은 공공재로 이어지곤 하는데, 민족적 다양성이 유발하는 이러한 부정적 효과를 보다 잘 설명해 주는 것은 문화적 또는 언어적 장벽보다는 민족 집단 간에 존재하는 경제적 불평등이라는 점이 드러난 바 있다.[14] 요컨대, 노르딕 국가들이 노예와 같은 하위계급이나 식민지로부터 조달된 값싼 노동력을 경험해보지 못했다는 역사적 사실은 복지사회로 가는 노르딕 국가들의 길을 설명하는 데 어떠한 역할을 할 수 있을지도 모른다. 추가로, Charron & Rothstein에 따르면,[15] 사회적 신뢰에 있어 민족적 다양성이라는

---

12 국가의 작음과 웰빙에 관한 연구의 경우 Stanca(2010)과 Rose(2006)을 참조.
13 민족적 다양성과 신뢰의 감소 간의 연관성에 관한 연구의 경우, Bjørnskov(2007); Delhey & Newton(2005) 참조. 다민족 국가들이 공공재의 생산과 공유에 더 많은 어려움을 겪는다는 주장에 관해서는 Alesina, Baqir & Easterly(1999); Habtarimana, Humpreys, Posner & Weinstein(2007) 참조. Uslaner의 연구의 경우, Uslaner(2012) 참조.
14 Baldwin & Huber(2010) 참조; 여기에 추가로 Habyarimana et al.(2007)도 참조.

요소의 효과는 정부의 질이라는 요소를 통제했을 때 무시할만한 것이고, 이는 결국 노르딕 국가들처럼 정부의 수준이 높은 국가들에서는 민족적 다양성이 사회적 신뢰에 아무런 영향을 주지 못할지도 모른다는 점을 시사한다. 더불어,《2018 세계 행복보고서》에 따르면 국가 내 이민자의 비율은 당해 국가에서 태어난 자들의 평균 행복도에 아무런 영향을 주지 못하고, 가장 행복한 상위 10개 국가들은 세계 평균의 약 2배에 달하는 평균 17.2%의 국외출생 인구를 보유하고 있었다.[16] 다른 연구들에 따르면, 이민이 자국 출생자들의 행복에 부정적인 효과보다는 오히려 작지만 긍정적인 효과를 보이는 연구결과들이 나타나고 있다고 한다.[17] 결국, 민족적 동질성은 노르딕 행복에 어떠한 설명도 해주지 못한다고 할 것이다.

또한 한 국가에서 이민자들은 자국 출생자들만큼이나 행복한 것으로 나타난다.[18] 나중에 우리의 주장에서 드러날 바이지만, 정부 제도의 질은 노르딕 행복에 큰 지분을 차지하는데, 이러한 제도들은 이민자들을 포함하여 해당 국가에 거주하는 모두를 위한 서비스를 제공한다. 이는 여러 국가들의 이민자(국외출생자) 행복도 비교에서 노르딕 국가들이 높은 순위를 기록하는 것에 대한 가장 그럴듯한 설명에 해당하는 것으로 보이는데, 이 중 세계 1위부터 4위까지는 핀란드, 덴마크, 노르웨이와 아이슬란드가 차지하고 있고, 스웨덴이 7위를 기록하고 있다.[19] 노르딕 국가들의 웰빙의 이점은 이렇게 그 국가들로 이민하는 자들에게까지 미치는 것이다.

---

15 Charron & Rothstein(2018).
16 Helliwell, Huang, Wang & Shiplett(2018).
17 Akay et al.(2014); Betz & Simpson(2013) 참조.
18 Helliwell, Huang, Wang & Shiplett(2018).
19 Helliwell, Huang, Wang & Shiplett(2018) 참조.

2) 복지국가의 관대성

노르딕 국가들이 폭넓은 사회보장을 지닌 복지국가 모델로 유명하다는 점에 비추어 보면, 복지국가는 노르딕 행복의 설명에 관한 당연한 후보로 꼽을 수 있을 것이다. GDP 대비 공공복지 프로그램 지출 비율과 같이 정부의 복지 지출 총액으로 복지를 계량하던 초창기 분석에서는 복지 지출과 행복에 관한 어떠한 연관성도 발견되지 않았고, 심지어는 부적상관조차 발견되었다.[20] 정부 지출 그 자체는 삶의 만족의 많고 적음과 명확한 관련성이 없는 것으로 보이는데, 정부 지출은 재화와 서비스의 분배 및 재분배에 대한 적절한 추적방법에 비해 경제 상태와 인구 변동과 밀접하게 연관되어 있다는 점을 생각해보면 이는 그다지 놀라운 것도 아니라고 할 것이다. 상대적으로 최근 연구결과에서는 단순한 GDP 대비 지출이 아닌 시민들에게 제공되는 혜택(현물 및 현금)을 바탕으로 복지국가를 선별하고 있는데, 이는 전자의 경우 국가가 실제로 시민들에게 지원을 하는지 여부를 구별할 수 없기 때문이다. Pacek과 Radcliff는 1917년부터 2002년까지의 기간 동안 18개국의 산업국가들을 대상으로 진행한 종단 연구에서 연금을 통한 시장의존으로부터의 탈피 수준, 병자와 장애인에 대한 생활보조금, 실업급여 등을 포착하는 지표를 활용하여 복지국가 관대성을 살펴보았는데, 그 결과 삶의 만족도에 복지국가 관대성이 상당한 긍정적 영향을 끼친다는 점을 확인하였다.[21] OECD 국가들을 살펴본 다른 연구에서는 복지의 폭넓음과 노동시장 규제 수준이 삶의 만족도와 상당한 정적 연관성을 지니고 있음이 나타났다.[22] 또한 이 연구에서는 위 효과가 사람들의 소득으로 인해 완화되지 않음을 확인하였는데, 이는 부유하거나 가난한 개인 및 가정들이 모두 큰 정부

---

20 연관성 없음에 관하여, 예컨대 Veenhoben(2000) 참조. 부적 연관성에 관해서는 예컨대, Bjørnskov, Dreher & Fischer(2007) 참조.
21 Pacek and Radcliff(2008).
22 Flavin, Pacek & Radcliff(2014).

의 혜택을 입게 됨을 의미한다. 실직시의 소득 안정성은 삶의 만족도를 결정하는 데에 있어 강력한 역할을 하는데, 이는 실업과 실업 공포가 삶의 질에 큰 영향을 미치기 때문이다.[23] 나아가 갤럽월드폴(GWP) 자료를 활용한 Oishi 등의 연구에서는, 누진과세와 전반적인 삶의 평가 간의 긍정적 연계는 누진과세를 재원으로 하는 보건, 교육, 대중교통 등의 공공재에 관한 시민들의 만족도에 의해 전적으로 매개됨을 보여주고 있다.[24] 위와 같은 연구들 및 다른 연구들은[25] 결국 노르딕 행복의 비밀 중 하나가 노르딕 복지국가의 제도적 프레임워크임을 시사한다. 사람들은 상대적으로 관대한 복지혜택에 쉽게 접근 가능하고, 노동자 착취를 막을 수 있게 노동시장이 규제되는 국가들에서 보다 행복해지는 경향이 있다.[26]

3) 정부와 공공제도의 질

정부의 질은 노르딕 국가들의 높은 삶의 만족도를 설명하기 위해 흔히 제공되는 핵심 요소인데, 이는 제도 수준에 대한 비교에 있어서 노르딕 국가들이 뉴질랜드, 스위스 등과 더불어 최고 순위들을 기록하고 있기 때문이다.[27] 실제로 몇몇 연구들에서는 양질의 제도를 지닌 국가들에 사는 사람들이 삶의 만족도가 높다는 결과가 나타난 바 있다.[28] 대부분의 관련 증거가 횡단적이지만, 이와 달리 Helliwell 등의 종단적 연구에서는 2005년부터 2012년까지의 기간 동안 157개 국가에서의 정부의 질 변화를 살펴보았는데, 정부의 질의 향상이 행복의 향상으로 이어지는 경향이 있

---

23 Hacker(2018); Pugno(2016).
24 Oishi et al.(2011).
25 예컨대, Flavin, Pacek & Radcliff(2011); Ochsen & Welsch(2012) 참조.
26 Flavin et al.(2014).
27 예컨대, Ott(2011) 참조.
28 Bjørnskov, Dreher & Fischer(2010); Helliwell & Huang(2008); Ott(2010) 참조.

음을 발견하였다.[29] 나아가, 행복에 대한 변화에 관하여 정부의 질의 변화는 GDP의 변화만큼이나 설명력을 지니고 있었다.

통상적으로 정부의 질은 두 가지 차원으로 구분되어왔다. '민주주의적 질'(democratic quality)과 '서비스 전달의 질'(delivery quality)이 그것이다.[30] 전자는 정부 선택에 대한 참여, 표현의 자유, 결사의 자유, 정치적 안정성과 같은 권력에 대한 **접근성**(access)에 관한 것이다. 후자는 법의 지배, 부패의 통제, 규제의 질, 그리고 정부의 효과성과 같은 권력의 **행사**(exercise)와 관련된 것이다. 이러한 측면들은 통상적으로 특정 국가의 제도적 실행에 깊이 박혀있는 것들인데, 이를 통해 지속성을 제고하고 사람들의 기대수준을 안정화시키는 역할을 하게 된다. 연구결과들에서는 후자인 서비스 전달의 질이 민주주의의 존재 여부보다 시민의 행복에 보다 강한 연관성을 갖는 것으로 나타나는 경향이 있다. 그러나 노르딕 국가들과 같이 서비스 전달의 질이 높은 국가들에서는 민주주의의 질이 시민의 삶의 만족을 추가적으로 설명하는 데 있어 갈수록 큰 역할을 하고 있는 상황이다.[31]

이러한 연구들은 정부와 공공제도의 질이 삶의 만족에 유의미한 요소임을 보여준다. 노르딕 국가들은 정부의 질에 관한 국제적 비교에 있어서 최고 순위들을 기록하는 경향이 있는데, 이는 노르딕 국가들의 높은 삶의 만족도를 설명하는 데에 도움을 주고 있다.

4) 소득의 평등

노르딕 국가들은 또한 소득 불평등이 낮기로 유명하지만, 소득 불평등의 부재가

---

29 Helliwell et al.(2018).
30 예컨대, Helliwell & Huang(2008); Helliwell, Huang, Grover et al.(2018); Ott(2011) 참조.
31 Bjørnskov et al.(2010); Bjørnskov & Tsai(2015); Helliwell & Huang(2008); Helliwell, Huang, Grover et al.(2018) 참조.

잠재적으로 높은 삶의 만족도에 대한 설명이 될 수 있을지는 증거가 불분명하다. 예를 들어 28개 유럽 국가들의 경우를 검토한 Zagorski 등에 따르면 불평등이 평균적인 삶의 만족과 부적상관을 보였으나, 1인당 GDP라는 변인을 통제했을 때에는 이러한 상관관계가 완전히 사라졌다.[32] 이러한 결론은 소득 불평등과 행복 간의 연관성을 전혀 찾지 못한 다른 연구결과에 의해서도 뒷받침 되고 있으나, 불평등과 행복 간에 정적·부적 상관을 모두 발견한 연구들도 있었다.[33] 정적상관에서 부적상관, 그리고 상관관계를 전혀 찾을 수 없었던 것을 포함한 넓은 결과범위를 보여주는 이러한 연구들은 소득 불평등과 행복 간에 명확한 연관성이 존재하지 않음을 시사한다. 오히려, 이 관계는 다양한 공변인의 포함여부에 민감하게 반응한다고 할 수 있다. 다만, 불평등이 공정성과 신뢰 인식의 저하, 지위 불안(status anxiety)의 증가와 사회적·경제적 기회의 결여로 이어진다면 이러한 요인들이 보다 직접적으로 국가의 낮은 삶의 만족도에 기여하게 될 것이다.[34] 나아가, 선진 복지국가에 사는 것은 소득 불평등을 얼마만큼 수용할 것인지에 관한 사람들의 인식에도 영향을 미치는 것으로 보인다.[35] 특히나, 유럽인들은 보다 평등한 사회를 선호하고, 불평등이 행복과 부적상관관계에 있는데, 그 중에서도 유럽의 빈곤층이 더욱 그러하다.[36] 요컨대, 낮은 수준의 불평등은 노르딕 국민들에게는 행복에 중요한 요소일 수 있으나, 이와 동일한 직접적인 효과는 다른 나라에서는 나타나지 않는다.

---

32 Zagorski et al.(2014) 참조.
33 부적 연관성과 관련하여서는 예컨대, Hagerty(2000); Oishi, Kesebir & Diener(2011) 참조. 정적 연관성과 관련해서는 예컨대, Ott(2005); Rözer & Kraaykamp(2013) 참조. 다양한 결과에 대한 검토의 경우, Schneider(2016) 참조.
34 Delhey & Dragolov(2013); Oishi et al.(2011) 참조.
35 Schneider(2012) 참조.
36 Alesina, Di Tella & MacCulloch(2004).

5) 인생 선택의 자유

자율성(autonomy)과 인생 선택에 관한 자유는 주관적 웰빙과 연결되어 있는 것으로 알려져 있다.[37] 예컨대, 63개 국가에 대한 연구에서는 각 국가별로 자주성과 개인주의가 얼마나 가치있게 받아들여지고 있는지가, 국가가 얼마나 부유한지에 비해,(불안, 번아웃, 건강으로 측정된) 웰빙에 대한 더욱 안정적인 예측을 보여주는 것으로 나타났다.[38] 이에 따르면 국가가 개인들에게 주체의식, 자유, 그리고 자주성을 느낄 수 있는 환경을 얼마나 제공할 수 있는지가 국민들의 행복에 중요한 역할을 하고 있다.[39] 1981년부터 2007년까지의 세계가치관조사(WVS) 결과를 활용한 Inglehart 등의 연구에서는, 자신이 자유로운 선택을 할 수 있다는 국가적 인식의 상승이 주관적 웰빙 수치에 대한 유사한 수준의 상승과 관련되어 있었고, 시간에 따른 주관적 웰빙 변화의 약 30% 정도를 설명할 수 있었다.[40] 다른 연구들에서도 국가의 행복도에 있어서 인생 선택의 자유라는 요소의 중요성을 드러내고 있다.[41] Inglehart 등의 연구에서는, 여러 데이터를 근거로 이러한 자율성에 대한 인식이 상호 영향을 주고받는 다음의 세 가지 요소에 따른 결과임을 주장한다. 즉, 결핍으로부터 인간을 해방시키는 물질적 풍요, 정치적 억압으로부터 인간을 해방시키는 민주적 정치제도, 그리고 자신 고유의 인격을 발현하고 자기 자신을 표현할 수 있는 보다 많은 기회를 부여하는 자유롭고 관용적인 문화적 가치.[42] Inglehart는 노르딕 국가들이 "성공적인 근대화와 번영, 사회적 연대, 그리고 개인적·정치적 자유의 극대화에 관한 최

37　예컨대, Chirkov, Ryan, Kim & Kaplan(2003); Deci & Ryan(2000) 참조.
38　Fischer & Boer(2011).
39　Welzel & Inglehart(2010).
40　Inglehart et al.(2008).
41　예컨대, Helliwell, Huang, Grover et al.(2018); Helliwell, Huang & Wang(2019) 참조.
42　Inglehart et al.(2008); 또한 Welzel(2013)도 참조.

고의 예시에 해당한다"고 보고 있다.[43] 요컨대, 노르딕 국민들이 경험하는 자주성과 자유에 관한 높은 수준의 인식, 그리고 그로부터 비롯되는 높은 수준의 웰빙은 노르딕 국가들에서 잘 나타나는 상대적으로 높은 물질적 번영과 민주적이고 자유로운 가치들의 결합이라는 요인에 귀속될 수 있다고 할 것이다.

6) 타인에 대한 신뢰와 사회적 응집성

타인에 대한 신뢰 또한 국민의 행복과 연결된다. 몇몇 연구들은 다양한 사회적 혹은 수평적 신뢰(horizontal trust) 척도들이 삶의 만족과 강한 상관관계를 보이고 있고, 이러한 관계가 1인당 소득과 같은 요인들을 통제하는 경우에도 유지됨을 보인 바 있다.[44] 가장 흔하게 활용되는 신뢰 일반에 관한 척도는 '대부분의 사람들을 신뢰할 수 있는지'를 묻는다. 분실한 지갑이 다시 주인에게 돌아올 것인지와 같은 다른 신뢰의 척도들 역시 삶의 만족과 상관관계를 지닌 것으로 나타나 있다.[45] 국가 간 증거에서 나아가, 유럽사회조사(ESS) 자료를 활용한 Helliwell 등의 국가 내 연구에서는 사회적 신뢰에서의 국가 내 변화가 국가적인 주관적 웰빙 수준의 상당한 변화에 연결되어 있음을 보여주고 있다.[46] 높은 수준의 사회적 신뢰는 또한 다양한 국가적 위기상황에 대한 웰빙의 회복탄력성을 증대시키는 것으로 보인다.[47]

나아가, 신뢰보다 더 넓은 개념에 해당하는 '사회적 응집성'(social cohesion)을 통해 웰빙을 예측할 수 있다는 주장도 있다. Delhey와 Dragolov의 최근 연구에서는 사회적 응집력이 1) 타인과의 연결성, 2) 좋은 사회적 관계의 존재, 3) 공공선에 대한 집중이라는 세 가지 측면을 지니고 있는 것으로 정의하였다. 해당 연구에 따르면 사

---

43 위 내용은 Inglehart(2010), pp.384-385에서 인용되었음.
44 예컨대, Bjørnskov(2003); Helliwell, Huang, & Wang(2018).
45 '잃어버린 지갑' 척도의 경우, Helliwell & Wang(2011) 참조.
46 Helliwell et al.(2018).
47 Helliwell, Huang, & Wang(2014).

회적 응집성의 총체적 수준은 물론이고, 위 세 가지 측면이 각자 개별적으로도 보다 높은 웰빙과 관련되어 있음이 27개 유럽연합 국가들의 샘플을 통해 드러났다.[48] 덴마크, 핀란드, 스웨덴 등 위 분석에 포함된 세 개의 노르딕 국가들은 사회적 응집성 지표에서 1~3위를 차지하였는데, 이는 신뢰와 사회적 응집성이 노르딕 행복을 설명해주는 또 하나의 이유가 됨을 의미한다.

7) 다른 설명

앞서 논의한 노르딕 행복에 대한 설명들은 결코 완결적인 것이 아니다. 이외에도 노르딕 행복을 설명하기 위한 다양한 다른 요인들이 있을 수 있다. 예를 들어, 경제적 불안정성 그리고 경제적 손실에의 취약성은 웰빙에 치명적이다. 노르딕 국가들은 폭넓은 사회보장 급여의 존재로 인해 다른 국가들에 비해 국민들이 경제적 불안정성에 보다 덜 취약하도록 할 수 있는 편이다.[49]

'사회적 비교'가 웰빙에서 중요하다는 연구결과도 꾸준히 나오고 있다. 인간은 자신의 삶이 얼마나 괜찮은지를 평가함에 있어 자신의 주변에 있는 다른 사람들과 자신의 처지를 비교하곤 한다. 이 때문에 소득과 같은 객관적 지표보다는 자신의 사회적 지위에 대한 주관적 인식이 웰빙을 보다 잘 예측할 수 있게끔 해주는 것이다.[50] 그러나 이러한 효과는 복지국가라는 것에 의해 완화되는데, 이는 다른 국가들에 비해 강력한 복지국가들인 노르딕 국가들에서 자신의 사회적 위치에 대한 인식이 행복에 영향을 덜 미치기 때문이다.[51] 이는 사회에서 정의하는 성공에 부합하지 못하는 것에 대한 공포로 정의되는 '지위 불안'(status anxiety)이 대부분의 다른 국가들에 비

---

48 Delhey and Dragolov(2016).
49 Hacker(2018) 참조.
50 Ejrnæs & Greve(2017) 참조.
51 Ejrnæs & Greve(2017).

해 노르딕 국가들에서 낮은 경향이 있음을 보여주는 연구결과에 의해 뒷받침된다.[52] 사회적·경제적 위험을 줄여주는 보편적 공공서비스에서 발현되는 평등의 에토스는 이렇게 보다 평등주의적인 문화를 통해 드러나고, 또한 강화되는 것으로 보인다. 나아가, 미국과 덴마크 간의 비교 연구를 보자면, 덴마크인이 미국인에 비해 행복에 대해 갖는 유리한 차이는 저소득층 국민들에게 특히 두드러지게 나타났음이 드러난 바 있다.[53] 덴마크에서는, 빈부격차가 훨씬 심하고 빈곤층에게 유사한 수준의 복지서비스나 공공재가 제공되지 못하는 미국에서만큼 가난이 행복에 강한 악영향을 미치지 않았다. 요컨대, 노르딕 국가들에서는 "이웃에 뒤지지 말아야 한다"는 경쟁의식이 미국이나 여러 다른 국가들에서만큼 강하지 않다고 볼 수 있다.

3. 《세계 행복보고서》 자료를 통해 노르딕 국가 살펴보기

《세계 행복보고서》는 삶의 평가에 대한 예측변수로 1인당 GDP, 사회적 지지, 건강수명, 인생 선택의 자유, 관대성, 부패 등 6가지 요인을 주로 활용한다. 이러한 요인들에 있어 노르딕 국가들이 뭔가 다른 점이 있을까? 이러한 요인들 중에서 노르딕 국가들이 특출나게 뛰어난 모습을 보이는 것들이 존재하여 노르딕 국가들의 높은 행복도를 설명할 수 있는 것일까?

이 쟁점을 살펴보기 위해 우리는 위 요인들에 관한 갤럽월드폴(GWP) 자료를 검토해보았다. 노르딕 국가들이 모두 상대적으로 부유하다는 점―노르딕 국가들은 149개국 중 1인당 GDP 순위에서 6위(노르웨이)부터 21위(핀란드) 사이 구간에 분포하고 있다―에 비추어 보았을 때, 1인당 GDP 외에 어떤 요소가 노르딕 국가들을 도드라지게 하는지 특히 관심을 가지게 되었다. 이를 위해 우리는 룩셈부르크, 싱

---

52 Delhey & Dragolov(2013) 참조.
53 Biswas-Diener et al.(2010).

가포르, UAE, 쿠웨이트, 아일랜드, 스위스, 홍콩, 미국, 네덜란드 등 가장 부유한 非노르딕 국가 10개국과 노르딕 국가 5개국을 위 6가지 요인 차원에서 비교해보았다. 이를 통해 노르딕 국가들이 어떻게 더 높은 GDP를 지닌 국가들보다 많은 행복을 창출해낼 수 있는지를 고려해볼 수 있을 것이다.

〈표 7.1〉에서는 위 6가지 요인(1인당 GDP, 사회적 지지, 건강수명, 자유, 관대성, 부패)에서 네덜란드와 스위스가 노르딕 국가들과 사실상 구분되지 않을 정도로 흡사하다는 점을 보여주고 있다. 네덜란드와 스위스는 노르딕 국가들과 더불어 삶의 만족도뿐만 아니라, 사회적 지지와 인생 선택의 자유, 부패의 부존재에서도 높은 순위를 기록하고 있다. 실제로 노르딕 국가들은 사회적 지지에서 세계적으로 높은 순위를 기록하고 있고, 자유에서는 세계 10위 안에 모두 들고 있다. 부패의 부존재의 경우, 아이슬란드가 놀랍게도 36위밖에 기록하지 못하고 있는 점을 제외하고는 노르딕 국가들은 모두 세계 10위 안에 들고 있다. 아이슬란드의 경우, 이는 엘리트 계층에 존재하는 상당 수준의 사회적·경제적 이상 상태를 드러낸 최근의 금융위기를 반영한 것일 수 있는데, 만일 그런 것이라면 아이슬란드의 낮은 순위는 잠정적인 것에 불과하다고 보아야 할 것이다. 사람들이 얼마나 기부를 많이 하는지를 기준으로 측정되는 관대성의 경우, 노르딕 국가들 사이에 상당한 차이가 나타나고 있는데, 핀란드는 세계 평균 이하이고, 아이슬란드만이 10위 안에 들고 있는 모습니다. 이러한 결과는 기부라는 영역에 국한된 것일 가능성이 있는데, 이는 노르딕 국가들이 자원봉사와 같은 사회친화적 행동양태에서 전반적으로 높은 순위를 기록하는 경향이 있기 때문이다.[54] 건강수명의 경우, 노르딕 국가들은 13위에서 27위 사이를 기록하고 있다. 이는 상대적으로 높은 편이기는 하나, 세계적으로 최상위라고 할 수는 없다. 그러나 건강수명이라는 변인에서는 국가들 간의 차이가 제법 작은 편이라는 점은 생각할 필요가 있다. 요컨대, 삶의 만족에 관한 예측변인 중 노르딕 국가들에게 공통적으로 나타나는 것은 높은 수준의 사회적 지지와 인생 선택의 자유, 부패의 부

---

54 Plagnol & Huppert(2010) 참조.

〈표 7.1〉 노르딕 국가들과 가장 부유한 국가들에서 행복에 영향을 미치는 요소들

국가	삶의 평가 평균	순위	1인당 GDP 평균	순위	사회적 지지 평균	순위	건강수명 평균	순위	자유 평균	순위	관대성 평균	순위	부패 평균	순위
핀란드	7.77	1	10.61	21	0.96	2	71.80	27	0.95	5	−0.06	91	0.21	4
덴마크	7.60	2	10.75	13	0.95	4	72.10	24	0.95	6	0.10	34	0.18	3
노르웨이	7.54	3	11.08	6	0.96	3	73.10	13	0.96	3	0.14	23	0.31	8
아이슬란드	7.49	4	10.72	16	0.98	1	73.00	14	0.94	7	0.27	6	0.69	36
네덜란드	7.49	5	10.79	11	0.93	15	72.20	20	0.92	18	0.21	11	0.39	12
스위스	7.48	6	10.96	7	0.94	12	73.80	3	0.93	11	0.12	27	0.31	7
스웨덴	7.34	7	10.76	12	0.92	25	72.50	18	0.93	10	0.12	26	0.25	6
룩셈부르크	7.09	14	11.46	1	0.92	28	72.60	17	0.89	27	0.01	62	0.36	9
아일랜드	7.02	17	11.11	5	0.95	6	72.20	19	0.88	32	0.17	15	0.37	10
미국	6.89	19	10.90	9	0.91	35	68.40	40	0.82	64	0.14	20	0.71	39
UAE	6.82	21	11.12	3	0.85	69	66.90	57	0.95	4	0.12	29		—
사우디아라비아	6.37	28	10.81	10	0.87	61	66.00	74	0.81	65	−0.17	127		—
싱가포르	6.26	34	11.34	2	0.91	34	76.50	1	0.92	19	0.13	24	0.10	1
쿠웨이트	6.06	49	11.12	4	0.84	71	66.30	71	0.85	47	−0.03	78		—
홍콩	5.44	75	10.90	8	0.83	75	75.86	2	0.82	57	0.14	21	0.41	14
노르딕 평균	7.55		10.78		0.95		72.50		0.95		0.12		0.33	
부유국 평균	6.69		11.05		0.89		71.08		0.88		0.08		0.38	
세계 평균	5.45		9.26		0.81		64.20		0.77		−0.01		0.74	

전거: 《세계 행복 보고서 2019》 데이터 기반의 추산.

존재라고 할 수 있을 것이다.

최근 국가별 평균 행복도뿐만 아니라 국가별 행복의 평등 수준에 대한 관심도 커져가고 있다. 요컨대, 비슷한 평균적인 답변들에 응답이 몰려있어 행복의 분포가 좁다고 할 수 있을 것인가, 아니면 행복에 관한 질문에 다양하고 폭넓은 답변들이 나와 분포가 넓다고 할 것인가? 몇몇 선행 연구들에서는 노르딕 국가들의 행복도 차

〈표 7.2〉 국가별 삶의 평가 변동계수

국가	삶의 평가에서 상대 표준편차	순위
네덜란드	0.171	1
핀란드	0.185	2
룩셈부르크	0.196	3
노르웨이	0.209	4
노르딕 평균	0.211	
덴마크	0.216	5
스위스	0.217	6
아이슬란드	0.217	7
벨기에	0.219	8
오스트리아	0.222	9
뉴질랜드	0.226	10
스웨덴	0.227	11
싱가포르	0.229	12
아일랜드	0.260	21
부유국 평균	0.275	
미국	0.289	26
UAE	0.313	32
홍콩	0.332	43
사우디아라비아	0.361	51
쿠웨이트	0.385	65
세계 평균	0.430	

전거: 《세계 행복 보고서 2019》 데이터 기반의 추산.

이가 타 국가들의 경우보다 작을지도 모른다는 점을 시사하고 있는데,[55] 이에 따라 우리는 《세계 행복보고서》 자료를 살펴보며 노르딕 국가들의 행복점수 분포가 타 국가들에 비해 얼마나 균일하게 분포되어 있는지를 살펴보도록 할 것이다. 이를 위해 우리는 최근 3년의 평균치를 바탕으로 하여 삶의 평가에 대한 표준편차를 149개국의 삶의 평가 평균으로 나누는 방식으로 계산된 **변동계수**(coefficients of variation)

---

55 Biswas-Diener et al.(2010) 참조.

를 살펴보았다. 노르딕 국가들의 점수를 세계 평균치, 그리고 세계에서 가장 부유한 10개국의 점수와 비교하고자 한 것이었다.

〈표 7.2〉에서 나타나듯, 모든 노르딕 국가들은 삶의 평가에 있어서 상대 표준편차가 가장 낮은 국가들 중 최상위 11개국에 포함되어 있고, 이는 세계 평균치 및 가장 부유한 10개국의 평균치를 상당히 밑도는 수준이다. 이는 네덜란드, 룩셈부르크, 스위스와 같은 나라들과 함께 노르딕 국가들에 행복의 불평등이 적다는 것을 의미하는 것으로, 나아가 다시 세계 다른 국가들에 비해 노르딕 국가들의 경우 사람들의 행복도 점수가 서로 흡사함을 뜻하는 것이다. 세계에서 가장 부유한 10개국 중 네덜란드와 룩셈부르크, 스위스는 삶의 만족도가 높다는 차원에서, 그리고 삶의 만족도 점수의 불평등도가 낮다는 차원에서 노르딕 국가들과 비슷한 순위를 기록하였다. 이와 반대로, 미국이나 UAE, 홍콩, 그리고 특히 사우디아라비아와 쿠웨이트와 같은 다른 부유국들의 경우 행복 분포도의 불평등이 좀더 심하였고, 노르딕 국가들에 비해 평균적인 삶의 만족도가 더 낮게 나왔다.

마지막으로, 노르딕 국가들의 높은 행복도가 측정에 사용된 행복의 척도에 종속되어 있음은 주시할만하다. UN의 《세계 행복보고서》와 대다수의 다른 국제적 비교연구는 국민의 행복도를 측정하는 척도로 '삶에 대한 전반적 평가'(general life evaluation)를 활용한다. 《세계 행복보고서》에서는 캔트릴 사다리 척도에 따라 최악의 삶을 의미하는 0점부터 최상의 삶을 의미하는 10점까지의 점수를 기준으로 자신의 삶에 대한 전반적인 평가를 부탁하는 방식으로 삶의 평가를 진행한다. 이러한 방식을 활용한 연구에서는 지속적으로 노르딕 국가들이 세계에서 가장 행복하다는 결과가 나오고 있다.

그러나 삶의 만족 대신 긍정적인 정서의 발현율에 관한 자료를 살펴보면 사뭇 다른 결과가 나온다. 즉, 파라과이, 코스타리카, 멕시코 등과 같은 라틴아메리카 국가들뿐만 아니라 라오스와 같은 동남아시아 국가들이 최상위를 차지하고 있고, 아이슬란드가 세계 3위, 다른 노르딕 국가들이 15위부터 36위까지를 차지하고 있다.[56]

이와 유사하게 갤럽월드폴의 긍정적 정서경험 지표에는 9개의 라틴아메리카 국가들과 인도네시아가 최상위 10개국을 차지하고 있다.[57] 따라서 노르딕 국가들은 시민들이 긍정적인 감정을 꽤나 자주 경험하게 되는 곳으로 보이는 듯하나, 그렇다고 해서 긍정적인 감정을 가장 자주 경험하는 나라들은 아닌 것이다. 이와 비슷하게 부정적인 감정의 부재를 가지고 순위를 매겼을 때에는 아이슬란드(3위), 스웨덴(9위) 그리고 핀란드(10위)가 각각 최상위 10개국에 진입해있으나, 덴마크와 노르웨이는 각각 24위와 26위를 기록하였다.[58] 이러한 결과들로부터 알 수 있는 것은 인간 웰빙이 지닌 다차원적 본성이라고 할 수 있다. 개인 혹은 국가적 레벨에서 나타나는 높은 삶의 만족도는 누군가가 긍정적인 감정을 자주 경험한다거나, 부정적인 감정을 드물게 경험한다는 것을 보장해주지 않는다. 행복에 관한 여러 가지 지표들을 살펴보는 것은 국가적 행복도의 종류와 성격에 대한 보다 세밀한 그림을 그릴 수 있게끔 해준다.[59] 언론에서 덴마크를 2012, 2013, 2016년에 세상에서 가장 행복한 국가로, 핀란드를 2018년에 세상에서 가장 행복한 국가로 발표했을 때, 우울한 자화상을 그리고 있던 해당 국가들의 시민들은 그 결과에 상당히 놀랐다고 한다. 아마도 덴마크와 핀란드의 시민들은 미소랄지, 기쁨의 표출과 같은 다른 긍정적 정서의 지표를 생각하고 있었는지는 모르겠으나, 그러한 지표들이 다른 국가들만큼 자신들의 국가에서 빈발하는 것은 아니었다는 점에서는 올바른 결론을 내렸다고 할 수 있다. 다만, 만일 덴마크와 핀란드의 사람들이 삶의 만족에 대해 생각했다고 한다면, '예, 불만이 없는 것은 아니지만, 대체로 여기 사람들은 자신의 삶의 진행 과정에 대해 상당히 만족하고 있습니다'라고 결론지었을 것이다. 앞서 살펴본 바와 같이, 주관적 웰빙의 다양한 척도들 중에 삶에 대한 전반적인 평가는 국가단위의 행복 수준을 평

---

56 《2019 세계 행복보고서》 온라인 자료 기반.

57 Gallup(2019).

58 《2019 세계 행복보고서》 온라인 자료 기반.

59 예컨대, Martela & Sheldon(2019) 등에서 주장된 바 있음.

가하는 데 있어 가장 흔히 활용되고 추천받는 방식 중 하나인데,[60] 이는 삶의 전반적 평가가 긍정적·부정적 정서에 비해 다양한 국가 수준의 요인들—예컨대 소득이나 정책적 결정들—의 변동에 보다 민감하게 반응하기 때문이다.

4. 역사 및 근본적 원인 찾기

'노르딕 예외주의'를 설명하는 데 있어 가장 어려운 점은 노르딕 국가들이 너무나도 다양한 행복 예측 지수들에서 높은 순위를 기록하고 있기 때문에 인과를 파악하기가 어렵다는 것이다. 요인들의 강력한 군집이 있다고 할 수 있는데, 여기에는 높은 삶의 만족도, 높은 수준의 사회적·제도적 신뢰, 높은 수준의 민주적 제도, 심층적인 복지급여, 사회경제적 평등 등이 있다. 전 세계에서 노르딕 국가들만큼 이러한 각종 요인들의 군집이 강하게 나타나는 지역은 없다.[61] 그러나 노르딕 모델을 재현하고자 하는 정책 입안자들의 시각에서 봤을 때에는 동일한 국가에 이러한 긍정적 요인들이 모두 몰려있다는 것이 딱히 유용하지도 않다고 할 것이다. 오히려, 정책 입안자들의 입장에서는 보다 높은 수준의 행복도를 만들어낼 수 있는 확실한 방안을 찾아야 하는데, 그것을 찾기 어렵게 만드는 것이다. 예컨대, Rothstein과 Uslaner의 연구에서는 국가가 낮은 사회적·제도적 신뢰와 높은 수준의 부패, 그리고 높은 수준의 불평등의 악순환에 빠지게 되는 경우, 모든 시민들에게 공평하게 이익이 되는 보다 믿을만하고 대표성 있는 시스템을 위한 개혁을 하는 데에 필요한 시민과 공직자들의 신뢰를 쌓기가 어려울 수 있다.[62] 이와 반대로, 노르딕 국가들은 효과적으로 기능하는 민주 제도들이 심층적인 사회보장과 안전망을 시민들에게 제공

---

60 예컨대, OECD(2013)에서 OECD가 내린 권고를 참조.
61 Rothstein(2010) 참조.
62 Rothstein & Uslaner(2005).

함으로써 시민들이 서로 신뢰하게 되는 것은 물론 그들의 제도를 신뢰하게 되고, 이로부터 나아가 복지 모델을 보존하겠다고 약속하는 정당들을 뽑게 만드는 선순환에 들어서 있다고 할 것이다.[63] 위의 두 가지 경우 모두가 상대적으로 안정적인 상황이라고 생각될 수 있는데, 결국 여기서 도출되는 핵심적 질문은 '낮은 신뢰의 균형 상태에서 높은 신뢰의 균형상태로 어떻게 이동할 수 있는가'라고 할 것이다. 여기서 노르딕 국가들이 이러한 도약을 어떻게 해낼 수 있었는지를 역사적으로 살펴보는 것이 상당한 통찰력을 제공해 줄 수 있다.

근대 시대의 시작점에서, 노르딕 국가들은 유럽 대륙과 러시아를 특징짓던 봉건주의와 농노제를 지니고 있지 않았다. 농부들은 상대적으로 보다 독립적인 위치에 있었고, 다수의 농부들은 자신이 경작하는 땅의 주인이었다. 나아가, 20세기에 이르는 수십 년의 기간 동안 농부들은 상당한 정치적 힘을 지니고 있었는데, 그 힘은 노르딕 국가들의 의회에까지 미칠 정도였다.[64] 노르딕 국가들에서도 계급 간 분쟁이 존재했던 것은 사실이나(예컨대 3만 명이 넘어가는 사망자를 기록했던 핀란드의 좌익의 '적군'과 우익의 '백군' 간에 벌어진 적백내전과 같은 드라마틱한 예시들을 꼽을 수 있다), 노르딕 국가들의 경우에는 다른 국가들에 비해 내부적인 분열이 그리 깊지는 않았고, 그 덕분에 20세기 초반에 노동계급과 엘리트 계급 간에 "신뢰의 정신"(spirit of trust)이 생겨나고 "역사적 대타협"(a historical compromise)을 이루는 것이 가능할 수 있었던 것이다.[65] 평화로운 체제전환을 겪었던 다른 노르딕 국가들과 달리 핀란드는 심각한 내전을 겪었는데, 놀라운 점은 내전 이후 핀란드가 빠르게 국가적 통합을 이루었다는 점이다. 불과 수 년 내에 여러 제도들이 재구축되었다. 예컨대, 내전이 끝난 지 채 1년도 지나지 않아 전쟁에서 패전한 진영에 소속되어 있었던 사회민주당이 총선거에 참여하는 것이 허용되었고, 나아가 의회 내 최대세력으로 등극하게 되었다. 몇

---

63 Rothstein(2010).
64 Rothstein & Uslaner(2005).
65 Rothstein & Uslaner(2005), p. 58.

년이 더 지난 후에는 농지제도 개혁과 같이 적백내전에서 좌익이 주장하였던 대부분의 개혁안들이 의회를 통해 시행되게 되었다.

노르딕 국가들이, 20세기 초입에, 대다수의 다른 국가들과 달리 극심한 계급 분열과 경제적 불평등을 겪지 않고 있었다는 점이 노르딕 모델의 근본적 이유의 잠재적인 후보로 고려될 수 있을 것이다. 연구결과에 따르면 일반적인 대인 신뢰에 대하여 불평등이 강한 부정적 영향을 미친다는 것이 드러나고 있다.[66] 보다 평등한 사회에서는 사람들이 서로를 보다 더 신뢰하게 된다. 이러한 높은 수준의 신뢰는 장기적으로는 보다 강력하고 보편적인 복지국가에 대한 선호에 기여하게 된다. 100년 전의 사회적 신뢰에 관한 통계자료 따위는 존재하지 않지만, 우리는 상대적으로 긴 역사적 기간에 걸쳐서도 사회적 신뢰가 놀라울 정도로 안정적으로 유지됨을 알고 있고,[67] 이는 사회적 신뢰가 보다 나은 제도의 구축에 기여하는 역할을 하고 있음을 뒷받침해준다.

노르딕 국가들의 경우 19세기 말부터 이미 상대적으로 양질의 정부 제도를 지니고 있는 것으로 보이고, 여기에 더해 부패와 관련된 문제들을 상당히 잘 다룰 수 있는 독립적인 사법시스템도 갖추고 있던 것으로 보인다.[68] 이를 통해 핵심적 제도들은 보다 믿을만하고 의지할만한 것이 될 수 있었고, 개혁이 효과적으로 이루어져 자신의 목적에 부합할 수 있을 것이라는 믿음을 엘리트와 평민들에게 똑같이 줄 수 있었다. 대중교육(mass education) 또한 또 다른 중요한 근본 원인이 될 수 있다. Uslaner와 Rothstein의 연구에서는 한 국가에 있어 1870년도의 평균 교육연한이 놀랍게도 2020년에서의 부패 수준과 강력한 상관관계를 보인다―변량의 70%나 설명해준다―는 점이 드러난 바 있다.[69] 노르딕 국가들은 모든 시민들을 위한 보편

---

66 Elgar & Aitken(2011); Uslaner & Brown(2005).
67 예컨대, Algan & Cahuc(2010) 참조.
68 Rothstein & Teorell(2015).
69 Uslaner & Rothstein(2016).

적 무상교육에 많은 투자를 했는데, 그 핵심 목표 중 하나는 강력한 국가적 정체성과 사회적 결속력을 지닌 시민들을 양성함으로써 보다 많은 사회적 신뢰와 제도적 신뢰에 기여하도록 하기 위함이었다. 대중교육은 국력을 강화하기 위한 방편으로 대체로 19세기에 도입되었다.[70] 이는 통상적으로 엘리트들로 하여금 국가를 보다 효율적이고, 능력주의적이고, 덜 부패하게 만드는 것을 추구하게끔 하는 외부적 위협들과 관계되어 있는데, 이는 그러한 외부적 위협으로부터 국가의 생존을 위해 필요한 것으로 인식되었기 때문이다.[71]

역사적 영향의 경우, 일각에서는 노르딕 국가들에서 지배적인 개신교(protestant) 계열의 종교적 유산이 노르딕 예외주의에 기여한다고 주장하기도 한다. 기실로 문화 간 비교연구 차원에서 바라보았을 때 프로테스탄티즘은 제도의 질과 신뢰 일반은 물론이고, 높은 수준의 삶의 만족과 양의 상관관계를 지니는 것으로 보인다.[72] 그러나 세계 전체로 보자면, 개신교 국가들이 상대적으로 적다는 점에 비추어 보았을 때, 종교 그 자체와 실제 연관성이 있는 것인지 아니면 단순한 역사적인 우연의 일치에 불과한 것인지는 확실히 말하기 어려운 부분이라고 할 것이다. 예컨대, Broms와 Rothstein의 주장에 따르면, 보다 통합적인 사회적 제도에 기여한 것이 프로테스탄티즘의 종교적 교리가 아니라고 한다. 오히려 개신교 국가들의 경우 지역 교구들이 다른 종교제도에 비해 이미 16세기에 보다 포용적, 평등적, 대의적이고, 금전적으로도 책임감을 지니고 있었다고 한다.[73] 따라서 개신교의 종교적 제도들은 노르딕 국가들의 양질의 제도에 대한 설명을 제공하는 것이라기보다는, 노르딕 국가들에서 이루어진 역사적인 제도적 발전의 연쇄의 일부분을 구성했을 수도 있다고 볼 것이다.

---

70 Uslaner & Rothstein(2016).
71 Teorell & Rothstein(2015).
72 Broms & Rothstein(2020); Haller & Hadler(2006) 참조.
73 Broms & Rothstein(2020).

위의 맥락에서 살펴보았을 때, 노르딕 모델에 대해서는 다음과 같이 정리하는 것이 가능할 것이다. 즉, 20세기 초의 대중교육과 상대적으로 평등한 사회적 분위기로 인해 만들어진 높은 수준의 사회적·제도적 신뢰가 20세기 초기에 도입된 복지국가 정책들에 대한 시민들의 지지를 가능하게 하였고, 여기서 나아가 사회적·제도적 신뢰가 더욱 향상되었다는 것이다. 그림을 보다 복잡하게 만드는 여러 가지 역사적인 특이점들과 경로 의존성들이 존재하나, 노르딕 모델을 향한 흐름을 만들어낸 주된 역사적 흐름은 낮은 수준의 불평등과 대중교육으로부터 시작되었고, 이것이 사회적·제도적 신뢰로 발전하여 나중에는 효과적으로 기능하는 복지국가 제도의 형성을 가능하게끔 하였다고 말할 수 있을 것이다.[74]

5. 결론

잘 기능하는 민주주의 시스템, 관대하고도 효과적인 사회복지제도, 낮은 수준의 부패와 범죄 등 좋은 사회를 이루는 여러 핵심적인 제도적, 문화적 지표들의 존재, 그리고 자유를 만끽하며 서로와 정부 제도를 신뢰하며 만족스러워하는 시민들의 존재 간에 이어지는 선순환은 노르딕 국가들을 특징짓는 요소이다. 본 장은 노르딕 국가들에 집중하고 있다. 하지만 스위스, 네덜란드, 뉴질랜드, 캐나다, 호주 등과 같이 삶의 만족도 조사에서 높은 순위를 자주 기록하는 다른 국가들을 빠르게 훑어보더라도 이 국가들 또한 동일한 요소들을 지니고 있음이 나타난다. 요컨대, 다른 국가들이 따라할 수 없는 노르딕 국가들만의 비밀스런 행복 레시피가 있는 것은 아니다. 오히려 고도로 만족한 시민들을 양성해내는 것에는 상당히 일반적인 레시피가 있다고 할 수 있다. 한마디로 국가 제도가 중요하다. 즉, 높은 수준을 지니고 있고, 부패하지 않았으며, 약속한 바를 지킬 수 있고, 여러 역경에 처한 시민들을 관대하

---

[74] Rothstein & Uslaner(2005; Uslaner & Rothstein(2016).

게 도와줄 수 있는 국가 제도를 갖추어야 한다.

물론 당연하게도, 행복을 만들어내는 사회가 어떻게 생겼는지를 '아는 것'(knowing)과, 특정한 사회를 그러한 모델에 부합하도록 '변형시키는 것'(transforming) 사이에는 상당한 간극이 존재한다. 낮은 신뢰도를 지닌 사회는 심각한 문제를 안게 된다. 즉, 부패한 제도에 대한 낮은 신뢰가 납세에 대한 거부감으로 이어지고, 또한 국가가 시민들을 보다 잘 보살피게끔 해주는 제도 개혁에 대한 낮은 지지로 나아가게 되는 악순환에 빠지기 쉽다. 요컨대, 악순환에서 선순환으로 나아가는 쉬운 길이란 존재하지 않는다. 다만, 악순환에서 선순환으로 나아가는데 도움이 되는 몇 가지 아이디어를 제공할 수는 있다고 생각된다.

무엇보다, 제도의 차원에서 양질의 제도를 갖추는 것이 중요하다. 양질의 제도는 시민들의 행복을 확보하는 데에 있어서 핵심적인 역할을 한다. 요컨대, 부패를 최소화하고, 다양한 결정과정에서 시민의 참여와 대표성을 최대화해야 한다. 그러면, 제도들이 시민들을 위해 봉사하게 되고, 시민들의 신뢰를 유지하는 데 기여할 수 있다. 민주주의의 수준과 언론의 자유, 교육받고 정보를 지닌 시민들의 존재, 강력한 시민사회와 같은 요소들은 정부가 책임감을 지니고 시민본위로 유지되도록 함에 있어서 중요한 역할을 한다.

문화적 차원에서 볼 때, 가장 중요한 요소라고 이야기할 수 있는 것은 시민들 간에 공동체의식, 신뢰, 그리고 사회적 결속력을 생성시키는 것이다. 분열된 사회는 각 시민들이 보다 행복한 삶을 살게끔 해주는 공공재를 생산하는 데에 어려움을 겪게 된다. 분열된 사회에서는 또한 복지와 사회보장급여가 자신이 아닌 '다른' 집단만의 이익에 기여할지도 모른다는 염려로 인해 사람들이 각종 사회복지와 사회보장급여 정책을 지지하기 어렵게 된다. 사람들이 서로를 위하고 서로를 신뢰하는 경우에는 각종 공공재와 사회복지, 사회보장 프로그램을 구축할 수 있는 훨씬 더 안정적인 기반을 확보할 수 있다.

요컨대, 제도적인 차원에서 바라보았을 때 신뢰할 수 있고 잘 기능하는 정부를 만들고, 문화적인 차원에서는 시민들 간에 공동체 의식과 통합의 정신을 만들어내는 것이 행복한 사회를 만들어 가는데 있어 가장 중요한 과정이라고 할 것이다. 노르딕 국가들도 현재의 복지국가 모델에 도달하기까지 각자 고유한 길을 걸어온 만큼, 다른 국가들 역시 자신만의 길을 개척해야 할 것이다. 시민의 웰빙과 행복이 진정 정부의 제1의 목표라면, 시민의 행복을 결정짓는 제도적, 문화적 요소들에 관한 이상의 연구결과를 진지하게 받아들이는 것, 이것이야말로 그러한 목표의 달성을 위해 나아가는 여정에서 든든한 첫 발걸음이 되어줄 것이다.

참고문헌

Akay, A., Constant, A., & Giulietti, C. (2014). The impact of immigration on the well-being of natives. *Journal of Economic Behavior & Organization*, 103, 72-92.

Alesina, A., Baqir, R., & Easterly, W. (1999). Public goods and ethnic divisions. *The Quarterly Journal of Economics*, 114(4), 1243-1284.

Alesina, A., Di Tella, R., & MacCulloch, R. (2004). Inequality and happiness: are Europeans and Americans different? *Journal of Public Economics*, 88(9-10), 2009-2042.

Algan, Y., & Cahuc, P. (2010). Inherited trust and growth. *American Economic Review*, 100(5), 2060-92.

Baldwin, K., & Huber, J. D. (2010). Economic versus cultural differences: Forms of ethnic diversity and public goods provision. *American Political Science Review*, 104(4), 644-662.

Betz, W., & Simpson, N. B. (2013). The effects of international migration on the well-being of native populations in Europe. *IZA Journal of Migration*, 2(12), 1-21.

Biswas-Diener, R., Vittersø, J., & Diener, E. (2010). The Danish effect: Beginning to explain high well-being in Denmark. *Social Indicators Research*, 97(2), 229-246.

Bjørnskov, C. (2003). The happy few: Cross-country evidence on social capital and life satisfaction. *Kyklos*, 56(1), 3-16.

Bjørnskov, C. (2007). Determinants of generalized trust: A cross-country comparison. *Public Choice*, 130(1-2), 1-21.

Bjørnskov, C., Dreher, A., & Fischer, J. A. (2007). The bigger the better? Evidence of the effect of government size on life satisfaction around the world. *Public Choice*, 130(3-4), 267-292.

Bjørnskov, C., Dreher, A., & Fischer, J. A. (2010). Formal institutions and subjective well-being: Revisiting the cross-country evidence. *European Journal of Political Economy*, 26(4), 419-430.

Bjørnskov, C., & Tsai, M.-C. (2015). How Do Institutions Affect Happiness and Misery? A Tale of Two Tails. *Comparative Sociology*, 14(3), 353-385.

Broms, R., & Rothstein, B. (2020). Religion and institutional quality: Long-term effects of the financial systems in Protestantism and Islam. *Comparative Politics, Advance Online Publication*.

Charron, N., & Rothstein, B. (2018). Regions of trust and distrust: How good institutions can foster social cohesion. In U. Bernitz, M. Mårtensson, L. Oxelheim, & T. Persson(Eds.), *Bridging the prosperity gap in the EU. The social challenges ahead*(pp. 220-242). Cheltenham, UK.: Edward Elgar Publishing.

Connolly, M. (2013). Some like it mild and not too wet: The influence of weather on subjective well-being. *Journal of Happiness Studies*, 14(2), 457-473.

Chirkov, V., Ryan, R. M., Kim, Y., & Kaplan, U. (2003). Differentiating autonomy from individualism and independence: A self-determination theory perspective on internalization of cultural orientations and well-being. *Journal of Personality and Social Psychology*, 84(1), 97-110.

Daly, M. C., Oswald, A. J., Wilson, D., & Wu, S. (2011). Dark contrasts: The paradox of high rates of suicide in happy places. *Journal of Economic Behavior & Organization*, 80(3), 435-442.

Deci, E. L., & Ryan, R. M. (2000). The "what" and "why" of goal pursuits: Human needs and the self-determination of behavior. *Psychological Inquiry*, 11(4), 227-268.

Delhey, J., & Dragolov, G. (2013). Why inequality makes Europeans less happy: The role of distrust, status anxiety, and perceived conflict. *European Sociological Review*, 30(2), 151-165.

Delhey, J., & Dragolov, G. (2016). Happier together. Social cohesion and subjective well-being in Europe. *International Journal of Psychology*, 51(3), 163-176.

Delhey, J., & Newton, K. (2005). Predicting Cross-National Levels of Social Trust: Global Pattern or Nordic Exceptionalism? *European Sociological Review*, 21(4), 311-327. https://doi.org/10.1093/esr/jci022

Ejrnæs, A., & Greve, B. (2017). Your position in society matters for how happy you are. *International Journal of Social Welfare*, 26(3), 206-217. https://doi.org/10.1111/ijsw.12233

Elgar, F. J., & Aitken, N. (2011). Income inequality, trust and homicide in 33 countries. *European Journal of Public Health*, 21(2), 241-246.

Eurostat. (2018). *Just over 56 000 persons in the EU committed suicide*. Retrieved from https://ec.europa.eu/eurostat/web/products-eurostat-news/-/DDN-20180716-1

Fischer, R., & Boer, D. (2011). What is more important for national well-being: money or autonomy? A meta-analysis of well-being, burnout, and anxiety across 63 societies. *Journal of Personality and Social Psychology*, 101(1), 164-184.

Flavin, P., Pacek, A. C., & Radcliff, B. (2011). State intervention and subjective well-being in advanced industrial democracies. *Politics & Policy*, 39(2), 251-269.

Flavin, P., Pacek, A. C., & Radcliff, B. (2014). Assessing the impact of the size and scope of government on human well-being. *Social Forces*, 92(4), 1241-1258.

Freedom House. (2019). *Freedom in the world 2019*. Washington D.C.: Freedom House.

Gallup Inc. (2018). *Peace, security still out of reach for many worldwide*. Retrieved from https://news.gallup.com/poll/235391/peace-security-reach-worldwide.aspx

Gallup Inc. (2019). *Gallup Global Emotions*. Washington D.C.: Gallup.

Greve, B. (2017). How to measure social progress? *Social Policy & Administration*, 51(7), 1002-1022.

Habyarimana, J., Humphreys, M., Posner, D. N., & Weinstein, J. M. (2007). Why does ethnic diversity undermine public goods provision? *American Political Science Review*, 101(4), 709-725.

Hacker, J. S. (2018). Economic security. In J. Stiglitz, J.-P. Fitoussi, & M. Durand(Eds.), *For Good Measure: Advancing Research on Well-being Metrics Beyond GDP*(pp. 203-240). Retrieved from https://www.oecd-ilibrary.org/economics/for-good-measure/economic-security_9789264307278-10-en

Hagerty, M. R. (2000). Social comparisons of income in one's community: Evidence from national surveys of income and happiness. *Journal of Personality and Social Psychology*, 78(4), 764-771.

Haller, M., & Hadler, M. (2006). How social relations and structures can produce happiness and unhappiness: An international comparative analysis. *Social Indicators Research*, 75(2), 169-216.

Helliwell, J. F., & Huang, H. (2008). How's your government? International evidence linking good government and well-being. *British Journal of Political Science*, 38(4), 595-619.

Helliwell, J. F., Huang, H., Grover, S., & Wang, S. (2018). Empirical linkages between good governance and national well-being. *Journal of Comparative Economics*, 46(4), 1332-1346.

Helliwell, J. F., Huang, H., & Wang, S. (2014). Social Capital and Well-Being in Times of Crisis. *Journal of Happiness Studies*, 15(1), 145-162. https://doi.org/10.1007/s10902-013-9441-z

Helliwell, J. F., Huang, H., & Wang, S. (2018). New evidence on trust and well-being. In E. M. Uslaner(Ed.), *The Oxford Handbook of Social and Political Trust*(p. 409). Oxford

University Press.

Helliwell, J. F., Huang, H., & Wang, S. (2019). Changing world happiness. In J. F. Helliwell, R. Layard, & J. Sachs(Eds.), *World Happiness Report 2019*(pp. 10-45). New York: Sustainable Development Solutions Network.

Helliwell, J. F., Huang, H., Wang, S., & Shiplett, H. (2018). International migration and world happiness. In J. F. Helliwell, R. Layard, & J. Sachs(Eds.), *World Happiness Report 2018*(pp. 13-44). New York: Sustainable Development Solutions Network.

Helliwell, J. F., & Wang, S. (2011). Trust and Wellbeing. *International Journal of Wellbeing*, 1(1), 42-78. https://doi.org/10.5502/ijw.v1i1.9

Inglehart, R. (2010). Faith and freedom: Traditional and modern ways to happiness. In E. Diener, D. Kahneman, & J. Helliwell(Eds.), *International Differences in Well-Being*(pp. 351-397). Oxford University Press.

Inglehart, R., Foa, R., Peterson, C., & Welzel, C. (2008). Development, freedom, and rising happiness: A global perspective(1981-2007). *Perspectives on Psychological Science*, 3(4), 264-285.

Martela, F., & Sheldon, K. M. (2019). Clarifying the concept of well-being: Psychological need-satisfaction as the common core connecting eudaimonic and subjective well-being. *Review of General Psychology*, 23(4), 458-474.

Miner, M., & Rawson, H. (Eds.). (2006). *The Oxford Dictionary of American Quotations-Second Edition*. New York: Oxford University Press.

Ochsen, C., & Welsch, H. (2012). Who benefits from labor market institutions? Evidence from surveys of life satisfaction. *Journal of Economic Psychology*, 33(1), 112-124.

OECD. (2013). OECD Guidelines on Measuring Subjective Well-being. Paris: OECD Publishing.

OECD. (2019). *Income inequality indicator(Gini coefficient)*. https://doi.org/10.1787/459aa7f1-en

Oishi, S., & Diener, E. (2014). Residents of Poor Nations Have a Greater Sense of Meaning in Life Than Residents of Wealthy Nations. *Psychological Science*, 25(2), 422-430.

Oishi, S., Kesebir, S., & Diener, E. (2011). Income inequality and happiness. *Psychological Science*, 22(9), 1095-1100.

Oishi, S., Schimmack, U., & Diener, E. (2012). Progressive Taxation and the Subjective Well-Being of Nations. *Psychological Science*, 23(1), 86-92.

Ott, J. C. (2005). Level and inequality of happiness in nations: Does greater happiness of a greater number imply greater inequality in happiness? *Journal of Happiness Studies*, 6(4),

397-420.

Ott, J. C. (2010). Good governance and happiness in nations: Technical quality precedes democracy and quality beats size. *Journal of Happiness Studies*, 11(3), 353-368.

Ott, J. C. (2011). Government and happiness in 130 nations: Good governance fosters higher level and more equality of happiness. *Social Indicators Research*, 102(1), 3-22.

Pacek, A. C., & Radcliff, B. (2008). Welfare policy and subjective well-being across nations: An individual-level assessment. *Social Indicators Research*, 89(1), 179-191.

Pendergast, P. M., Wadsworth, T., & Kubrin, C. E. (2019). Suicide in Happy Places: Is There Really a Paradox? *Journal of Happiness Studies*, 20(1), 81-99.

Peng, Y.-F., Tang, J.-H., Fu, Y., Fan, I. -chu., Hor, M.-K., & Chan, T.-C. (2016). Analyzing Personal Happiness from Global Survey and Weather Data: A Geospatial Approach. *PLOS ONE*, 11(4), e0153638.

Plagnol, A. C., & Huppert, F. A. (2010). Happy to help? Exploring the factors associated with variations in rates of volunteering across Europe. *Social Indicators Research*, 97(2), 157-176.

Pugno, M. (2016). *On the foundations of happiness in economics: reinterpreting Tibor Scitovsky*. Oxon: Routledge.

Rehdanz, K., & Maddison, D. (2005). Climate and happiness. *Ecological Economics*, 52(1), 111-125.

Rose, A. K. (2006). Size really doesn't matter: In search of a national scale effect. *Journal of the Japanese and International Economies*, 20(4), 482-507.

Rothstein, B. (2010). Happiness and the Welfare State. *Social Research*, 77(2), 441-468.

Rothstein, B., & Teorell, J. (2015). Getting to Sweden, Part II: Breaking with Corruption in the Nineteenth Century. *Scandinavian Political Studies*, 38(3), 238-254.

Rothstein, B., & Uslaner, E. M. (2005). All for all: Equality, corruption, and social trust. *World Politics*, 58(1), 41-72.

Rözer, J., & Kraaykamp, G. (2013). Income inequality and subjective well-being: A cross-national study on the conditional effects of individual and national characteristics. *Social Indicators Research*, 113(3), 1009-1023.

Schneider, S. M. (2012). Income Inequality and its Consequences for Life Satisfaction: What Role do Social Cognitions Play? *Social Indicators Research*, 106(3), 419-438.

Schneider, S. M. (2016). Income Inequality and Subjective Wellbeing: Trends, Challenges, and Research Directions. *Journal of Happiness Studies*, 17(4), 1719-1739.

Stanca, L. (2010). The Geography of Economics and Happiness: Spatial Patterns in the Effects of Economic Conditions on Well-Being. *Social Indicators Research*, 99(1), 115-133.

Teorell, J., & Rothstein, B. (2015). Getting to Sweden, part I: War and malfeasance, 1720-1850. *Scandinavian Political Studies*, 38(3), 217-237.

Transparency International. (2019). *Corruption Perceptions Index*.

Tsutsui, Y. (2013). Weather and individual happiness. *Weather, Climate, and Society*, 5(1), 70-82.

UNDP. (2019). *Human Development Report 2019*. New York: United Nations Development Programme.

Uslaner, E. M. (2012). *Segregation and mistrust: diversity, isolation, and social cohesion*. Cambridge: Cambridge University Press.

Uslaner, E. M., & Brown, M. (2005). Inequality, trust, and civic engagement. *American Politics Research*, 33(6), 868-894.

Uslaner, E. M., & Rothstein, B. (2016). The historical roots of corruption: State building, economic inequality, and mass education. *Comparative Politics*, 48(2), 227-248.

Veenhoven, R. (2000). Well-being in the welfare state: Level not higher, distribution not more equitable. *Journal of Comparative Policy Analysis: Research and Practice*, 2(1), 91-125.

WEF. (2017). *The Global Gender Gap Report*. Cologny, Switzerland: World Economic Forum.

Welzel, C. (2013). *Freedom rising-Human empowerment and the quest for emancipation*. New York: Cambridge University Press.

Welzel, C., & Inglehart, R. (2010). Agency, Values, and Well-Being: A Human Development Model. *Social Indicators Research*, 97(1), 43-63. https://doi.org/10.1007/s11205-009-9557-z

WHO. (2018). *Global Health Observatory data repository: Suicide rate estimates by country*. Retrieved from https://www.who.int/gho/mental_health/suicide_rates/en/

Zagorski, K., Evans, M. D., Kelley, J., & Piotrowska, K. (2014). Does national income inequality affect individuals' quality of life in Europe? Inequality, happiness, finances, and health. *Social Indicators Research*, 117(3), 1089-1110.